鑪峰古今

珠海學院香港歷史文化研究中心 出版

香港歷史文化論集 2018

蕭國健　游子安　主編

鑪峰古今
香港歷史文化論集2018

主 編
蕭國健　游子安

出 版
珠海學院香港歷史文化研究中心

責任編輯
危丁明

製 作
書作坊出版社
香港沙田美田路33號康松閣1405室

版 次
2019年12月初版

ISBN 978-988-12530-5-7
Printed in Hong Kong

◎目錄

序言

「香港歷史文化研究中心」之成立，目的除於校內為學梓介紹香港歷史外，更向社會人士推廣香港及華南之歷史與文化，多年來與香港歷史博物館、及屯門長者學苑合辦香港歷史文化專題講座及野外考察，出席者均逾百人。

本會多次與嗇色園、香港中文大學、香港浸會大學、香港歷史博物館、及非物質文化遺產辦事處舉辦國際學術研討會，會後且出版論文集，與更多同道友好分享，以推廣香港及華南歷史與文化之研究。

此外，本會自2013年起，每年出版《鑪峰古今》專刊，介紹香港及華南地區之歷史與文化，以推廣香港及華南之歷史與文化之研究，至2018年已出版六部。

本期《鑪峰古今2018》，內容除有關香港歷史文化專文多篇外，且收錄馬來亞大學蘇慶華教授遺著兩篇，蘇教授精研中國及新馬華人宗教文化，著作等身，教授亦編者友好，今不幸西歸，為學界重大損失，特錄其遺著兩篇，以作悼念。

本專刊蒙各友好學者惠賜鴻文，及各界好友之幫助，始得完成，特此致謝。

蕭國健教授
珠海學院 香港歷史文化研究中心主任
2019年初夏

中國戲曲文學的美感
——從元雜劇到潮劇

（論文為田仲一成教授韓山師範學院報告；2016年5月）

田仲 一成

東洋文庫研究員、日本學士院會員、東京大學名譽教授

各位老師同學，很榮幸受到陳平原教授的邀請，來到潮劇的故鄉——潮州，與各位分享對於潮州文化的感受。

1978年8月，我在香港第一次現場觀看了潮劇，當時就被潮劇美妙的音樂、古老的戲劇內容、連演三天三夜的演劇方式所吸引，從那時開始，我在香港、新加坡、馬來西亞等地做田野調查，潮人社會的潮劇與祭祀一直是我研究的重點。

這幾年雖然到香港和內地觀看潮劇的機會少了，但是我家里收藏著87種潮劇的VCD，有時還會拿出來聽一聽。2011年以來，我在東洋文庫的網頁建立了一個「中國祭祀演劇關系動畫」庫，在廣東戲、莆仙戲等戲種里面，以潮州戲錄像的全球閱覽次數最為突出。

那麼潮劇為什麼受到這麼多人的喜歡呢？今天借著這個機會，我想從東西方戲劇美感的角度，來探討中國戲曲的悲劇感問題，最後希望指出潮劇在中國戲曲史的獨特地位。

一、問題的提出

今天我想討論的問題有兩個，一是歐美戲曲文學偏重

悲劇的文化背景的問題，二是中國戲曲文學忌諱悲劇的社會背景或民眾心態的問題。

1. 第一個問題

西方戲劇常常以悲慘的結果為結局，而且有十分悲慘殘酷的演出場面，比如劇裡的主要人物被殺死而終的結局不少。可以說，西方人尊重悲劇的結局。這樣的戲劇美感是從什麼心態產生出來呢？

2. 第二個問題

中國戲劇史上卻很少悲劇，被觀眾接受的，或受歡迎的，幾乎都是大團圓的結局。這是因為中國本來缺乏悲劇呢？還是先有悲劇，然而後來消亡呢？那麼，缺乏悲劇的原因、或悲劇消亡的原因在那裡？

我認為，西方戲劇與東方戲曲之間存在著明顯的差別，通過分析產生這差別的文化背景，很可能闡明東方戲曲相對於西方戲劇的特點。本文從這個角度出發，希望研討中國戲曲文學的藝術特色。

二、西方戲劇的壯美感

面對高聳的懸崖、奔騰的瀑布、洶湧的大海、瓢潑的大雨、隆隆的雷鳴等令人生畏的自然界時，我們一方面感到巨大力量的壓迫，另一方面也體會著突破狹小的自我、無限地放大自己、升華自己而帶來的無限豪邁感。這便是美學意義上的壯美。對此，德國哲學家康德在1790年的著作《判斷力批判》(Kritik der Urteilskraft ;Critique of Judgement)之中，說明如下：

險峻高懸、仿佛威脅著人的斷岩，天邊層層

堆疊的烏雲裏面挾著閃電與雷鳴，火山在狂暴肆虐中，颶風帶著它摧毀了的荒墟，無邊無際的海洋，怒濤狂嘯著，一條河流的高高瀑布……諸如此類的景象，都使我們與之對抗的能力在和它們強力相較量時，成了毫無意義的渺小。但是假使我們發現我們自己卻是在安全地帶，那麼，這景象越可怕，就越對我們有吸引力。我們稱這心態或美感為「崇高」(Das　Erhabene)，因為它們提高了我們的精神力量越過日常的中庸，並讓我們內心一種完全不同性質的抵抗能力顯露出來，它賦予我們勇氣來和自然界的全能威力的假像較量一下。

這樣說明以後，康德對於崇高的道德性更進一步說明如下。

自然威力的不可抵抗性迫使我們(作為自然物)自認肉體方面的無能，但是同時也顯示出我們對自然的獨立，我們有一種超過自然的優越性，這就是另一種自我保存方式的基礎，這種方式不同於可受外在自然襲擊導致險境的那種自我保存方式。這就使得我們身上的人性免於屈辱，盡管作為凡人，我們不夠承受外來的暴力。因此，在我們的審美判斷中，自然之所以被判定為崇高的，並非由於它可怕，而是由於它喚醒我們的力量(這不是屬於自然的)，來把我們平常關心的東西(財產、健康和生命)看得渺小。

康德還強調崇高的道德性，展開議論如下。

要之，崇高性不是在自然之中，而是祇是包含在我們內心裡。優美的自然可說是數不盡的。

而對於這自然對象的優美性，我們個人的判斷可
以得到別人的認同，而且這認同可以廣泛地期待
一致。但是關於崇高的判斷，不那麼容易獲得別
人的認同。為了認同這類對於(容易引起恐怖)的自
然對象的人性卓越性(道德性)，不但需要對美的判
斷力，而且同時需要在這判斷力的根底之下所存
在的道德性認識能力，因此對於崇高的判斷，比
對優美的判斷需要更多更深的教養——道德性的
理念。其實，對於未開發社會的蒙昧人來說，這
些我們叫做崇高的自然對象，祇是一種帶來恐怖
的對象而已。

但是康德否定崇高是來自於有文化的民族或社會，而是
發自人的本性。關於此，他反覆地申述：

對於自然之崇高的判斷(認同)，比對於自然之
優美的判斷，需要更多的文化，但這判斷與其說
依靠文化才產生，或通過社會之中的合約而成立
的，其基礎卻寧可說在於人自己本性之中，就是
向所有的人設定為存在的對實踐性理念的感情(道
德性感情)之中。

這裏所說的道德感情，指的是人類向無限的世界提升
和自我擴張的感情而言。我們一方面被雄偉的自然所壓抑、
所威脅，但一方面又被這挫折感激發出更強烈的生命力之迸
發，從而超越一己的狹隘而提升到無限的世界，這是崇高美
的道德性陶醉感。在觀賞悲劇中主人翁的悲慘命運時，我們
體會到的情感，正是這種崇高美，或者說「壯美」。

表現壯美的藝術有悲劇、宏大的宮廷壁畫、氣勢雄渾的
交響樂等，但其中最具代表性的應該是悲劇，希臘人在這方
面早就有成就。希臘悲劇的結構之中，主人翁陷入於悲慘的
命運之中，自己努力奮鬥，不甘於滅亡。比如在埃斯庫羅斯

(Aeschylus)所著的悲劇《被縛的普羅米修斯》之中，主人翁天神普羅米修斯從天上盜取「火」，給人類賜下，讓人類知道」火」的功能，激怒了主神宙斯，被釘在高加索懸崖上，被禿鷹啄出內臟而食。在如此厄境之中，普羅米修斯忍耐痛苦，反抗不屈，顯示出英雄氣概。最後宙斯用雷霆和電火劈開那片懸崖，把他壓在懸崖底下，當是時──

> 　　大地開始震顫，雷霆陣陣，閃電耀爍，塵埃滾滾，氣流奔騰，大地渾然一片。普羅米修斯知道，這一切都是來自宙斯，向他襲來，他大聲呼喊：
>
> 　　「啊，我那無比神聖的母親啊，啊，普照世間萬物的光亮大氣啊，請看我正遭受怎樣不公平的虐待!」

這一幕戲劇表現出普羅米修斯不撓不屈的戰鬥精神，蘊含著特殊的審美感，即所謂「崇高」或「壯美」。

三、中國文學史上的壯美感──宋詞至元雜劇的美感

反過來說，東方人的審美感之中，從來沒有或極少這類崇高美或壯美，卻有優美之感。日本人等到明治時代向歐洲文化開始學習時，才知道歐洲人的這種壯美感，而且像上面介紹過康德所說那樣，知道了歐洲人對壯美賦予比優美更高的評價。當時的日本人跟從歐洲人這想法，也開始比優美相比，更為尊重壯美這種新的美感[1]。從此，大約明治末期至大正時代(1900-1925)，日本文化界特別流行以崇高美為主的藝術。登攀高山懸崖時所感受到的壯美感，聽貝多芬恢宏交響

1　日本有名的美學家阿部次郎在其著作《德川時代的藝術與社會》之中說，「近代以前的日本藝術之中，雖然有優美，但沒有壯美，比如江戶時代的音樂，悅耳而優美，但其美感不是壯美，又可說還沒到達壯美的境界。」

曲時所領略到的昂揚感，觀看歐洲豪華宮殿壯大壁畫時的折服與感動等，都在當時日本知識分子之中，廣泛地被接受而流行的。

而在中國知識界，第一次明確地說明西方「壯美」的學者，就是王國維先生。他在日本時，受到當時走向歐洲的日本學術界影響，體會到壯美之感，後來在《人間詞話》之中，將優美和壯美進行了對比，從而闡明壯美的特點如下：

> 無我之境，人惟於靜中得之。有我之境，於由動之靜時得之。故一優美，一宏壯也。

應當看到，「由動之靜」是面對無限宏大的對象而被壓迫、被挫折，不能抵抗而服從於對象，才獲得內心安靜，結果其心理進入了像優美那樣的「無我」(靜)的心態。這裏所說「宏壯」不外乎壯美，這是王國維先生依靠當時日本時興的德國美學家叔本華Schopenhauer理論而說明的，其相關學說如下：[2]

> 優美是人面對自然的美景時，離開利害的立場而客觀地跟對象融合的心態而產生的。崇高是人面對自然的雄景時，被其雄偉挫折，但為了保存自己的目的，放棄抵抗，無意地陷入於諦觀，喪失自己，結果跟優美一樣，會跟對象融合，就產生出一種特殊的美感，這就是崇高。

這裏沒有康德所說那樣道德性感情或向無限的世界提升的心態，從而沒有討論優美和崇高之間的優劣。王國維可能不了解以道德感情(向無限世界的景仰)為主的康德理論，因為這是跟基督教一神論配合的理論，作為東方人，王國維不容易接受這理論。與此相反，叔本華的心理說，王氏會容易接受，因此他據著這學說接受了叔氏的「壯美論」，並以此

2　Schopenhauer《作為意志與表徵的世界》第3卷第34章。

為準尺，列舉中國詩詞的例子來說明優美和壯美之間的差異異：

> 有有我之境，有無我之境。「淚眼問花花不語，亂紅飛過秋千去」[3]，「可堪孤館閉春寒，杜鵑聲裡斜陽暮」[4]，有我之境也。「採菊東籬下，悠悠見南山」[5]，「寒波澹澹起，白鳥悠悠下」[6]，無我之境也。有我之境，物皆著我之色彩，無我之境，不知何者為我，何者為物。此即主觀詩與客觀詩之所由分也。古人為詞，寫有我之境者為多。

這裡，悠然見南山，或白鳥悠悠下，作者與自然對象之間的距離，較為遠隔，作者對自然的描寫十分客觀，持續觀察者的態度。其心態可以屬於優美。與此相反，淚眼問花花不語，亂紅飛過鞦韆去；可堪孤館閉春寒，杜鵑聲裡斜陽暮，作者對自然之間的距離，極為密切，作者的感情全面注入於對象，被對象牽惹或磨折，比如孤獨的自己變成為亂紅而飛去，或變成春愁而迷於斜陽。自己一時被自然挫折，喪失自主，跟對象融合，到達相似壯美的心態。

但這裡王國維提出的詞文學的壯美，和高山大川所產生的歐洲人的壯美相比，雖然有些類似，但其實差異不少。前者是對於極大的對象而感情噴發的真正的壯美，而後者是對於細小的對象懷有傷感的擬似的壯美。如果王國維依據康德理解壯美的話，不會提出將詞文學看作壯美的看法。不過，

3　馮延巳〈鵲踏枝〉；玉樓雕鞍遊冶處，樓高不見章台路，雨橫風狂三月暮，無計留春住。淚眼問花花不語，亂紅飛過鞦韆去。

4　秦觀〈踏莎行〉；霧失樓台，月迷津渡。桃源望斷無尋處，可堪孤館閉春寒，杜鵑聲裡斜陽暮。

5　陶潛〈飲酒五〉；結廬在人境，而無車馬喧，問君何能爾，心遠地自偏。採菊東籬下，悠然見南山，山氣日夕佳，飛鳥相與還。

6　元好問〈穎亭留別〉；北風三日雪，太素秉元化，九山郁崢嶸，了不受陵跨，寒波澹澹起，白鳥悠悠下，懷歸人自急，物態本閒暇。

日本也有一樣的現象，古代初期的描寫自然的客觀態度，進入古代末期變成為被自然挫折的充滿感傷的態度。

關於此事，大西克禮教授又將日本的感傷文學跟西方的壯美文學作以下的比較：

> 西方的近代產生出一種帶有男性、積極性、反叛性、熱情的氣氛的感情主義(主情主義)，與此相反的，日本的古代末期(平安時代)充滿著瑣碎渺小的政治鬥爭，以及以陰濕的男女私情為主的專門傾向於感情的貴族生活，這些發展到極致的宮廷文化氣氛環境漸漸產生出一種女人性的、消極性的、悲觀性的、保守性的感傷主義。然而在西方，新奇的自然、未被開發的自然、雄偉豪宕的自然景觀才是令人滿足其喪失內在性平衡的感傷主義的美景，與此相反地，在日本的古代末期，仍然沈溺於傳統所謂的「花鳥風月」，身邊的自然四季朝暮的微妙變化，影響到當時人們的內心情緒生活，產生出感傷性文學。

這裏所說日本古代末期的陰性感傷文學是指《新古今和歌集》等日本極盛時期的詩歌文學而言的。這符合於王國維指出的晚唐宋初的詞文學的美感。

關於此事，大西教授更一層深入討論西方人和東方人對於大自然的感情差別和兩種文化的審美感的分歧。大西克禮教授說：[7]

> 希臘人對於自然描寫得很細致，跟描寫武器等一樣，沒有把自己的感情投入在自然。他們的自然觀念可說是客觀性的，這裏有三個理由：第一是在歐州，「自然」與「精神」之間的距離，

7　大西克禮：《自然感情的類型》(東京：要書房，1946年)，第86頁。

在欣賞自然美時，還保存著較大的作用。第二是，一方面人類的意志(即實際性、功利性意識或官能性快樂感)與自然美混雜著存在，一方面希臘人又從知性的角度向自然加以較為細密的觀察。再有第三，自然界的高山大海，從希臘人對抗自然的精神來看，仍然引起人們的恐怖或不安，[8]由此導致人類不可以跟自然界融合同化。自有文明生活以來，跟自然完全離開或對立的西方精神，祇在其近代浪漫性心態之中，通過縮小自然與精神的距離，才能培養對於高山大海的壯美感。與此相反，東方古代詩人從來都懷著跟自然接近、親密無間的精神結構，一早就有贊美高山大川瀑布等的詩歌。[9]西方人對於高山大海首先懷有距離感，然後勉強通過孤獨感跟它接近而崇拜它，所以其壯美感極為強烈；與此相反，東方人對於高山大海并沒有距離感，所以對其壯美感之感受難免較為微弱。

王國維先生認為，詞人被周圍的自然壓抑而陷入於感傷，是類似於壯美。他把宋詞看作壯美的文學。顯然，從西方關於壯美的定義來看，把詞的感傷看作壯美，是很有問題。正如上文所述，近代的一些壯美美感的確是在感傷性感情之上產生的，但感傷是屬於低度的壯美而已，并不是面對高山大川那樣超越性的壯美。

叔本華的心理說中的壯美論，不止影響了王國維先生的

8　Homeros，Ilias IX，4「跟北風混在一塊的西風，成為狂氣的疾風，從Tracia吹過來，許多魚類群集的海潮被這風扇動，黑波高起旋轉，亂藻被動蕩到海濱，這給希臘人帶來不安，摧殘高貴的希臘人胸懷。」這裏表現出對于大海之「不安」的心態。

9　張九齡《湖口望盧山瀑布水》「萬丈紅泉落，迢迢半紫氣，奔流下雜樹，灑落出重雲，日照虹霓似，天清風雨聞，靈山多秀色，空水共氤氳。」這裏沒有對于瀑布的恐怖或不安。

詩詞審美觀，更是反映在其《宋元戲曲史》之中。此書雖然
提到元雜劇作為悲劇的價值，但由於缺乏康德強調的崇高美
的道德性、超越性或卓越性的觀點，更由於欠缺對西方悲劇
所立足的理論立場之理解，因此王國維無法說明在以團圓為
結局的南戲和以悲慘為結局的元雜劇之間，他更為尊重後者
的緣由。他對於崇高美的理解，尤其是對崇高美背後的西方
個人主義的道德感情的把握有些不徹底之處，這導致其學說
無法深入討論悲劇與團圓劇相比的優越性。

　　在中國近代學術史上，王國維是最早對於元雜劇的悲劇
性加以評價的學人，他認為元雜劇的一部分具有比詞文學更
為壯大的壯美感。雖然如此，關於悲劇和壯美的關係，他并
沒有進行說明。我們應該闡明這一點。其實，在元雜劇裏常
常出現可譽為「壯美」的描寫，比如《西廂記》第1本第1折
的《油葫蘆》曲：

　　　　九曲風濤何處顯，則除是此地偏。這河帶
　　齊梁，分秦晉，隘幽燕。雪浪拍，長空天際秋雲
　　卷，竹索纜，浮橋水上蒼龍偃。東西潰九州，南
　　北串百川。歸舟緊不緊，如何見，恰便似弩箭乍
　　離弦。

　　這是對於一些普通人的知覺掌握不到的宏大的氣勢、力
度或速度等大自然現象的描寫與讚美。可說是帶有壯美的美
感。另外，《西蜀夢》第四折〈二煞〉有例子，如下。

　　　（我靈魂）相逐着古道狂風走，趕定湘江雪
　　浪流。痛苦悲涼，少添潺愁。

　　這裡提到沿著寂寞的古道忽然吹過來的狂風的激烈，闊
大的湘江水面奔騰的雪浪之猛勢，表現空間之寬大，又讓人
感覺到超過常人所掌握的速度和力氣，逼迫人更一層感受悲
涼和潺愁，可以說是壯美的美感。

> 碧雲天、黃花地、西風緊、北雁南飛，曉來
> 誰染霜林醉，總是離人淚。（《西廂記》第四本
> 第四折）

這裡描寫的空間極為闊大，碧雲浮遊的天上，菊花開滿的地上，其間橫在着無限的空間，西風刮得激烈，北方飛過來的雁群向南方飛過。雄偉的自然，逼迫的寒氣，壓倒渺小的人。可以說是橫溢壯美的美感。

還有一個例子值得引用，就是描寫墳墓的文章，如下。

> 【仙侶點降唇】蕩蕩邙山，望中嗟嘆。繞着
> 這周圍看，盡都是丘塚摧殘，埋沒了多少英雄漢。
> 【混江龍】則見那園荒碑斷，慢慢松柏翠煙
> 寒。倒塌了明堂瓦舍，崩損了石器封壇，辨不出
> 君臣聖賢塚。看不盡碑碣蘚苔斑，我則見山花簇
> 簇，山水潺潺，惟生荊棘，不見芝蘭，荒涼境界
> 少人行，狐踪兔跡橫亂，嘆世人百年歸土，爭名
> 利到此一般。（《老君堂》第一折）

這裡一般不被人喜歡的墳墓，歌詠得詳細。石碑斷碎、明堂倒塌、封壇崩壞，祭器落損，碑碣生苔，山水仍舊，僅見荊棘，極目荒涼，慘狀逼人，被這類令人恐怖的風景吸引的心態，也是屬於一種壯美的美感。

另外有個例子，就是《西廂記》第四本第三折所云，如下。

> 【四煞】相思只自知，老天不管人憔悴，淚
> 添九曲黃河溢，恨壓三峰華嶽低。

淚添九曲黃河溢，恨壓三峰華嶽低，這兩句，明末戲曲家王驥德嫌其誇大，評為「欠雅」，（《新校注西廂記》）但可以說，元人對於極大的對象特別懷有憧憬，這會培養壯美的審美心態。

要之，元雜劇這類壯美文學表現在從前的中國文學中難覓蹤影，由此可說，壯美性的或接近於壯美的美感，在這個時代的作家心態之中發生了。元雜劇的壯美性的確超過前一代的詞文學的微弱壯美，從而在中國文學史上第一次開拓壯美文學，其背後一定橫臥著一種孤獨寂寞的時代精神。王國維先生是敏感地捕捉到這個新的美感，評價元雜劇描寫人生悲苦的文學手法。[10]

四、明代戲曲中的壯美之弱化

上面我們討論了元雜劇悲劇的強烈的壯美感，但進入明代，這類強烈壯美表現出越來越弱化，回歸於詞文學裡的微弱的壯美感。比如，湯顯祖《牡丹亭還魂記》〈遊園〉：

> 【步步嬌】裊晴絲吹來閒庭院，搖漾春如線。停半晌整花鈿，沒揣菱花，迤逗的彩雲偏。
> 【皂羅袍】原來姹紫嫣紅開遍，似這般都付與斷井頹垣，良辰美景奈何天，賞心樂事誰家院。（合）朝雲暮卷，雲霞翠軒，雨絲風片，煙波畫船，錦屏人忒看的這韶光賤。

這裡表現出的斷井頹垣，不是普通人認為的優美，作者這類感覺的美感是屬於一種憂鬱，自己憂鬱的感情注入到這讓人討厭的風景，遭受情感挫折的同時卻享受著，是一種倒錯的美感，是屬於壯美。

「朝雲暮卷」以下一段文字，不是實景，而是作者心目中據王勃《滕王閣詩》聯想到的心理風景。這裡雲霞、雨

---

10 但他在《宋元戲曲史》之中，卻重在排列俳優的滑稽表演，放棄了追溯悲劇(壯美)發生的心態史、和其文化背景。結果，沒有提到悲劇之所以被尊重的理由。如果王國維先生在討論元雜劇時，進一步闡明其崇高美的產生和發展的歷史的話，其論述會更為完整。

絲、風片，煙波都是漠漠恍惚，不容易掌握其輪廓的，反映出作者的不安和憂鬱的感情。作者視線所及對象極為細小，被自然所挫折的心態，跟壯美有一脈共通之處，但其視界卻太小，跟元人面臨高山大川而迸發的壯美完全不相同，究竟還是回歸到詞文學的感傷世界。

《牡丹亭還魂記》〈驚夢〉繼承上面的心態，而持續歌詠，如下。

【懶畫眉】最撩人春色是今年，少什麼低就高來粉畫垣，原來春心無處不飛懸。（絆介）呀，睡荼蘼抓住裙釵線，恰便是花似人心好處牽。

作者的視界越來越窄小，最後到了裙釵線，與元雜劇的闊大空間天差地別。

從《牡丹亭》這個例子可見明代文學思潮的停滯性。元雜劇發展到明代，為什麼產生出這樣停滯呢？

應當看到，壯美是由文化培養的，并從近代個人主情心態之中產生的。但是希臘悲劇已經有這樣的主情性崇高美，悲劇主角往往是反抗巨大自然、悲慘命運而把自己放大到無限的個人，他們的精神力量也在劇中表現得十分強大。由此可知，西方人早就培養這種崇高美。歐州人很喜歡悲劇，如法國的让·拉辛Racine、英國的莎士比亞（Shakespeare）所作的戲劇都是悲劇，都是崇高美為主旨而展開劇情。通過挫折而提升自己，面臨困難，不屈不饒奮鬥不休，雖然被打敗，但仍不甘於悲慘的命運——這便是西方人觀賞戲劇時所體味的崇高美。在歐州的歷史上，崇高的壯美感最為流行的是近代個人主義開始的時期，日本美學家大西克禮教授對此闡述如下。[11]

在近代城市生活與商工業的發展與惡化，宗

11　大西克禮：《自然感情的類型》（東京要書房，1946年），158-161頁。

教信念之消亡，舊政治性信念及社會性習慣面臨崩壞，獨立不羈的精神與個人主義之流行，對於創造性的禮贊，科學性的生活，對於觀察與分析的過分精密的要求，自覺地努力尋找可以代替已經崩壞消滅的過去黃金時代的東西等等，這一系列的事實產生了所謂「回歸自然」的標號，推動了幾乎接近於「自然崇拜」的感情；與此同時，希望與自然融合為一體的欲望和脫離常軌的興奮，讓從來祇能給人類帶來不安或恐怖的高山大川，也令人感受到諸如「壯美」等特殊的感情了。在這樣主觀性情感的後面，潛在著容易被誘發潸然淚下的悲觀的感情，而熱愛自然的心態之反面，則存在著激烈的嫌惡人類的感情，於是逐漸產生出一種感傷性和憂鬱性，即世界苦(Weltschmerz)。

由此可知，壯美的審美觀乃與西方近代個人主義緊密相聯。香港的歐洲人喜歡大海浪，時常在冬天海浪激烈地打岸的高崖上蓋造別墅居住，這也是西方人特別喜歡崇高美的表現之一。

與此相對，東方的壯美不容易發展，容易陷入停滯。明代壯美文學之停滯也反映東方文學之特徵。

五、小　結

西方戲劇是以悲慘的結果帶來的昂揚感和崇高(德语Das Erhabene)這一種道德性的心態為主題而構成的。在觀眾的心目中，主角面對自己，同時面對一個絕對最高的神，這是屬於歐洲人的個人主義。主角雖然被巨大的敵人或命運打敗，但面臨厄運仍不屈不撓、超越自我，主張個人的尊嚴。主角雖然在實際上敗北，但通過痛苦歷練獲得精神上的

勝利。這樣的心態使觀眾更為喜歡悲劇性的結局，因為悲劇張揚的是人類對抗命運的個人尊嚴。悲劇在歐洲流行的理由也正在於此，如此西方戲劇的起伏方式，彰顯出主人翁的獨立精神。

　　與此相反，中國戲曲所關注的不是主人翁個人的尊嚴或命運圓滿，而是在於全局的調和以及社會全體的觀劇滿足，而且盡可能地避開失敗的結局。這種想法當然導致大團圓結局的盛行。比如《荊釵記》之中，逼迫錢玉蓮投江的後母，後來跟王十朋父母一起赴王十朋處請罪，而王十朋并沒有對之任何斥責或加罰，仍將她接受為家屬之一，這從我們日本人來說，是很難理解的，但是中國觀眾似乎並無所謂，因為這並不影響戲曲全局上的和諧。中國戲劇史上，元代戲曲的確有過悲劇的因素，王國維先生對此評價極高，但為什麼原有這悲劇因素以後就消滅了呢？

　　我猜想其後面一定有社會背景的原因。明清以後的江南社會，宗族的勢力越來越大，宗族尊重血緣子孫的連續性，特別忌諱絕嗣的情況出現，那麼也不願意在演劇時出現「死」的結果。元雜劇《趙氏孤兒》之中，程嬰為了救出趙氏孤兒犧牲自己的兒子，這樣自己滅亡子嗣的行為，明清江南宗族是萬萬無法接受的。四大南戲便是符合宗族社會的最佳選擇，南戲戲文的作者也在潛意識之中，使其戲曲適應於宗族社會的觀眾的生活意識。如此，明清戲曲的結局之中，幾乎看不見人死(犧牲人命)的情節。如此避開死亡的故事，當然不會有悲劇的成立。

　　宗族社會極為重視一族全體的繁榮，在宗族成員心目之中，壓倒性的是集團的尊嚴，而不是個人的尊嚴。其影響所及，便是明清以後，悲劇越來越減少，以至於讓王國維發出「中國沒有悲劇」的結論。明末清初的社會，彌漫著悲觀的世界觀，因此出現有些帶有悲劇因素的戲曲，比如《桃花扇》、《長生殿》、《帝女花》等，湯顯祖的《紫釵記》

《還魂記》《邯鄲記》《南柯記》等帶有悲觀世界觀的戲曲也才會被廣泛接受。但湯顯祖戲曲的悲劇性仍比不上歐洲Racine及Shakespeare的那麼徹底決絕[12]。

　　那麼，同屬於宗族社會的潮州的戲劇，怎麼樣發展獨特的悲劇呢？

　　潮州位置於沿海邊區，經常面臨外敵的威脅，為了維持宗族，需要年輕人為了宗族利益而犧牲，父老們向年青一代不斷地鼓吹忠孝節義，如此產生出犧牲的悲慘故事。潮劇有不少反映出這類自我犧牲的精神所產生的悲劇，比如潮劇《夫人城》、《南宋英烈傳》等，英雄為了國家自殺或被殺而終的情節，觀眾都垂淚而欣賞其悲慘。這樣的心態還是基於尊重忠孝節義的封建心理，帶有政治性的壯美[13]，不一定是基於近代個人心理的純粹的壯美。但潮州人一直尊重這類悲劇的，在中國許多地方戲之中，潮劇特別突出，是難能可貴的。潮劇的劇目帶有政治性的壯美，極為相似日本封建後

---

12 作為悲劇或不可缺因素的崇高美，在近代戲劇作家曹禺的《雷雨》中得到比較充分的展示。此劇借鑒希臘悲劇《俄狄浦斯王》的命運悲劇，將高潮的場面設定在雷雨的半夜兩點，在自然界雷閃電鳴的恐怖場景之下，演出近親相姦、兄妹慘死的結局。第4幕，半夜黑暗中，豪華的周府外面下著大雨，曹禺的描寫如下：外面還隱隱滾著雷聲，雨聲漸瀝可聞，窗前帷幕垂下來了。中間的門緊緊地掩了。由門上玻璃望出去，花園的景物都掩埋在黑暗裏，除了偶爾天空閃過一片耀目的電光，藍森森的看見樹間的電線杆，一瞬又是黑漆漆的。這樣的氣氛氣氛充滿著西方悲劇的崇高美。之後劇情慢慢接近高潮，妹妹魯四鳳說：

　　我一個人在雨裏跑，不知道自己在哪兒，天上打著雷，前面我卻看見模模糊糊的一片。我什麼都忘了。我像是聽見媽在喊著，可是我怕，我拼命地跑，我想找著我們門口那一條河跳。

　　最後四鳳由中門跑下，被一條走電的電線觸電而死。可以說，中國的觀眾從未感受過這樣悲劇的崇高美。近代以後，劇作家在歐洲悲劇的影響之下進行創作，中國戲劇舞臺上才出現了悲劇的崇高美。同樣的情況也出現在日本。而且在日本，莎翁四大悲劇的影響特別大。

13 王國維曾指出《桃花扇》不是純粹的悲劇而是政治性的悲劇（《紅樓夢評論》）

期的悲劇「淨留璃」中，為主人犧牲自己的悲慘壯美故事[14]
。從明清社會史的角度來看，似乎可能推測，明代以後，江
南大宗族穩定的社會環境之下，大宗族將元雜劇的悲劇性結
局改變為符合於宗族體制的團圓結局，然而在不斷地面臨外
敵而經常多有陣亡者的沿海小宗族社會比如潮州，更多地保
持元雜劇的悲劇結局。正統的中國戲劇史一直以江南地區的
戲劇為中心，元雜劇的悲劇傳統到了明代幾乎沒有發展，反
而是以崑曲的才子佳人式家庭戲為主流。但從邊區來看，明
清戲劇史還是有繼承元雜劇的悲劇傳統的地方，潮劇可以說
是代表這種趨向的劇種之一。[15]

　　要之，西方文化尊重的是個人的獨立和尊嚴，中國以及
東方文化尊重的是集團的和諧和永續性，這便導致東方不利
於產生悲劇，但潮劇等邊區地方戲還是繼承了元雜劇開始的
悲劇美感。這是本人多年以來對於東西方戲劇文化的反觀與
思攷的結論，敬請專家批評指正。(2016年4月16日脫稿)

14　比如，日本淨留璃之中最有名的《菅原傳授手習鑑》〈寺子屋〉
　　之齣，演出主人翁為了主人任由別人殺死兒子，滿座觀眾都哭泣
　　於其悲慘。很類似於潮劇的悲慘現場。

15　清代中葉後期的劇評家，焦循在其著作《劇説》序文（嘉慶己卯
　　24年）也指出花部亂彈諸腔繼承元雜劇而説如下。

　　　花部原本於元劇，其事多忠孝節義，足以動人，其詞直質，
　　雖孀孺婦亦能解，其音慷慨，血氣為之動盪，郭外各村，於二、八
　　月間、遞相演唱，農叟、漁父、聚以為歡，由來久矣。

　　　這情況多有符合潮劇之處。可以推測潮劇也繼承以忠孝節義
　　為主的元雜劇的悲劇傳統。

媽姐・齋姑・先天道
——從華南到南洋

危丁明

珠海學院香港歷史文化研究中心

今天，男女平等早已成為社會的共識。套用一句老話，也許真是承平日久了，很多人都已經搞不清當初女性受到歧視的歷史原因和社會原因，而簡單歸結為男性霸權。然後時代發展→女性覺醒→積極爭取→男性霸權崩潰，社會於是進步。這樣一種邏輯把「覺醒」當作妙藥靈丹，如此大刀闊斧，乾淨利落，不禁使現代婦女對昔日女性的種種委曲求存、含辛茹苦視為愚昧，心裡油然產生「哀其不幸，怒其不爭」的厭棄心和優越感。由此，對於一些舊時代曾廣泛存在的女性角色，其形成、功能和影響等等，隨着歲月流逝，顯得越來越陌生，越來越仿如隔世。

這裡我以〈媽姐・齋姑・先天道〉為題，從職業、修行和宗教這個三而一又一而三的角度，談談昔日女性的實際狀況。現實的歷史絕對沒有「覺醒」邏輯般簡單直接，男性霸權也不是錯誤認識或態度，只要幡然悔悟，然後一下子可以土崩瓦解。男性霸權歸根到底還是經濟問題。從以農業經濟為主的傳統社會，轉變為現代資本主義社會，並非一蹴即就，女性地位的改變也不是一夕變天。媽姐、齋姑等正是爭取女性應有權利的先行者，類似先天道等的強調在世修行的民間教派是他們堅定後援和精神家園，他們不應被遺忘，否

則今天所謂「覺醒」，不過是男性霸權的策略退讓或施與，一時的烟花爛漫，都可能只是刹那光輝。

一、華南婦女地位低下

華南自古因屬南蠻之地，與中原相比，文治禮教自然有所不如，但可能出于文化自強的心理，華南反而是對傳統禮教的最篤守者，甚至時易世移，仍一如既往。男尊女卑，清末民初時期是普遍現象。在廣東，各地對女性都有不少苛刻的規定，如潮汕地區的澄海，婦女不得入宗祠，如丈夫不在，則應由兒子跪拜。廣府地區南海人議族內紛爭，當事方除非家中無夫無兒，婦女方可入祠議事。如果家中丈夫、兒子涉事候斷，婦女在議事時敢恃刁喧嘩，則不問情由，革去其夫、兒祭祖資格，亦即將其一家大小趕離家族。順德人則嚴限男女大防，無論是喪事或祭事，家族男女傳遞器物都必須以籮筐裝載交遞，否則就是在喪禮結束後統一交收，就是不能讓男女雙方——即便他們是兄弟姐妹——有任何肢體接觸機會。

女性地位卑賤，卻非棄如敝屣，偷得清閑，而往往是勤苦倍於男子。據光緒《嘉應州志·禮俗志》載，在客家地區：

> 男子多逸，婦女則井臼耕織、樵採畜牧、灌園種蔬、紉縫炊爨無不躬親，天下婦女之勤者莫此若也。蓋天下婦女勞逸尚分貴賤貧富，吾鄉即紳富素封之家，主母與婢妾勞逸均之。且天下婦人即勤勞亦或專門一事，吾鄉則日用飲食皆出其手，不獨饁餉織紉而已也。

正由於女性需要承擔着如此繁重的工作，在廣東地區，男子納妾就不只是婚姻行為，反而更多的是類似於奴隸的

劫奪。通過納妾，男子不但可以立即增加家庭的勞動力，也提高了繁衍家庭成員的機會，又為未來發展準備好充足的勞動力。因此《清稗類鈔・風俗類》所說粵人七好，「好名，好官爵，好貨財，好祈禱，好蓄妾，好多男，好械鬥」，其中蓄妾、多男、貨財和械鬥，看來都是出於同一理由——發展。然而妾不易為，《清稗類鈔・風俗類》載：

> 粵人好蓄妾，僅免饑寒者即置一姬，以備驅使。且以其出身率為侍婢，而烹調浣濯縫紉等事皆所慣習。一家既無多人，於是令其兼任梳頭、烹飪二事，甚者潔除圊溷之役亦令為之，自可不雇女傭，以節糜費。其小康者，則置二妾或三妾，一切役務，均委之若輩。諸妾亦承奉周至，不敢少懈。蓋其意以為烹調一役，雖為庖人專職，然每一餚出，未必能食，多犯不潔之病。今以妾掌庖，則妾亦同案而食，斷不至有此弊，推而至於他事亦然。痛養既關，較外人之徒事敷衍者，自不可同日而語矣。

何謂妾？從傳統講，正妻以外均是妾。傳統婚姻允許娶妻之外納妾，程序是先娶妻後納妾。廣東一些族譜甚至明確規定：「未娶妻不得納妾，亦不得寵妾棄妻，無惑于後妻離間骨肉。」根據清朝法律，妾的名分低于妻，兩者名分不能互換。《大清律・户律・婚姻》：「凡以妻為妾者，杖一百。妻在，以妾為妻者，杖九十，並改正。若有妻更娶者，亦杖九十。」妾不僅社會地位低下，家庭身份也低于妻，要稱妻為「亞姐」，稱夫為「主人公」。

然而，在廣東家庭中，還有較妾身份更低的階層，就是婢。通過買賣，貧苦家庭將女兒送與別人作下人，分擔家務。這種下人稱為婢，廣府稱為「妹仔」。由於是通過買賣而來，婢被完全物化，沒有任何自由。主人擁有絕對權力，

任意再次買賣或典押婢女，也有權決定婢女的婚嫁。奴婢制度，中國古已有之。進入明代之後，隨着城市繁榮，商品經濟發達，生活服務需求大增，蓄養奴婢之風更盛。皇親國戚、達官貴人，家中奴婢上百成千。商人富戶，也常奴婢數量為競耀，往往亦累百過千。清人袁枚《子不語·荷花兒》故事，說到甚至中下層家庭，乃至家貧無妻的周世臣，家中仍有荷花兒和王奎一婢一奴相伴。時至清末，內憂外患加劇，農村經濟破產，人口卻不斷增加。溺嬰竟成為調節經濟與人口發展矛盾的重要手段，於是全國風行，其中尤以女嬰為重災區。相較而言，父母以女為財貨，出售他人為婢，反而成了更為人道的安排。賣者以既解決了燃眉之急，又為女兒覓得出路，總算無愧於心；買者則以助人渡困，自己又因利成便，自然心安理得。這種扭曲的道理也許適合當時扭曲的年代，卻無助於改變婢作為奴隸的悲慘命運。他們勞動時間長、強度大，卻常被主人任意打罵、折磨。即便在首沐西洋文明甘雨的香港，1923年正式立法取締蓄婢制度之後，虐婢之案仍時有所聞。1927年6月1日《香港華字日報》報導：

> 　灣仔石水渠街某某兩層樓，皆發現虐婢案。聞兩個婢子年皆在十歲與十一歲之間，其一被女主人先用藤條鞭撻，至手足皆有傷痕，然後乃用鐵火鉗燒紅，以烙其嘴。慘無人道，至斯已極。其一則被主婦用藤撻至體無完膚，聞據報撻至一點鐘之久。

顯然，女、妻、妾、婢等等，無論任何一個倫理角色，在中國傳統的宗法制度中，只要是作為女性，就必然會受到絕對不公平的對待。而其中一個重要原因，就是源於婦女在家庭的經濟地位，由於體力原因，他們較難承擔繁重的農田勞動，無法為家庭經濟收入作出貢獻，反而消耗資源，成為家庭負擔，故被認為是「蝕本貨」。這種幾乎是出自根源性

的歧視，對生於這個時代的女性而言，甚至會使他們對自己身為女性而產生種種負面情緒，有人自卑，有人絕望，以至聽天由命，任人魚肉，但也會有人對男性社會不忿、不屑、排斥，乃至反抗。

二、女人是自己的主人

然而，必須承認，傳統社會的性別架構已有超越數千年的歷史根基，在其男耕女織的小農經濟牧歌還沒唱完時，任何的反抗都是徒勞的。要改變女性被侮辱和被壓迫的地位，必須有兩個基本前題。首先是經濟上女性要自立自給，而非被蓄縛於以男性為主的家庭中；另外就是在文化上可以給予女性的機會，使他們不必因為反抗而造成與傳統社會全面決裂。我們都知道，中國最重要的文化話語之一，就是生存。若沒有生存的可能，改善性別地位就是奢談。而改善性別地位而導致傳統社會陷入危機，也只能會是功敗垂成，兩不討好。

鴉片戰爭後，列強看透了清王朝的外強中乾，加緊了對中國的經濟侵略。在商品經濟的無情衝擊下，小農經濟很快就走向破產。廣東農村更首當其衝，不論是否已失去土地，農民的生活變得越來越困難。離鄉別井到城市打工，乃至賣兒鬻女，已成為日常。與此同時，隨着商品經濟的發展，廣東的民族資本家亦誕生了。他們憑藉自己的主場優勢和對西方商業文明的迅速吸收，精心地尋找着投資機會。1873年，廣東南海人陳啟沅在家鄉簡村創辦起中國第一個民族工業：繼昌隆繅絲廠。由於繅絲需要心靈手巧、牙齒整齊的年輕女性，便於熱水抽絲和咬斷絲線，所以工人大多數是從簡村或附近村落招來的農家女。《南海縣志》記載，繅絲廠「容女工六七百人，出絲精美，行銷歐美兩洲，價值之高，倍於從前，遂獲厚利。」據說當時繅絲女的工資每月約有15-16元，

而一個月的伙食費不過4元，因此繅絲女不僅可養活自己，
而且成為了家庭重要的收入來源。女兒終於不再是蝕本貨
了。另一方面，現代工業以分工合作為特色的嚴格工序，不
但使他們走向了經濟獨立，而且大大增強了他們的自信。在
工作中學得的組織性和合作性，也使他們懂得團結的力量。
在面對同一性別宿命的現實前，他們攜起手來，決定做自己
命運的主人。

其實，廣東婦女的團結互助，也非無先例。乾隆年間，
長白浩歌子《螢窗異草》曾寫道：

> 粵東之俗，女生十二三即結閨閣之盟，凡
> 十人，號曰十姊妹。無論豐嗇，不計妍媸，簪珥
> 相通，衣飾相共，儼有嚶鳴之雅焉。及嫁，緩急
> 相扶持，是非相袒護。凡翁姑之不慈，夫婿之不
> 睦，父母兄弟所不敢問者，唯姊妹得而問之。故
> 閨門之內，蒂固根深，莫能搖奪。

十姊妹曾令地方大為頭痛，認為其與會黨相類。道光年
間，廣東學政翁心存曾經寫有一篇《勸戒二十四條》，是對
粵省文武生童所發的勸諭。其中就曾指出：「粵東地方，地
處邊隅，尤失交道。其男子以奸邪相誘，至有添弟會之名；
其女子以生死相要，亦有十姊妹之拜。維爾生童，固不容有
此敗類。」不過，十姊妹只在於為失去娘家保護的已婚婦女
出頭，並沒有否定婚姻。而在男尊女卑的傳統社會裡，廣東
婦女對婚姻卻是滿懷恐懼。廣東童謠《雞公仔》寫出了婦女
婚後的悲慘命運：

> 雞公仔，尾彎彎，做人媳婦甚艱難，早早起
> 身都話晏，眼淚唔乾入下間。下間有個冬瓜仔，
> 問過老爺煮定蒸？　老爺話煮，安人、家姑話蒸，
> 蒸蒸煮煮都唔中意，拍起抬頭鬧一番，三朝打爛
> 三條夾木棍，四朝跪爛九條裙。

　　由於這種自小就形成的恐懼，廣東地區婦女很早就出現了「不落家」風俗。所謂不落家，簡單來說就是婚後保存貞操，三朝歸門後再不住夫家。不過，雖不落夫家，但此身仍是夫家主婦，夫家紅、白事，例必回夫家，特別是翁姑及夫婿喪事，必須上服盡孝。待到自己臨終不可救藥之際，才使人抬回夫家待斃，而一切費用均須自付。此風俗不知始於何時，但學者認為這是嶺南少數民族文化的遺存，歷史悠久。明末清初著名學者屈大均，其妻劉氏就是不落家之女子，故屈有「介推惟負母，弘景未歸妻」之嘆。不過這也成為屈大均納妾的理由，一生納妾多達9人。

　　獲得經濟獨立和自信的近代婦女，對尚在舊傳統中踟躕，甚或仍醉生夢死的男士，自然產生出更多的不屑。不婚亦由此蔚然成風。梳起，又稱自梳，是廣東珠三角地區，女子宣示不婚決心的特定儀式。傳統上中國婦女婚後須改換髮式，用簪把頭髮盤起來的方式表現成年。矢志不嫁的女子請人將自己的頭髮由辮式改梳為髻式，以示既非少女亦非人婦。一經梳起，即成鐵案，稱「自梳女」，而且終生不得反悔。對當時的傳統婦女，選擇不婚並非只是個人的事，還要考慮倫理鄉俗等，以顧全家族面子、父母聲譽。婦女用梳起宣示不婚，實際亦是公開宣告與娘家的訣別。自梳女把自梳儀式辦成有如出嫁的上頭儀式，唱起《上頭歌》：

　　　一梳福，二梳壽，三梳靜心，四梳平安，五梳自在，六梳金蘭姊妹相愛，七梳大喜大利，八梳無難無災。

娘家把自梳女等同於出嫁女，從此以後，所有對她的應付責任都會中止。直到最後，亦不會讓她死於娘家或任何親友家。甚至死後，娘家亦不會進行吊祭。在宗法制度的文化環境中，女性以夫家為最終的依歸，有些自梳女，為死後靈魂有寄，會進行「守墓清」，即找一死人為夫，以便將來有

後人祭奠。為此，自梳女需付婆家一筆費用，故又稱「買門口」。實際上就是舊日不落家風俗的變奏。

今天，也許我們會覺得自梳女為最終靈魂有寄而做的事情難以理解，然而，若從傳統宗法觀念考慮，就可以見到這其實是合理的妥協，自梳女由此有了不婚的自由，而娘家也總算可以向傳統禮教交差。而且，在傳統宗法文化氛圍中，自梳女雖有拒絕男性社會的勇氣，卻難免對自己的終極未來存在憂慮。選擇不落家或買門口，這些自梳女也樂得一個心安理得。除此之外，也有不少自梳女，將對終極的憂慮轉化為宗教的追求。而在他們的宗教選擇中，先天道曾最為熱門。以至後來廣東地區都習慣以先天道內對高階坤道的稱呼「姑婆」，作為對自梳女的尊稱，又把他們群居的房屋稱為「姑婆屋」。

三、先天道與齋姑

先天道是清中葉後較具規模的民間教派，該派以無生老母（道光以後改稱瑤池金母、無極天尊等）為最早主宰，要求信徒嚴持三皈五戒，屬行持素和禁欲，一心一意追求重返先天，歸家認母。

先天道相當注意吸收女弟子。其十二祖袁志謙在著作中，勸導婦女修行的文字不少，並表現出對婦女之苦的深刻理解。如《勸婦女歌》：

> 大娘姑嬸嫂嫂們，兩旁靜坐聽原因。世間男子容易混，惟有女子罪不輕。下地之時娘喜幸，看待就有兩樣心。若是生女比草論，生下男子當寶珍。撫養雖然無更改，怎比生男愛十分。在家從父盡孝順，出嫁從夫要殷勤。貧富賢愚不一等，隨緣隨分過光陰。生男育女分中定，諸般惡

孽由此成。十月懷胎娘受困，一朝臨盆要命傾。

又如《戒醒求子長歌》：

> 試想天地間，養兒的好不苦呵。懷胎乳哺，
> 拼著自己去駝，三朝兩歲將著銀錢來顧。逢驚
> 風，問卜求神；遇痘痳，請醫吃藥。有美食，自
> 忍飢與兒咀嚼；有好衣，自忍寒與兒穿著……誰
> 知他毛乾翅硬，只知有妻子和雙岳，竟把這德
> 比天、恩似海的爹娘全然拋卻。就是那，有長濟
> 的，入學中舉，經商匠作，多見暢飲歡歌，他父
> 母偏還在山垻中耨草耘禾。若是那，不長濟的，
> 嫖賭嘵搖，提鷹喂雀，多見彈唱作樂，他父母偏
> 日在山坡上肩挑背磨。還有那，出門的，去妻別
> 子，要爹娘去管凍餓；在家的，另爨各居，將父
> 母來分你我——這就是養兒的下落、望子的結果！

袁志謙為婦女們指出得救之路——學觀音。在《勸婦女
歌》，他寫道：

> 學觀音來學觀音，學他食齋早修行。不戀紅
> 塵花花境，迴光返照悟真經。悟真經來悟真經，
> 功圓果滿上天庭。普陀巖前毫光迅，巍巍現出紫
> 金身。

他利用早已為廣大婦女熟悉的中國化觀音故事——妙善
傳說，據其中違父命出家的妙善公主後來佈施自己手眼治好
老父的情節，說明出家不但沒有違反倫理，更是大忠大行之
行，以勸導婦女修道。在《坤道師表》中，他寫道：

> 婦女修行學觀音，學他大忠大孝人。不孝父
> 母天雷打，怎得凡身證佛身。婦女修行學觀音，
> 提起沒油智慧燈。日月交宮燈不滅，證得金身度

雙親。

對於一直矛盾於不婚與傳統倫理、家族面子間的婦女們，袁志謙的說法是很有說服力的。而且學觀音不但是對仙佛的仰慕和效法，更重要其本身就是一種修行的方法。先天道取法禪宗，強調頓悟自身佛性，所以袁志謙要人學觀音，實際上是自悟身上的觀音。誠如其在《元化指南》所說：

> 各人有個觀世音，名利恩愛誤了身。若能打破四重網，愁甚合宅不飛昇。指你身上觀世音，緊閉六門開一門。這訣玄關開得好，家家同登最上乘。

先天道的出家也很有本身特色。先天道道史，自詡出自禪宗一脈，是六祖慧能的直接繼承。不過，自慧能後道入火宅，即救贖的權柄已由在家人把握。先天道強調修行者不能離開俗世，故其出家，雖然嚴持佛戒，獨身茹素，卻堅持不穿架裟，不圓頂，主張帶髮修行。又強調信徒必須有自己的營生，以作為遮身之術，方便在社會弘揚教法。在西風東漸的清末民初，先天道以仙佛之名，為百孔千瘡的儒家倫理作神學背書，受到鄉賢肯定。個別農村知識分子也看透世情，選擇入教，帶髮修行，開設齋堂，成為「齋公」。因清律對婦女依佛道兩教出家均規定嚴格，必須年滿40歲以上，故不少有出家志向的婦女，亦選擇帶髮修行，成為「齋姑」，設女齋堂。這些女性包括未婚、孀居或有殘疾者，家庭成分有農戶、手工業者和小商人等，因按傳統習俗，女子不婚不可永久在家；女子守寡無子也不宜長居在家。

對選擇不婚的自梳女，先天道則別具魅力。首先，它將自梳女原來對男性社會的個人厭惡，轉化為對宗教永恆的集體追求。這種追求使自梳女既可以妙善觀音的大忠大孝告慰於天地父母，也提供了充足的理由和自信讓自梳女面對生活中不時出現的種種蜚短流長。再者，先天道以回歸先天世

界為終極關懷，此世界亦即道教的瑤池和佛教的極樂淨土，無性別，無貴賤，無貧富，對深受性別不平等之苦的自梳女們，自然深受吸引。第三，從生活實際看，齋堂或純坤界居住的姑婆屋（女齋堂），早已為鄉俗接受。有些富戶，惟恐家中不婚女性生活無着，甚至出資修建齋堂。自梳女選擇先天道出家，非但不會與傳統宗法觀念形成衝突，而且身心性命皆有所托，又何樂而不為。第四，先天道齋堂均設有祖殿，祀奉歷代祖師及諸先道友。對於擔心死後魂靈何寄的自梳女，出家先天道就無須不落家或買門口，使自己平白無故地扯上一個夫家名義，仍可以得到後代香火供奉。

四、從自梳女到媽姐

民族資本的繅絲廠藉着主場優勢在鄉間興起，然而近代經濟發展卻是以城市為中心，當外國繅絲廠遍布中國通商口岸的20世紀20-30年代，廣東民族繅絲業亦走到了盡頭。已獲得經濟獨立，可以自由主宰自己命運、出身農村的揚眉女子們當然不甘回到過去男尊女卑的悲情歲月，于是毫不猶疑，邁開大步，走入城市。

不過，此時正值世界性經濟危機爆發，城市的工廠亦在困難經營，婦女要找到合適的工作談何容易，他們大部分只能接受較低的工資和更繁重的勞動強度，忍受更差的勞動條件，方能覓得一份工作以糊口。另外一些婦女，則仗着來自魚米之鄉，自小開始照顧家庭，早就在烹飪、家務等裡裡外外，方方面面練得一身過硬本領。他們乘着城市發展、上中階層人口增加的機會，從工廠回流到家庭——雖然是別人的家庭——成為家務傭工。胡樸安《中華全國風俗志》記載，「粵俗中人之家，有所謂媽姐者，即傭婦之稱，如蘇滬之所謂什姐也。」媽姐亦稱禡姐，馬姐。據說在順德話中，「禡姐」原來就是自梳女的意思。禡，《說文》「師行所止，恐

有慢其神，下而祀之曰禡。」即古代行軍時在軍隊駐紮的地方舉行的祭禮，可見禡與神靈的供奉有關。禡姐或許就是來自先天道的捨身衛道的出家女眾。當然，媽姐的稱呼可能源於自梳女並不等於媽姐們都是自梳女，但媽姐中不婚者不少卻是公認的事實。

從家務的角度，有學者認為，將女傭稱為媽姐，可能還有以下含義：

　　1.相對被稱為「妹仔」的婢女，媽姐具較高的地位；

　　2.對於主人，則無論妹仔或媽姐都是僕人；

　　3.對於女主人，媽姐則有提攜和協助的責任；

　　4.對於尚在襁褓中的少主，媽姐則擔任類似母親的照顧；

　　5.作為外來人，媽姐今日在此家中的地位，端賴她是否真正成為女主人的姐妹，而未來則要看她是否出色完成作為少主的媽媽之責。

媽姐中，據說以來自順德地區者最受歡迎。香港大埔王肇枝中學的同學曾作過調查，寫出《從「繰絲女」到「順德媽姐」——一個式微女性行業的社會分析》一文，指出：

　　順德媽姐可說是女傭界的翹楚，工作是打理一家的家務，工種上可分為六類，最高級是「近身」，薪金亦最高，打後是「湊仔」、「煮飯」、「打雜」，最辛苦錢又最少的是「一腳踢」。近身可視為陪嫁媽姐，是小姐的親信，要「跟出跟入」，比起其他住家工高級一點；湊仔是照顧小主人的起居，所以僱主大都願意支付較高的工資；煮飯是技術工人，薪水比打雜高；至於一腳踢多是新人，所以收入亦最少。

　　據受訪的媽姐表示，他們的身價較其他工
人為高，原因是各方面都比其他女傭優勝。例如
順德女子吃得嘴尖，對飲食講究，要求很高，故
此在煮食方面有一定水準，媽姐之間會時常交流
和互相傳授，保持競爭力。其次，有禮貌、守規
矩、斯文和對僱主忠心亦是令僱主欣賞的原因；
特別是近身，比較注意衣著和儀容的整潔，隨主
人外出時也不會丟主人的面子。

　　作為女性的專門行業，媽姐的收入較工廠女工為高，
不過媽姐亦有其特殊的風險，主要是來自性別的風險。對傳
統富戶而言，媽姐是新生事物，他們更熟悉的是婢女，但此
時已是民國時期，平等自由成為全國共識，英殖統治的香港
也早立法禁止蓄婢了。然而舊意識卻不是一朝一夕可以遵令
而廢的，在不少人的眼中，媽姐其實與婢無異，是卑賤之
流。家主、同事，甚或不相干之人，常輕之、慢之、誘之、
騙之，使他們不勝其擾。特別是不少媽姐年紀太輕，入世未
深，經不起威迫利誘，容易失足成恨。有關的報導，可謂屢
見不鮮。如1934年9月18日《香港工商日報》報導的一宗發
生在廣州的迷姦案：

　　　　少女陳女，年十七歲，中山人。父早喪，
母欲為之論婚，女極力反對，願丫角終老，以
奉其母，但家無擔石，難為無米之炊，因請於其
母，許其出省為傭……（來廣州後），獲介紹紙
行街四十五號商宅傭工，矢慎矢勤，以博主歡。
詎其男主人商偉，覩此豸貌甚娟秀，不禁垂涎欲
滴……於是月廿三夕，晚膳時殷勤勸飲，陳女以
主人盛情難卻，一吸而盡，詎不勝酒力，旋即酡
然大醉，商乃扶歸寢室……

1936年12月7日《香港工商日報》所記的一宗自殺案。

事主又是一位媽姐。

> 查該女子名歐芝（廿三歲），鳳城人。在鄉時，以繰絲度活，日中所入，頗足自給。迨自農村破產，絲廠倒閉者多。女生活頓感恐慌，幾乎無地立足。而目覩同鄉妹之出為人傭者，返鄉時頗多衣飾輝煌，生活優裕，不禁見獵心喜，躍躍欲動。乃輾轉託人介紹，卒由姊妹輩之介來港，在旺角亞皆老街某號樓傭工。時女正雙十年華，因不禁甘言利誘，竟至失足。至去年，女舉一子，女亦將工辭去，稅屋另居，並時向對方索取家用，以資贍養。詎日久生厭，人之常情。斯時該人已對女日形冷落，女以母子生活無着，頗加怨懟……最近女再見該人，請求商決。而該人對女所請，尚無確實答覆。女以不得要領，且生活費一時無法解決，則母子前途，不堪設想，憂從中來……決意服毒以圖自殺。

一些與媽姐有日常接觸的人，也不時對他們進行騷擾。1930年7月3日《香港工商日報》報導：「18歲女傭李蓮，貌頗娟秀……往中環街市購肉，被某號肉檔伙伴梅榮，施以祿山之爪。李女羞斥其非，詎觸梅怒舉手力摑李女。」

面對來自傭主家庭的性別風險，作為外來人，媽姐基本孤立無援。她必須為自己撐開一把性別保護傘，足以同時讓自己不致因為年輕漂亮、聰慧勤快而引起男主人的垂涎和女主人的猜忌。而在這一方面，自梳女可謂得天獨厚，這也可能是早期主要由自梳女出任家務女傭一職而得名為媽（嫲）姐的原因。在宗教意義上，自梳女以終身不嫁在神前立願，是自梳女與神靈的契約，受到戒律的規限和公眾的監督，而任何人想逾越規限都會招來非議乃至天遣，因此一般而言是受到社會的信任和尊重的。

五、媽姐下南洋

　　南洋，是明清時期中國對東南亞一帶地區的稱呼。隨着大航海時代的到來，列強加緊對東方進行侵佔和掠奪。由於殖民地的開發需要，產生了對廉價勞動力的迫切渴求，來自中國的苦力就成為介於自由勞動者和奴隸之間的人群，這就是所謂的「豬仔」。豬仔出國，有被誘騙、強搶，亦有出於自願。他們大都以為可藉着自己的辛勤勞動，還清欠債，經過一段時間積聚工錢，就可衣錦還鄉，根本沒有有異地長期居留的打算，當然也沒有牽家帶口，而殖民者需要的高強度體力勞動者作開荒牛，所以看不上體力相對較弱的婦女。再加上早期清政府出於男女之大防，也嚴禁婦女出國。這就形成了早期殖民地華人人口陽盛陰衰的局面。後來，當開荒過後，殖民者們為了把一些可信或技術水平較高的工人束縛在所經營種植園或礦山里，他們就迫着這些工人成家，有的更提供金錢，讓他們在地或回鄉結婚。清朝亦被迫在1860年代逐步放開婦女出國的限制。後來，為迅速增長殖民地華人婦女人口，竟逐漸演變為在中國對婦女進行綁架或以引誘手段強賣、拐騙，出現所謂「豬花」。不過，「豬花」到海外後，只有很小一部分與豬仔，或者華人，甚至洋人結為夫婦，大多數被迫成為妾、婢，甚或自願淪為娼妓。即使如此，華人男女人口比例的失調仍改變不大。

　　1930年代，美國的大蕭條觸發世界性經濟危機，南洋的橡膠園、黃梨園、錫礦場倒閉成風，大量工人遭到裁減。殖民政府主動調整輸入人口政策，實行入境管制，一方面對男性勞工提出更高要求，另方面由此時開始對女性大開綠燈。1933-1938年間，馬來半島合法入境男性華人約三萬人，女性卻高達19萬，他們大都來自珠江三角洲的順德、東莞等縣，年齡18-40歲，入境後主要從事家傭、割膠、洗琉琅（淘

錫米）等行業，也有充作建築地盤工人，即以戴紅頭巾為標誌、主要來自廣東三水的「三水婆」。顯然，殖民政府的目標，主要是希望通過婦女人口的引入，最大極限地壓低工資成本，實質上只是另一波豬仔貿易，而非為調節華人男女人口比例。不過，經此一波，華人男女人口比例的確有了很多的改善。有人對比過1931與1947年的英國人口普查報告，發現此時粵籍女性的增長率超過兩位，從陽盛陰衰變成12名女性對10名男性。（見李國樑《廣東媽姐》）隨着華人經濟的逐步成長和發展，華人男女人口比例的合理化，使當地華人組織華族家庭的機會大大增加。華族家庭的增加，意味着這些家庭已把他鄉作故鄉而形成的鄉愁，以及由此而產生的對中國傳統文化的珍視，又為同聲同氣的、來自中國故鄉的家傭提供源源不絕的工作機會。媽姐下南洋的態勢因而形成。

　　由於是另一波豬仔貿易的性質，媽姐下南洋的風險也不可謂低。在舊時代，婦女到社會就職，本來就不容易。為防範風險，往往需要通過一些可以信任的中介，如親友、工會、商會或有關係的商鋪等等。若無可以信任的中介，就只得靠薦人館之類的職業介紹所。不過，當時薦人館良莠不齊，求職者往往賠了夫人又折兵，甚或被騙失足。海外求職更是隔山打牛，連原來可信任的中介都會變成陷阱。1940年9月1日香港《工商晚報》報導：

　　　　本港歹徒迫良為娼之技術，現在又日新月異。現目一般匪徒，常在本港僱用一般稍具姿色之女傭，料理家務。數月後即藉詞舉家南遷，乃偽稱能介紹其前往廣州灣或越南海防僱工。一般無知婦女，多未悉個中詭計，遂多墮于殼中。比抵海防或廣州灣時，隨即被迫出當娼妓，無法逃走。故一般急欲找尋職業之女傭，對一般歹徒之引誘，實宜注意防範。

　　為降低海外求職風險，媽姐通常結伴而行，形成了姊妹之間患難相扶的友誼。因為在華埠找工作必須通過熟人，又要鋪保等，故媽姐到埠後，有些會依靠在南洋的親友，先落腳再找工作，沒有親友或找親友不遇者，則會依靠族誼、鄉誼，通過在地的華人組織，如會館、宗親會、同鄉會，暫時借住，除圖後計。同行姊妹的相互扶持、提攜，在這段時間顯得尤為重要。

　　另外一個常用的方式，就是通過與先天道眾結成的道誼。先天道是較早向海外推廣的民間教派。早在媽姐出國風潮形成前，在東南亞各國已建立不少的道場。而且這些道場均重視其來自中國的根源，與內地同道維持着密切的往來。這些道場之間亦維持在華時的傳統，彼此之間無分畛域，互相支持。由於媽姐中不乏先天道道眾，所以因利成便，通過道場間的聯繫介紹，自香港及廣東一帶來東南亞求職，應該說很早就開始了。而這批媽姐又有不少的社會關係，如姊妹、同事、同鄉等等，往往亦會藉此希望追隨着他們的道路先後到海外求職。先天道道場本慈悲之心，與人方便，多數來者不拒。輾轉相承，久而久之，道場竟成了媽姐的專門薦人館，雖然其可薦職業不限於媽姐。

　　海外的先天道為媽姐的越洋求職提供極大的方便，他們抵埠後，不少就以道場為住宿地，並聽候道場介紹工作。他們在彼邦的生活穩定後，對道場所曾提供的幫助都會十分感恩，無論是否先天道的坤道，他們大多視道場為娘家，節誕會到道場幫忙，閑時則來禮佛，關係終生不斷。一些決意終生奉佛的年長媽姐，為退休後計，更會「入份」道場，就是向道場繳納一定香油費，取得在退休後如內地般由道場負責其生養死葬之承諾，所以亦曾深受媽姐們的歡迎。他們繳納的香油費，反過來亦促進了道場的發展。這類借助入份形式發展的道場，在東南亞頗為多見。1954年12月6日，新加坡《南洋商報》報導當地先天道飛霞精舍擴充：

　　至於飛霞精舍的擴充，乃由數十人擴充至可容式百人，實賴小坡二馬路之「域多利亞茶室」之支持，加入該舍之條件，第一須信佛，第二須繳納香油費數百元不等，亦可得如國內「飛霞洞」之「生養死葬」優越條件。凡加入者有床一張，三餐素菜飯可以無憂……參加者除年老者外，中年婦女亦有參加。如一般傭婦及其它職業者，如遇失業時，有宿舍棲身。至於年齡較長者，在舍內可學習誦經，及操作其他職業，有時亦可生利。在舍居住者，均認定有合作精神之發揮機會，如每廣惠肇碧山亭公塚打「萬人緣」佛事及料理數日之素饌飯菜等，均由彼等負責，因此有相當之收入……

另外，由於媽姐深入各富戶家庭，與社會各界精英關係密切，反過來對於道場順利興辦法會，募集捐獻，爭取社會支持都有很大的助力。

　　道誼又會與宗族和鄉誼產生奇妙的化合。在我考察東南亞國家華人傳統宗教團體的實際經驗中，不少道場是由同一籍貫（如廣東清遠），或某一民系（如客家、潮州等）的弟子聯手創建的，直到今天仍然與特定族群血脈相連。也有一些家族，由於當中某一位人與神靈有緣，或出家，或雖在家而以管理廟宇為業，家族的其他後人，不少亦會追步先輩，投身宗教事業，代代相傳，燈燈不絕。

六、小　結

　　二次世界大戰後，華人社會關於女性就業問題的態度，已經完全現代轉向了。「三步不出閨門」或「無才便是德」的所謂閨秀，早成為嘲弄的對象。「婦女能頂半邊天」震天

價響，彷彿這世上從來沒出現過那段屬於女性的蒼涼歲月。
而曾率先帶領中國婦女們邁向解放的自梳女、齋姑、媽姐等
也在不斷凋零。他們的傲慢與堅持，美麗與哀愁也隨着歸於
塵土。不過，即使青史成灰，他們深植於其生活軌跡中的關
懷和愛，往往仍使我們感動不已。每當探訪先天道道場，朝
拜祖堂供奉的一個個鑴刻他們姓名來歷的神主牌，我都由衷
地致以敬意。因為我相信，若不懂感念昔日蕭蕭落木之無邊
傷逝，就無法真正體會今日滾滾長江之不盡生息。

淺談戰前香港華人與英國法制

馬冠堯

香港大學房地產及建設系

　　中國的公堂大多是處理刑事案件，縣老爺集主審和判官於一身，操大權，因此衍生出華人多敬畏官府的觀念，大多認為官府拉人有理，俗語有話：「為甚麼人人不拉，偏要鎖你！　一定是你有問題。」，所以十居其九都被判有罪。華人對衙門一向視之為禁地並有一諺語：「生不入官門、死不入地獄」。一般民事紛爭就大部份在村內祠堂解決，祠堂「父老」不能解決才交官府辦理。「父老」一般是指擁有學位職銜(即鄉、縣、殿試名列前茅)或年紀最長的族人。

　　西方法律講求客觀證據，主審和法官互不相干，即所謂「司法獨立」，法官只能跟隨過往判例判案，不可遍離以往案例，因此享有崇高地位。雖然如此，判斷證據是否足夠則交到一般人手上，即陪審團，它是由一群老百姓所組成。法官只是根據過去審判案件的例子引導陪審團裁定疑犯是否有罪。若陪審團裁定罪成，他就依據法律和被告的背景判刑。除客觀證據外，檢控人還要徹底證明被告有意圖和實質犯罪，一切疑點歸於被告，即「寧縱無枉」的原則。檢控人、法官和陪審團是三個獨立單位。法庭內的繁複程序和規例是專業，非一般人可掌握和理解，華人因習俗和語言的差異，更摸不着頭腦。明顯地中西法制有很大差別，香港政府和聚居的華人又如何各自適應？這是個有趣的課題。

　　法律簡單地說是規矩，是當地人的規範，是由當地大部

份人的習俗演變而成。例如隨地吐痰或棄置垃圾，這些行為在有些地方從前不是犯法，時代轉變了，大部份人認為隨地吐痰或棄置垃圾是危害公眾和社會衛生，接受這些行為是不當，同意以法律規管，即屬犯法規。宗教規例更視乎當地的信仰而立。粗略地說，當大部份人認為某些行為是當地人民不能接受，那便衍生出一套法規，禁止那些行為。英國傳統的普通法，就沿此規律而發展。但英國人管治香港後，便發覺英國的習俗與本地華人有很大差異，例如宣誓、一夫一妻制、遺產分配方法、信仰和衛生標準等，雙方都南轅北轍。究竟採用英國法律又或是依據大清律例，這是當年香港政府和居民都要面對的問題。本文不是從專業法律角度去簡介這發展，而是借一些案例簡述本地習俗。有關法律專家觀點的評論，可參看海頓(E.S. Haydon)、麥阿域(Henry McAleavy)、盧亦斯(D.J. Lewis)和蘇亦工的著作。[1]

一、成立高等法院

　　義律船長 (Captain Charles Elliot，1801-1875)於1841年1月29日發一公告管治香港，其後再加發一公告說明除了嚴刑和拷打迫供外，港府沿用清朝法律、習俗和慣例管治華人，見圖1.1。原廣州刑事及軍事法庭會套用於香港，見圖1.2。在未成立香港刑事及軍事法庭前，英人又發一公告列出適用於香港的法規和程序。香港政府租用在港督府(港督辦公地方)旁一臨時物業作香港刑事及軍事法庭，於1844年3月4日早

1　E.S. Haydon，*The choice of Chinese Customary Laws in Hong Kong*，11 International & comp. L.Q. 231(1962)pp231-250;　Henry McAleavy，*Chinese Law in Hong Kong: the choice of sources in Changing law in developing countries*，1963; D.J. Lewis，*A Requiem for Chinese Customary Law in Hong Kong*，32 International & comp. L.Q. 347(1983)pp 347-379; 蘇亦工：《中法西用:中國傳統法律及習慣在香港》(北京：社會科學文獻出版社，2002)

上揭幕。港督砵甸乍(Henry Pottinger，1789-1856)制定了陪審團名單，《中國之友》(Friend of China)以：「這是首次在中國地域成立陪審團審訊。」報導[2]

當時有16位大陪審員 (Grand Juror) ，12位小陪審員(Petty Juror)。大陪審員源自12世紀享利二世，到13世紀約翰王定下大憲章 (Magna Carta)，他們負責決定是否調查和是否起訴。於1848年開始陸續減用，1933年停用，1948年廢除。小陪審員負責裁定被告人是否有罪。香港首位首席大陪審員是史超域(Patrick Stewart)，他出身東印度公司，亦是首批太平紳士之一。名單上只有兩位政府官員查理史超域(C.E.Stewart)和急庇利(C.Cleverly)，其他皆是著名商人包括仁記洋行(Gibb Livingston & Co)的捷士(T.A. Gibbs)，香港首兩位立法局非官守議員艾嘉(J.F. Edgar)和渣甸(David Jardine)，受1867年倫敦金融風暴而閉業的費查(Angus Fletcher)、史葛(William Scott)和顛地(John Dent)，興建第一代香港會所佐治史察祥(George Strachan)的兄弟羅拔史

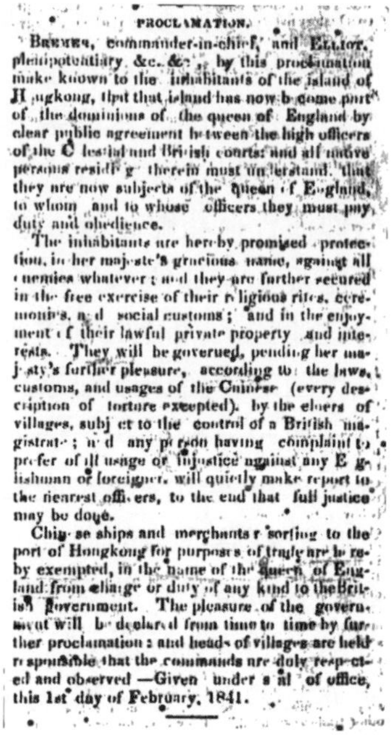
PROCLAMATION.

Bremer, commander-in-chief, and Elliot, plenipotentiary &c. &c., by this proclamation make known to the inhabitants of the island of Hongkong, that that island has now become part of the dominions of the queen of England by clear public agreement between the high officers of the Celestial and British courts: and all native persons residing therein must understand, that they are now subjects of the queen of England, to whom and to whose officers they must pay duty and obedience.

The inhabitants are hereby promised protection, in her majesty's gracious name, against all enemies whatever; and they are further secured in the free exercise of their religious rites, ceremonies, and social customs; and in the enjoyment of their lawful private property and interests. They will be governed, pending her majesty's further pleasure, according to the laws, customs, and usages of the Chinese (every description of torture excepted), by the elders of villages, subject to the control of a British magistrate; and any person having complaint to prefer of ill usage or injustice against any Englishman or foreigner, will quietly make report to the nearest officers, to the end that full justice may be done.

Chinese ships and merchants resorting to the port of Hongkong for purposes of trade are hereby exempted, in the name of the queen of England from charge or duty of any kind to the British government. The pleasure of the government will be declared from time to time by further proclamation: and heads of villages are held responsible that the commands are duly respected and observed.—Given under seal of office, this 1st day of February, 1841.

圖1.1 義律通告

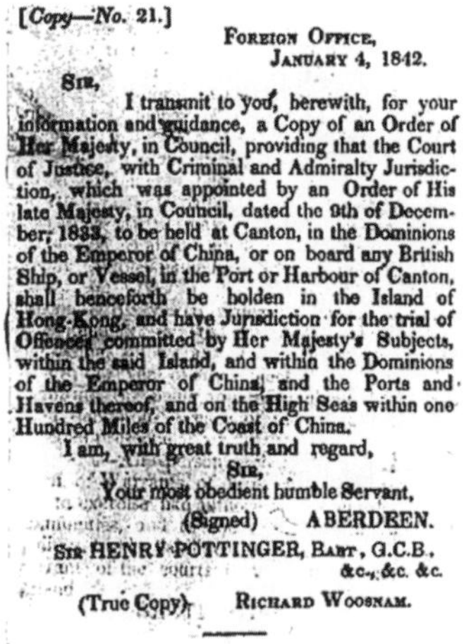
[Copy—No. 21.]

FOREIGN OFFICE,
JANUARY 4, 1842.

SIR,

I transmit to you, herewith, for your information and guidance, a Copy of an Order of Her Majesty, in Council, providing that the Court of Justice, with Criminal and Admiralty Jurisdiction, which was appointed by an Order of His late Majesty, in Council, dated the 9th of December, 1833, to be held at Canton, in the Dominions of the Emperor of China, or on board any British Ship, or Vessel, in the Port or Harbour of Canton, shall henceforth be holden in the Island of Hong-Kong, and have Jurisdiction for the trial of Offences committed by Her Majesty's Subjects, within the said Island, and within the Dominions of the Emperor of China, and the Ports and Havens thereof, and on the High Seas within one Hundred Miles of the Coast of China.

I am, with great truth and regard,
SIR,
Your most obedient humble Servant,
(Signed) ABERDEEN.

SIR HENRY POTTINGER, BART., G.C.B.,
&c., &c. &c.

(True Copy) RICHARD WOOSNAM.

圖1.2 砵甸乍通告

2　*Friend of China* 5 March 1844

察祥(Robert Strachan)，還有是擁有皇后大道一至五號碼頭的飛爾安(Christopher　Fearon)。這位飛爾安的太太伊利沙伯是大名鼎鼎的三個「番鬼婆」入廣州城和違例坐轎之一。其長子森飛即(Samuel Turner Fearon)曾服務港府註冊處(Registrar General)，中文極好，是帶動英國漢學的幕後英雄，二子查理飛即在上海亦有一街名斐倫街(今九龍街)。詳情可參看關詩珮的著作。[3]

1844年8月8日，港府滙報祖家以每月180元租得一屋勉強用作最高法院，當時苦力月薪4.8元。同年9月21日刊憲立法成立最高法院。在威靈頓街和德忌笠街交界的最高法院於10月1日開幕，見圖1.3。10月2日法院處理首宗案件。是誘拐案，被告為一對假夫婦，誘騙兩名華籍女子往廣州，以90元賣掉。女子友人以220元贖身，其後被告在港被擒獲，被判有罪，入獄18月。圖1.4是法庭內貌。

中文名稱

1856年憲報以「按察司衙門」稱高等法院，很有華文味道。從1861年開始，華人目錄冊叫高等法院為「大葛樓」，相信是以意和音譯自High Court，有中西混合的表象。但到1873年，目錄冊改以「臬署衙門」代替，返回華文系統。憲報則於1875年以「臬署」替代「按察司衙

圖1.3　第一代高等法院位置

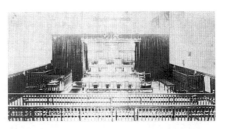

圖1.4　第一代高等法庭內貌

3　關詩珮：《譯者與學者》(牛津大學出版社，2017)，頁133-162

門」。1927年，政府刊物以「高等審判廳」稱高等法院，近似今天的譯法，估計與白話文興起有關。圖1.5是落成後不久的第四代高等法院。戰後政府開始沿用高等法院直至1976年10

圖1.5　1915年的高等法院

月統稱最高法院。1997年回歸後，改為「終審法院」。

二、華人溶入英國法制

首位華人陪審員(Common Juror)

　　上文提及客觀判斷證據是否足夠是由陪審團決定。陪審團因此在法院佔有重要地位。何人才有資格任陪審員呢？根據1845年陪審團法例，普通陪審員須是男性，年齡21至60歲，頭腦清醒，視聽力良好，身體健康，持有每月收入25元或同等差餉收入或以上的物業，又或每年入息一千元。政府人員、律師、醫生、神職人員、東印度公司和軍事人員都獲豁免。另設有特別陪審員，地位比普通陪審員高，除兼備普通陪審員資格外，必須是商人或銀行家。由於當時具備陪審員資格的人甚少，加上他們經常因工作而不在港，審判案件的陪審團成員只設六人。到1849年，普通陪審員的資格調低至每年入息500元，以增加陪審員名冊人數。到1851年，法例取消物業和收入限制，改以懂英語代替。1864年，審判案件的特別陪審團成員增設至七人。而普通陪審團成員要到1887年才增設至七人。1947年開始有女性陪審員。1986年佳

寧商業案件，是自1976年來未有採用過的特別陪審團再被重提是否合適處理複習商業案件。大律師公會認為特別陪審員人數只得350人，是從普通陪審員挑選，人數太小，且具精英階層，不乎合公平原則；若以專業區分陪審員之例一開，其他富技術性的案件亦是否要有專業知識的人担任，再推下去便是法官又是否要擁有專業知識。結果陪審團成員增設至九人。[4]

圖2.1　黃勝像

　　首位華人陪審員是黃勝(1825-1902)，黃達權小名勝，字平甫。廣東香山人，生於澳門，卒於香港。15歲於馬禮遜學校 (Morrison Education Society School)接受教育，後隨布朗神父　(Revd. Samuel Robins Brown，1810-1879)往美國麻省孟松中學 (Monson Academy)攻讀。只兩年因水土不服，於1848年返港，在《德臣西報》跟總編輯蕭銳特(Andrew Shortrede，?-1858)學習印刷和出版。其後出任英華書院 (Anglo Chinese School)印刷所主管，協助著名漢學家理雅各　(James Legge，1815-1897)出版刊物。最為有名是中文月刊《遐邇貫珍》(Chinese　Serial)，是香港首份中文報刊。他亦曾協助《香港中外新報》、《循環日報》和《華字日報》。他忠於教會和印刷業，婉拒政府任翻譯員職位，後更引鉛字印刷器材入中國。黃先生亦參加洋務運動，協助福州船政學堂後學堂在港招生，並參與協助留美幼童計劃。

　　除被委任成為第一位華人陪審員外，後更被委任成為第二位華人定例局議員，若以永久議席計，他是首位華人永久

4　*South China Morning Post* 1 December 1984，22 July 1985，14 May 1986; http:// hkreform.gov.hk *The Law Reform Commission of Hong Kong Jury Sub-committee*，Consultation Paper，criteria for service as Jury January 2008. 2019年9月閱

議席的定例局議員。港督寶雲開設立法局一永久華人議席，他向殖民地部推薦黃勝的主因：黃先生可以從中國角度看英國事物，亦可從英國角度看中國事物，這句話或可概括了黃先生的中西學養。圖2.1是黃勝像，有關黃勝的生平事略，可參看葉深銘的論文。[5]

定例局於1858年2月24日開會討論陪審員名冊，議員很奇怪為何華人上了榜。按察司洪約翰 (John Walter Hulme，1805-1861)反對華人任陪審員，港督寶靈 (John Bowring，1792-1872)力薦黃勝的英語水平及品格，會議最終表決險存黃勝的名字在陪審員名冊上。[6]《中國之友》認為黃勝具基督徒和流利英語背景，加上他是華人社會敬重的人物，是合適陪審員。[7]寶靈是推動十進制和自由貿易的前惠人士，他在港提出的加設華人立法局議席、興建造幣廠、中環填地計劃、禁賭和食水供應等富遠見的政策和基建，雖未能落實，但一一均被後來的港督續一完成。走在時代尖端的寶靈力排眾議讓黃先生能成為首位華人陪審員。一年後，在制定陪審員名冊時，黃先生的名又再重提討論，定例局再次投票決定，今次以六票對三票通過。按察司改投贊成票，投反對票有渣甸和顛地公司 (Dents & Co，寶順洋行)大班及輔政司。[8]黃先生憑著他接受的西方教育，除掌握英語外，亦是虔誠基督徒，並懂西方科學的推理和邏輯。一位勝任的陪審員不只是法律規定要精通英語，更重要的是懂得分析案情和證據，了解按察司的引導，才不致罔下判斷。一年後，按察司從反

5　葉深銘：〈寶雲與香港定例局改革(1883-1885) 〉香港大學文學碩士論文 ，2007，頁104 - 112

6　Christopher Munn，*Anglo-China Chinese people and British Rule in Hong Kong 1841-1880* (Richmond，Surrey: Curzon 2001) p. 214-215; *Votes and Proceedings of the Legislative Council of Hong Kong* No. 6 of 1858，24 February 1858.

7　*The Friend of China*，3 March 1858

8　*Votes and Proceedings of the Legislative Council of Hong Kong*，22 February 1859

對轉為支持黃勝任陪審員，不知是否與他的表現有關。八年
後，才再見到有幾位新面孔的華人陪審員，較為人熟悉是有
利銀行買辦韋光，一名乞丐孤兒被傳教士帶往星加坡學習西
方教育的傳奇人物。華人人才在開埠初期真是嚴重短缺。

首位華人特別陪審員(Special Juror)

最早的華人成為特別陪審員有兩位，是馮登和何崑山，
他們同於1878和1879年分別成為普通和特別陪審員。即自黃
勝成為首位華人陪審員後11年，馮先生和何先生分別從美國
和澳州回流華南並選擇留在香港創業的兩位商人做了一年普
通陪審員後，雙雙升級成為特別陪審員。

馮登(Fung　Tang)，又名弼卿、瑞年，生於1840年，17
歲隨伯父馮元秀往美國加州，寄居他的德祥號辦莊工作，跟
史賓治牧師(Revd.　William　Speer)學習英語。1860年已經營
香港至加州鴉片生意。由於伯父反對他攜眷往加州，他便自
立門戶。憑著精通英語，又略懂法和德語，在舊金山打出名
堂。1869年為當地華商發聲，爭取華人在法院的權益和反對
徵收華人稅，該演說轉載香港《德
臣西報》。西報評論華商做生意就
老實可靠，但不知何解一般華人在
法庭的証供就絕不可信，有待他
們願意在法庭上說真話後，馮先
生的要求才可有實質理據。[9]1870
年他在舊金山的資產已有六千美
元。1875年起，他集中處理遠東
生意，任金寶銀行(Oriental　Bank)
和新麗如銀行(New　Oriental　Bank)
買辦，開怡昌正金山行和今寶銀
行。1879和1882年分別擔任東華醫

圖2.2　馮弼卿像

9　*China Mail* 13 August 1869

院總理和首席總理。1887年任中華商保安公司(Chinese Insurance Company)董事。1900年2月26日卒於廣東九江,遺下財產27,700元。圖2.2是馮登像,有關馮登事蹟,可參看冼玉儀的著作。[10]

　　何崑山,又名何獻墀,外國人叫何亞美(Ho Amei),廣東南海人,香港英華書院(Anglo Chinese School)畢業,於1858年遠赴澳洲投靠兄長何流玉謀生。希望打開香港至紐西蘭鄧尼丁(Dunedin) 運送華工開金礦之路。那時確實掀起一場奧塔哥淘金熱(Otago Gold Rush),可惜未能如願以償。1863年與沙拉科士打(Sarah Foster)小姐在桑德里奇(Sandridge,今墨爾本港)結婚,大女伊利沙伯(Elizabeth Ann)生於1864,次女慕迪(Maude May)生於1865年,但一歲夭折。這段婚姻由沙拉提出分手,於1880年正式結束。未能成功創業,轉往澳洲維多利亞淘金場充傳譯。收入未如理想,1868年返廣州任職中國海關,剛巧中國華工往紐西蘭熱,他在澳紐的經驗可發揮,因此成為運送華工的代理,夢想開始實現,並辭去工作往香港發展。當他逗留香港等候船期時,註冊處(後稱華民事務處)聘請了他為文員兼傳譯,那是1869年。他稱入息僅可糊口,但香港在新聞方面往往比其他地方早收和靈通,新事物又快傳入,這是他喜歡留港發展的主因。他雄心勃勃地學習新科技,創業野心極大。他運送華工的生意與職位存利益衝突,1872年請辭。謠言說他與粵海關有勾當,他離開港府後便投入廣東省稅務局工作。那

圖2.3　何崑山像

---

10 Elizabeth Sinn,*Pacific Crossing California Gold,Chinese Migration,and the Making of Hong Kong* (Hong Kong: Hong Kong University Press,2013),pp 166-168.

時他對廣東礦業已深感興趣。1877年，他重返香港，發展他
喜愛的高科技和高風險生意如燕梳(保險)、電報、礦業和自
來水。與此同時參與社會活動，凡有公眾大會為華人爭取利
益，多見他發言。施其樂牧師以堅決鬥士(firm fighter)形容何
先生為華人爭取權益。1882年香港樓市泡沫爆破，何先生召
開公眾大會，呼籲政府協助華商渡過難關；1884年中法戰爭
引至香港駁艇大罷工，他形容法國戰艦截停華人船隻有如海
盜；1891年倡議在港設立中國領使；1894年大瘟疫，他安排
華人回鄉；1895年反對華人晚上帶燈和證出街條例；1896年
反對東華醫院設立西醫。他是1882和1883年東華醫院和保良
局主席，亦是中華總商會首屆主席。何先生於1898年從安泰
公司退下。他最後見報是1899年1月，自始退隱廣東。圖2.3
是何崑山像，有關何崑山生平事略，可參看施其樂牧師的著
作。[11]

　　最初特別陪審員的資格是大商家，明顯是「高等」陪
審員，其名冊規定不可少於24人，可見其罕貴。控辯雙方
均可提出以特別陪審團審判，但必須存入足夠款項以支付特
別陪審員的額外開支。難怪常有人說：「法律是有錢人的玩
意!」1871年，政府改例容許律政司在刑事檢控申請以特別
陪審團審判，並規定特別陪審員不可接受酬勞，被告人申請
除外，但必須存入足夠款項以支付額外開支一條件仍保持不
變。在一般情況下，嚴重刑事罪行如謀殺，律政司才會引用
此條文。換句話說，政府認為普通陪審員未能勝任嚴重刑事
案情的證據分析，要高人一等的特別陪審員擔任，這無形中
分了等級，而特別陪審員便成為了身份象徵。1887年政府
大修陪審團法例，將陪審團人數增設至七人，將豁免人士增
加，放寬特別陪審員在刑事案中可接受酬勞每件案件十元。
大部份特別陪審員屬香港總商會會員，認為審判案件可長可

11　Carl T. Smith，*A Sense of History: studies in the social and urban
　　history of Hong Kong*，(Hong Kong: Hong Kong Educational
　　Publication Co，1995) pp 50-63.

短，長短一律酬勞不合理，由總商會去信政府要求酬勞金以日計算，事件拖了近年，政府起初回覆拒絕要求，理由是依印度慣例，總商會繼續增取，最後政府仍拒絕改例，[12] 但在執行上酬勞改以每天算。[13]陪審員職責是市民責任，若陪審團到晚上仍未能達成共識，根據法例，他們是不准解散，要由法院安排一起渡過晚上。香港陪審團首次要共同渡宿一夜是於1868年2月27日一宗嚴重傷人案件，當晚他們住宿的酒店名 Hotel de L'Europe，28號早上開庭再議。[14]

首位華人大律師、裁判官和定例局議員

　　首位華人大律師、裁判官、太平紳士和定例局議員都集於一人身上，香港外國人叫他伍敍(Ng Achoy，1842-1922)，華人稱他伍秩庸。他離港後，香港傳媒改稱伍廷芳(Wu Ting Fang)。伍先生本名敍，字文爵，號秩庸，齋號、筆名觀渡廬。廣東新會西墩人，生於星加坡。四歲隨父伍榮彰(社常)返廣州居芳村。14歲往香港聖保羅書院求學，畢業後加入《孖剌西報》工作，1861年7月15日轉政府刑事法庭任文員及學生傳譯員(clerk and student interpreter)，年薪112英鎊10先令。翌年，轉裁判處任中文文員及會計，薪酬不變。[15]1864年1月14日與何進善(福堂)牧師女兒何妹貴(妙齡)在聖約翰教堂結婚。[16]1864至65年，他協助兄長伍光(Ng Ak-

---

12　Hong Kong Administrative Paper No. 16/89 presented to the Legislative Council by order of the Governor; *Hong Kong Daily Press*，7 March 1889，12 March 1890.

13　James William Norton Kyshe，T*he History of the Laws and Courts of Hong Kong from the earliest period to 1898* (Hong Kong: Vetch and Lee Limited，July 1971) p 410

14　*Hong Kong Daily Press*, 27 February 1868

15　*Hong Kong Blue Book for the year 1861* p158; *Hong Kong Blue Book for the year 1862*，p148

16　*Hong Kong Daily Press* 15 January 1864

wong)主理《中外新報》。[17]1866
年11月1日轉裁判處任一級中文傳
譯員，年薪150英鎊。1869年與莫
仕揚和馮明珊等人任東華醫院倡
建協理。[18]1871年薪酬加至175英
鎊。1872年協助另一兄長伍臣(Ng
Achan)主理《中外新報》，政府年
薪加至200英鎊。何進善牧師死後
留下財產，伍敍得往英國攻讀法
律，1874年4月抵英，以在港府裁
判處工作11年的法律經驗向林肯書
院(Lincoln's Inn)申請入學，[19]求學
其間亦撰文泰唔士報(The Times)談

圖2.4 伍敍像

舊金山華人勞工。[20]1876年考試及格，1877年正式成為大律
師，隨即返港，1877年5月18日正式掛牌執業大律師，[21]圖2.4
是伍敍像。

　　從開埠至英國租用新界，本港只有三名華人大律師，除
伍敍外(他已離港)，有何啟(Ho Kai)和韋培(Wei Pui)。何啟也
是林肯書院畢業，韋培是中廟書院(Middle Temple Inn)畢業。
事務律師也有三位，何神保(Ho Wyson)、曹善允(Tso Seen
Wan)和韋華安(Wei Wah On)。[22]何妙齡是何啟的姐姐。何神

17　梁紹傑，前言，注釋2至8載 楊文信、黃毓棟：《香港舊聞：19世
　　紀香港人生活點滴》(香港：中華書局，2014) pp v 至xvii
18　東華醫院徵信錄，同治己巳年倡建協理
19　王偉：〈伍廷芳留英習法考-以英國近代法律教育為背景〉載《外
　　國法制史研究》2013年，頁293-294
20　*Hong Kong Daily Press* 7 August 1876
21　*China Mail* 18 May 1877
22　Carl T. Smith，*Chinese Christians Elites，Middlemen，and
　　the Church in Hong Kong* (Hong Kong: Hong Kong University
　　Press，2005) p.158 quoted from James William Norton Kyshe，*the
　　History of the Laws and Courts of Hong Kong from the earliest period
　　to 1898*，pp 544-545

保(衛臣)是何啟之兄。韋培和韋華安是韋玉(Wei　Ayuk)的弟弟，即韋光(Wei　Akwong)之子。韋玉妻是黃勝之女。可見早年溶入英國法制的華人全都有親屬關係，所謂關門一家親。

事有湊巧，港督軒尼詩 (John Pope　Hennessy，1834-1891) ，圖2.5，也在伍敍回港前差不多時間抵港，軒督追隨保守黨迪士雷利(Benjamin　Disraeli，1804-1881)[23]，在愛爾蘭競選失敗後，獲迪先生安排入殖民地部任職。軒尼詩曾任東馬納閭島(Labuan)、西非黃金海岸 (Gold Coast)、中美巴巴多斯(Barbados)和巴哈馬(Bahamas)總督。在巴巴多斯(Barbados)，因同情黑人與當地英國人發生矛盾。[24]

圖2.5 軒尼詩像

帶着這背景下抵港，他對擁有英國律師資格的本地華人伍敍特別另眼相看。抵步後不久已暗地將前港督堅尼地 (Arthur　Edward　Kennedy，1809-1883) 定下的公務員中文考試委員會成員更換，委任伍敍為三位委員之一。著名本地歷史學者歐德里 (Ernst Johann Eitel，1838-1908)雖忠心於軒督，並為他任職新成立的華人秘書(Chinese Secretary) ，亦直評此事。[25]他規定公務員必須中文考試合格，才可加薪，又成立翻譯部，在他管治期間，有關影響華人的憲報，都見雙語，開香港先河。軒督上任兩月已否決行政局建

23　迪士雷利在1874至1880年是英國首相

24　David Lambert and Philip Howell，John Pope Hennessy and the Translation of Slavery between late nineteenth century Barbados and Hong Kong，in *History Workshop Journal* No. 55 (Spring 2003)，pp 1-24

25　Ernst Johann Eitel，*Europe in China: the history of Hong Kong from the beginning to the year 1882* (London: Luzac & Company: Hong Kong，Kelly & Walsh Ltd，1895)，p.527

議的遞解囚犯出境名單,親身面試華人囚犯,否決遞解華人
出境,又拒絕簽署執行笞刑,並成立醫委會研究笞刑對人體
的傷害。1878年9月永樂街發生持械行劫,劫匪近百人,警
察只得五人,因此警務人員嚴重受傷。外籍社會甚為不滿,
召開公眾大會。伍敍和東華醫院認為事件是針對軒尼詩,帶
同近三百名華人參加大會支持軒督,以示效忠。由於華人
一早坐滿聚珍館(第一代大會堂),會議被迫在板球場(今遮
打公園)上舉行。在會上伍先生要求翻譯被拒,帶隊離場以
示抗議。[26]伍先生原本安排華人否決任何指責軒督的提案,
但外籍精英早料此着,拒絕翻譯,因此順利通過提案,並提
交殖民地部。外籍社會對軒尼詩寬鬆處理囚犯引至本地社會
治安轉壞不滿,其實治安轉壞也直接影響華商的安全,永樂
街金舖是華商,華警亦有受傷,但他們竟然登報指出公眾大
會拒絕提供翻譯給華人,令華人無法參與,未能代表整體社
會。[27]後更收集兩千多個華商簽名,聯名上書英女皇支持軒
尼詩的政策。[28]明顯地這是軒督的主意。殖民地部因收到有
兩種不同聲音,不願召開調查委員會。[29]事件雖不了了之,
但令原本已有文化鴻溝的華人和外籍人士的分歧加深。其後
更有華人控告船公司歧視華人不能進入外籍人士餐廳,船長
在法庭直言,船公司與華人並沒有合約,他曾歡迎認同和遵
守西方文化的華人如伍敍和何崑山等人進入該餐廳。在物業
買賣方面,軒尼詩又開放中環地段供華人購買。其後更自豪
地公告社會華人已從外籍人士手中購入價值170萬元物業。
軒督是首位港督在1878年農曆新年參加東華醫院的團拜,伍

26　*China Mail*,*Hong Kong Daily Press* 25,26 September 1878; *China
　　Mail*,*Hong Kong Daily Press* 8 October 1878

27　*China Mail* 7 October 1878

28　*Hong Kong Government Gazette* No.1 of 1879 dated 7 May 1879

29　CO129/182,pp 206-213

敍是日為東華醫院宣讀歡迎詞。[30]年尾，伍敍便成為首位華人非官守太平紳士(Justice of the Peace)。[31]在華人商業圈子，馮明珊是伍敍在聖保羅書院同學，兩人合夥投資地產。他亦是商人何亞來的律師。伍敍雖不是東華醫院總理，但關係密切。很快他已成為最有影響力的華人，遊走政府和華人社會之間，成為「政治買辦」。

　　1878年主持公眾大會的定例局議員捷士 (H.B. Gibbs)於1879年請假，軒尼詩等待已久的機會終於來臨，委任伍先生填補捷士的空缺。在滙報殖民地部時，他稱伍敍在星加坡出生，是英籍，出自商家之後，妻子亦來自名門富豪，在英國接受法律教育，又引按察司認同伍先生溫厚誠實。他引述港督寶靈的定例局改革建議以業主為單位，華人佔九成本地人口，華人業主現今倍增，亦應有一合法代表，即在定例局理應有一席。他附上華人向他要求定例局議席的請願信。軒督指出星加坡早於1869年已有華人代表胡璇澤(Hoo Ah Kay，又名黃埔先生)在定例局。他在納閭島亦委任周馬素(Chou Massoo)為定例局華人代表。[32]殖民地部認同軒尼詩的看法，但對他缺乏信心，以實驗形式暫批伍敍為暫代(acting)定例局議員，為期是捷士的任期，即三年，若捷士回港，伍先生便要退下。軒督欲要求改革定例局讓華人有一永久議席，殖民地部強調伍敍的委任屬試檢性，若成功，方可考慮。到伍敍三年約滿，殖民地部延長其署任期至1883年5月，將定例局空缺和改革交到新督寶雲身上，[33]好讓寶雲上任後開始定例局改革工作，那時才有一永久華人議席。

　　無論如何，伍先生是首位華人定例局議員，我們不妨看

30　*China Mail* 8 February 1878; *Hong Kong Government Gazette* 16th February 1878

31　*Hong Kong Government Gazette* No. 245 of 1878

32　*China Mail* 24 February 1880；*Hong Kong Government Gazette* Notification No 47 of 1880

33　CO129/187 pp44-56; CO129/187 pp118-128; CO129/204 pp18-32

看他在定例局的表現。《德臣西報》獲悉伍敍獲署任定例局議員後，撰文指出比起軒尼詩獨斷獨行的作風，華人任定例局議員是小事一宗。香港當時最重要是讓殖民地部聽到和看到事情的兩面，呼籲團體履行市民監察職責。《德臣西報》和《孖剌西報》皆以行動落實呼籲，自始定例局開會必派記者旁聽報導開會整個過程。查政府的定例局會議記錄只有結論，寥寥幾句，無法得悉議員尖銳的問題和政府的回應。幸好兩份西報全程的報導，議員提問的質素和港督的回應皆盡入眼簾。伍先生首次開腔是於1881年6月13日討論寶其利(Francis Bulkeley Johnson，1828-1887)提出的有軌車草案。伍先生申請提另　有軌車草案，獲軒尼詩批准。但不知何因，他沒有呈上另一有軌車草案，只於8月29日的會議上代表華人支持寶其利的有軌車草案。在1882年3月1日定例局會議，即軒尼詩最後一次主持會議上討論放逐和有條件赦免草案(The Banishment and Conditional Pardons Bill)內積犯一條款，伍敍代表華人發聲，認為積犯不應只是適用於華人，要求將條款內華人一字刪去，投票在大比數下通過。伍先生在任期間只是在1880年2月28日缺席一次會議，一直至1882年9月5日，他都緊守崗位。在三年任期屆滿前他申請休假，從1882年12月開始至1883年3月24日都缺席定例局，政府都記錄他休假。他的正式辭職信於1883年3月22日寫於天津，理由是回港無期。事實上，他於1882年10月底已離開香港北上天津投李鴻章門下任法律顧問。

　　港督軒尼詩的主要官員經常申請放長假，輔政司馬師(William Henry Marsh，1827-1906)、量地官裴樂士(John McNelle Price，1841-1922)、警務處長田尼(Walter Meredith Deane，1840-1906)和註冊官羅素(James Russell，?-1893)等都先後放長假。馬師在軒尼詩離任時署任港督，伍敍公開說香港要延續軒尼詩政策，但華商(除伍敍外)卻紛紛投向馬師要求恢復堅尼地年代的註冊官運作，[34]軒尼詩在英向傳媒說廣

34　CO129/202，pp397-402

州商人在港撤資，[35]可見他們兩人的關係。現存古蹟最多的
裴樂士和大瘟疫英雄醫官艾利士 (Dr. Philip Bernard Chenery
Ayres，1840-1899)公開香港衛生惡劣情況和反對旱法處理糞
便，弄至裴樂士要借假返英工作，而香港基建在軒尼詩執政
其間就幾乎停留不進，到寶雲上任後才大興土木。軒尼詩對
囚犯的大愛包容，倡議獨立囚室更與艾利士的著名劏房圖則
成一強烈對比。

　　在1880年4月24日，署任裁判官(Police Magistrate)的畢吉
(Charles Bushe Plunket，1830-1880)申請放大假4月，畢吉建
議將原本的裁判官工作交伍敍、法醫官工作交大書院校長史
釗域(Dr. Frederick Stewart，1836-1889)、政府受托人和註冊
官工作交吉朋(Henry Frederick Gibbons)。伍先生於1880年5月
3日上任，那時他仍未到定例局開會。委任事件弄至英國下
議院，議員質詢為何香港裁判官由華人擔任。殖民地部左手
交右手給軒尼詩作答。他引殖民地規條第13.3款，港督在委
任裁判官無需向殖民地部申請審批。跟著當然是伍先生的法
律資格和熟悉本地社會及其高尚人格等原因，本地無人比他
更合適。[36]畢吉的建議於四日後見報。[37]軒督不但沒有將委任
伍先生為裁判官一事通知殖民地部，亦沒有刊憲公告港人。
無論如何，伍先生繼律師、太平紳士和定例局議員後再一
次打破香港記錄，成為首位華人裁判官。《德臣西報》以「
一嚐軒尼詩」報導他主審第一宗案。[38]《循環日報》則以署
巡理府伍君秩庸審訊「竊酒繫獄」報導。[39]偷酒涉及一男一
女，男叫潘堅，是外籍人士的僕役，女叫羅妹，寡婦。事發
於5月2日，西人艾堅士 (Alexander Geddes Aitkens)是黃埔船

35　CO129/202，pp 569-571; CO129/206，pp161-165

36　CO129/189，pp 460-469

37　*Hong Kong Daily Press* 28 April 1880; *Hong Kong Government Blue Book* 1880.

38　*China Mail* 3 May 1880

39　《循環日報》 1880年5月5日

塢工程師報稱失去一瓶軒尼詩白蘭地酒(Hennessy Brandy)。
男被告認罪。伍官問原告艾先生有否足夠證據指控女被告。
艾先生稱沒有並願意撤回控告。伍官判男被告有罪，入獄兩
月兼苦工；羅妹當庭釋放。1881年2月，史劍域申請畢吉去世
後之空缺，但軒尼詩委任活侯士(Woodhouse)，而伍敍繼續署任。
其後，軒督在行政局會議上指責史劍域沒有將船政廳長欲控
告《士蔑西報》一事滙報，同時亦怪罪他身為署理輔政司在
政府對頭人渣甸大班祈士域(William　Keswick，1834-1912)
離港歡送詞上聯署簽名。史劍域因此要提請辭署理輔政司。
事實上，按察司史路頓(Snowden)、醫官艾利士、軒督的華
人友好亦同在歡送詞上簽下大名。殖民地部看完軒尼詩滙報
後，在記錄上寫下同意史劍域的解釋。[40]軒尼詩唯有安排史
劍域任裁判官，伍敍便於1881年5月7日完成署任。他主審
最後一宗案是入屋行劫，苦力林興被控於6日破門入木匠麥
寶於筲箕灣的住宅行劫，偷去價值5.6元財物。麥稱他黃昏
去了看戲，九時回家，發現牆版有一洞，見被告打開他的箱
取物，他拘捕被告。伍官判被告入獄三月兼苦工。[41]伍敍當
裁判官整整一年，每週工作最少四天。當中處理案件數以百
計，累積訴訟經驗比執業豐富得多，因此他退下裁判官後，
在法庭上開始屢見他的影踪。下面是他處理過的一些案件。

　　1878年5月30日，被告鍾榮在發興街謀殺其妻。發興號
是第一代船王郭松的寶號，發興街以他的大寶號命名。案件
在6月24日聆訊，伍敍替被告抗辯，伍大狀以被告神經失常
作辯。大狀傳召殖民地醫官、獄吏等人作證，成功說服陪審
團，神經病殺人要交港督發落。[42]

　　1879年初他曾為鴉片商作辯。[43]1880年8月華人鴉片商

40　CO129/192 pp 263-265; CO129/193 pp 460-469

41　*China Mail* 7 May 1881

42　*China Mail* 24 June 1878

43　*China Mai*l 10 February 1879

關海俊等人控告方瑞峰[44]等名人,是當年最轟動案件,伍敍與跟軒尼詩有過節的著名大狀喜拿 (Mr. Hayllar)擔任原告的狀師。[45]1882年8月,伍敍在一宗誤殺罪替被告辯護,當時陪審團中有一位華人劉旺 (音譯,Lau Among),他是首年擔任陪審員。伍大狀找來兩位被告同居,證明事發時被告不在場,又邀得殖民地醫官艾利士和檢屍官作證,指出死者是死於爆血管,成功說服陪審團被告無辜。[46]他在香港律師生涯最後一場官司是在1882年9月1日,案件是涉嫌拐帶女童黃興。被告戴秀珍靠收租為生。證人洪根在來往粵港輪船白雲號上目睹被告與女童對談,問戴女童是何人。戴稱有一女子交了女童給她。由於找不到那女子,一干人等到警處報案。其後找到那女子叫何嬌,是孀婦,她承認女童是姪女,其母是居於博羅,無力撫養而送給她。幾天前戴秀珍答應收養,並給她一些錢。官問黃女,黃稱她願意成為戴的侍婢。戴當庭釋放。[47]

　　伍敍於1882年秋向定例局請假,1883年春正式請辭,重新再選擇他返港前的決定 - 北上天津。為何他在港仕途最高峰時忽然離開?張蓮達一書提供了一有力的說法,[48]她從政治角度分析伍敍能遊走華人社會與港府之間,全賴軒尼詩器重和華商對他的信心。軒尼詩在衛生、供水、房屋和監獄等政策都以華人生活習慣為前提,違反西方科學和社會實際情況。他認為旱廁比水廁更有效,對興建水塘解決水荒絕

44　又名方嵩齡,永祥吉金山行老闆,1875年東華醫院總理。被告中還有潘榮川、李玉衡和李德昌等東華醫院總理。

45　*China Mail* 6 August 1880

46　*China Mail* 22 August 1882; *Hong Kong Daily Press* 23 August 1882

47　*China Mail* 1 September 1882;《循環日報》 1882年9月5日

48　Linda Pomerantz Zhang,*Wu Tingfang* (1842-1922) *Reform and Modernisation in Modern Chinese History* (Hong Kong: Hong Kong University Press,1992) pp 48-69

無興趣，對興建天文台和重建大書院亦不關心。他上任第一件事是實行賣地政策，鼓勵華南華人來港投資地產，放寬華人房屋建築條例，批准華人房屋無需設窗、後巷和後庭。華人建築不符合建築物條例竟弄至港督解決。[49]他在沒有立法下私自減房屋差餉，助長「炒舖」之風。把政府從賣地和房屋稅收的增加，視之為香港的繁榮而自豪。[50]1881年中樓市炒風肆虐，華人社會向軒尼詩求助撲火，但軒督以港府賣地收入正常，認為沒有炒風。不久樓市大跌，多位華籍名人破產及「走佬」。[51]伍敍的小舅和舊同僚何添損失慘重。華人召開公眾大會求助於政府，可惜軒尼詩那時已身在英國。華人亦知英國政策不會追隨軒尼詩定下的潛規，聯名投靠署督馬師，推反軒尼詩的華人秘書政策，恢復堅尼地時的註冊官制度。在聯署上見不到伍敍的名字。伍敍兄長辦的《中外新報》亦嚴厲批評軒尼詩的炒舖政策。[52]伍敍對軒尼詩的忠心，反成為他的負資產，軒尼詩在英國評擊港府，[53]無形中亦令新一屆港府對伍先生投下不信任票，而華人社會對他在炒舖一事上亦沒有好感。與此同時，伍先生投資失利，重新考慮加入李鴻章門下是他唯一出路。殖民地部將香港定例局改革交到新任港督寶雲手上，華人永久定例局議員之職由黃勝擔任。有關伍廷芳事蹟，可參看張連達、余啟興、張雲

49　*Hong Kong Government Gazette* No. 168 of 1880

50　*Hong Kong Government Gazette* No 51 of 1877; *Votes and Proceedings of the Legislative Council of HK*，15 October 1878; *Votes and Proceedings of the Legislative Council of HK*，6 November 1879; *Governor Report on Blue Book* 1880

51　CO129/201，pp120-127; CO129/202，pp602-619; 何添、梁安、蔡星南、胡浩泉、郭硯溪和梅溪兄弟紛紛破產。

52　《中外新報》1882年9月18日

53　CO129/202，pp 569-571

樵、高馬可和施其樂的著作。[54]

華籍人證宣誓方法

　　證據通常涉及人證和物證，西方人信奉上帝，所以以聖經宣誓，表示在神面前說真話。宣誓程序和字眼都寫在法例上。用意是確保證人的口供全是真話，絕無虛言，被告因而得到公平的審判。但華人不信奉上帝，如何確保他們說真話？1845年，一名華籍女證人以「擲碟」為誓。但當她被要求再次「擲碟」為誓，她拒絕，因為她認為若再發誓便會觸怒神靈。按察司說神只會懲罰那些做錯事的人，她也拒絕再次宣誓。最終按察司下令若她不再宣誓便要收監，她才宣誓。1848年，華人有多種宣誓方法。一是「斬雞頭」，法庭職員除負責程序外，還要處理雞的屍首，所得的收入變成他們的津貼。另一方法是「燒黃紙」，一般相信若「燒黃紙」的人不說真話，他會如紙碎一樣變成灰燼。黃紙八吋乘六吋，由翻譯員派發，若證人不懂填寫，翻譯員會代為填寫。黃紙上有「神天鑒察」四字。一位有智慧的華人表示雖然華人簽署黃紙及其後燒掉儀式，但他們絕不相信承諾要說真話。

　　首任首席按察司洪約翰上任後，花了不少時間挑選翻譯

54　Linda Pomerantz Zhang，*Wu Tingfang* (1842-1922) *Reform and Modernisation in Modern Chinese History* (Hong Kong: Hong Kong University Press，1992); Yu Kai Hing，*Wu Tingfang and Hong Kong*，essays in Chinese Studies presented to Professor Lo Hsiang Lin on his retirement from the Chair of Chinese，University of Hong，1970; Chang Yun chao，A Thesis *Wu Ting Fang's Contribution towards Political Reforms in late Ching Period*，submitted for the degree of Doctor of Philosophy，May 1982; John Carroll，Ng Choy in May Holdsworth and Christopher Munn *Dictionary of Hong Kong Biography*，(Hong Kong: Hong Kong University Press，2012) pp337-338; Carl T. Smith，*Chinese Christians Elites*，*Middlemen*，*and the Church in Hong Kong* (Hong Kong: Hong Kong University Press，2005) pp 131-132.

員和改善宣誓方法，1847年他惹上麻煩，華人支持他留任，可見他與華人關係不錯。[55]1850年總裁判官禧利(Charles Batten Hillier，1820-1856) 被陪審員質詢華人宣誓「兒戲」，質疑「燒黃紙」的可信性。翌年，有同一質疑，導致按察司解散陪審團，九宗案件受影響。六名外籍陪審員包括《德臣西報》總編輯蕭銳特質疑「燒黃紙」宣誓是否真的可釋出華人的良心說實話，又質詢為何放棄「斬雞頭」的習俗，首席按察司問翻譯員吉韋 (Daniel Richard Caldwell，1816-1875)[56]那種宣誓方法最有效。吉韋回答三款宣誓方法必須在廟內或對着「上天」進行。「燒黃紙」亦必須在黃紙上填妥證人真實的祖先名字，其出生時辰八字和其他資料。律政司提議依英國上議院的判決行事，但陪審員認為這並非法律觀點而是本地習俗的問題，應在本地解決。首席按察司唯有押後案件直至宣誓問題解決。重審日，首席按察司將註冊官(後為華民政務司)和翻譯員的來往書信公開。吉韋是語言天才，曾兩次請辭和一次被炒而離開政府，他認為若要利用宣誓迫證人說實話，關鍵是證人的信仰，困難處是華人太多「神」，與西方的上帝不同，華人相信他們所供奉的「神」是有超人力量，可助解決困難。海盜所供奉的「神」就是最佳例子。華人一般認為說謊不是罪惡，若有利益，毫不猶疑會說謊。他們害怕宣誓只因迷信若對「神」不忠會帶來厄運，並非報應於來世。大部分有識華人不會因小事宣誓，甚至永不宣誓，他建議取消宣誓儀式，因兩地文化差異實在太大。在回覆首席按察司時，他直言以華人方法宣誓是損害法制。吉先生似乎說服了首席臬司，自始找不到華人宣誓記錄，1856年的陪審團

55　有關洪約翰在港事蹟可參看G.B. Endacott，*A Biographical Sketch Book of Early Hong Kong* (Hong Kong: Hong Kong University Press，2005) pp 66-71

56　有關語言天才吉偉在港事蹟可參看G.B. Endacott，*A Biographical Sketch Book of Early Hong Kong* (Hong Kong: Hong Kong University Press，2005) pp 95-99

法例就有下列指定：

> ……證供無須宣誓，除法庭或有人認為有此
> 需要；若有其事，證人憑其良心宣誓。……

1860年的陪審團法例加入非耶教人士標準誓詞：

> ……我莊嚴、誠摯和真實地公告，即將提供
> 的證據是確實，事實的全部，和除了事實，甚麼
> 都不是。……

1911年的陪審團法例更改了非耶教人士標準誓詞如下：

> 本人　某某　謹鄭重至誠據實聲明，本人當
> 以不懼、不偏、無私的精神，盡本人所知所能，
> 聆聽證供，並作出真實的裁決。

以上的誓詞至今仍沿用。

法院如何接受「斬雞頭」習俗

　　華人宣誓的方法雖然無法納入西方的法制，因文化差異是沒法收窄，只有互相尊重。英人信奉耶教，按聖經作誓。一般華人供奉的神靈，只有他們自己才知道，別人無法得悉。但他們大多迷信，對一些不吉利的行為如燒去有自己時辰八字和名字的黃紙，再在對天斬雞頭發誓不會說謊，若不履行對上天的承諾，他們便感會有如灰燼和被人斬首。一般黑社會入會儀式，也用斬雞頭和燒黃紙，時至今天也聞。因此在法庭，若被告或原告提出以此誓為證，外籍臬司在別無其他證供或有力證據下，會接受此做法，但只會根據案件情況而定，不是一般做法。這情況在19世紀初至20年代特別盛行。最主要原因是本地法庭開了先例，容許中國習俗法溶入英國法制，條件是要現行法例不適用於香港或其居民和法例因時代轉變而過時。因此要沿用中國習俗法，首先是要證明

現行法例不適用於香港或其居民。何為不適用？若硬套英國法律導致產生社會不公義或成為強迫性(即變成惡法)那就是不適用。最佳例子是強行一夫一妻制和英國遺產分配制等。

1910年李佩材(李國寶曾祖父)，即李石朋控告李作雄非法成為遺產申領承辦紙代理人。[57]法庭考慮中國習俗法是否適用於香港，[58]開啓了一連串的官司。翌年，劉展廷遺產爭紛案，劉梁氏等人控告劉寶俊等人，引用中國習俗法，成功說服法庭遺囑生效。[59]1915年，在Ho Tse Tsun v Ho Au Shi(何區氏)一案中，法庭定下了引用中國習俗法的原則。[60]1925年西醫翟朝亨[61]的遺孀與家翁翟鶴亭爭領遺產承辦紙一案，法庭亦沿用1915年定下的案例，[62]鞏固了引用中國習俗法的原則。在這期間，社會對中國習俗法適用於英國法制印象深刻，法庭亦對本地華人的「誓神劈願」加了些信心，在一些情況如借貸、還款、偷竊和合約等案在缺乏其他證據下，接受斬雞頭和燒黃紙作為佐證。但儀式不在法庭舉行，是要作誓人指定，一般都在文武廟，但亦有在天后廟。刑事監督由督察和華籍警員一同見證，民事監督則由雙方代表律師和翻譯見證，過程記錄交臬司。每次儀式都吸引不少途人觀看，以下是1918年報章的報導。

斬雞頭和燒黃紙作為佐證大多數在文武廟舉行，因其地位超然，又地處中環，近法院。首先約定廟祝，商妥費用和

57　《華字日報》1910年12月23日

58　www.lexisnexis,com.eproxy.lib.hku.hk Li Chok Hung v Li Pui Choi 1910，2019年2月閱

59　《華字日報》1911年7月12日；www.lexisnexis,com.eproxy.lib.hku.hk Lau Leung Shi v Lau Po Tsun 1911，2019年2月閱

60　www.lexisnexis,com.eproxy.lib.hku.hk Ho Tsz Tsun v Ho Au Shi 1911，2019年2月閱

61　翟朝亨四代在港，1912年從香港西醫大學堂轉香港大學醫學院就讀。1914年在國家醫院實習，年底考獲醫生執照，在那打素醫院行醫。

62　www.lexisnexis,com.eproxy.lib.hku.hk Re Chak Chiu Hang deceased 1925，2019年2月閱

時間。廟祝會預備一黃紙，寫上立誓人姓名和地址，皇天在上，某籍貫小民某某居某地，清心直說，並無虛言。如有戲言，有如此雞，不得好死，無後送終。立誓人行三跪九叩禮後，宣讀黃紙內文，才以蠟燭燒黃紙，廟祝打鑼鳴鼓，通知神靈。再走到露天靈柩，上有刀和雞，雞被綁上翼和腳，動彈不得。斬雞頭前又宣讀誓詞，儀式必須露天進行，神靈才知。亦要一刀解決。[63]圖2.6是斬雞頭。

　　1910年3月，臬司金柏斯 (Henry Hessey Johnson Gompertz，1867-1930) 在沒有其他證據下，接受斬雞頭和燒黃紙的證供，判被告無罪。金官其後亦於1918和1924年接受斬雞頭和燒黃紙的證供，他在多宗考慮中國習俗法適用時，持正面觀點。他於1925年離港升任海峽殖民地臬司。1928年9月一宗錢債案，被告葉某挑戰原告莫某斬雞頭和燒黃紙，以示沒有說謊。莫稱這是婦人的玩意，拒絕斬雞頭和燒黃紙。原告代表律師說挑戰只能加一點微弱證據，這古老玩意是時候休息了。結果臬司根據證供判莫某得值。1929年6月，原告在一欺騙案又提出斬雞頭和燒黃紙，臬司認為所有證供對原告不利，他亦不相信這儀式，結果判被告無罪。1930年代，香港年青人多受西方教育和中國新文化影響，對中國傳統習俗存有懷疑，特別是對迷信和女權不平等生厭。位居上位的傳統華人是舊習俗既得利益者，戰前雖然港府成立委員會檢討，改變千年習俗，談可容易。但深具中國傳統習俗的東華醫院於1940年率先破除迷信，取消燒黃紙儀式，[64]是帶領時代進入另一階段的開始。

圖2.6 斬雞頭

63　*South China Morning Post* 26 September 1918

64　《大公報》1940年2月10和11日

華人遺囑

　　華人遺囑有一特色是寫下死者死後的願望，與西方遺囑的目的是如何分配死者剩下的財產有別。所以一般華人對立遺囑都生畏，除非身患絕症。1885年石礦商人曾二立遺囑，文中有：「……我占病沉重恐難全愈倘有不測時……」，見圖2.7。1901年另一商人遺囑文中有：「……因本身患病垂危

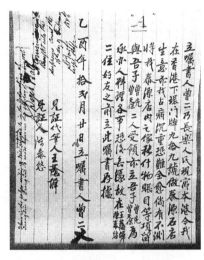

圖2.7 華人遺囑一

恐一旦冥時無子承繼……」，見圖2.8。可見華人對遺囑的忌諱。

　　19世紀前，遺產爭紛甚少交法院解決，因為華人一般認為這是「家事」，將家庭糾紛供諸大眾是件「醜事」，所謂「家醜不出外傳」，況且在村內長老協調下，遺產分配多私下解決。20世紀初，政府發展鄉村，要找出業權人同意收地和賠償，因此要求法院介入。但華人甚少立遺囑，西方社會對婦女的尊重提升，加上平均主義入侵，因此沒有立遺囑而引至對簿公堂的案件開始增加。

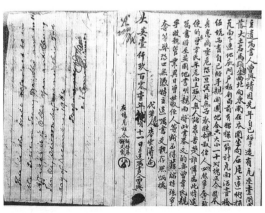

圖2.8 華人遺囑二

三、有趣案例

長子是否可享有雙份遺產業？

圖3.1史丹頓 (George Thomas Staunton)

　　事件發生於1918年7月，長子何俊臣入稟請領無遺囑書之產業以長子應得雙份，臬司認為這問題需依中國習慣法和死者的村例回答，所以傳召兩位本地專家作供。第一位是熟悉新界事務的高官羅斯(Stewart Buckle Carne Ross)，羅先生常讀《大清律例》，他說《大清律例》有講產業分配，但記不起是否平均分，他確定紛爭通常是由村內「父老」解決。「父老」不論是否熟悉《大清律例》，都以村內的習俗行事。史丹頓 (George Thomas Staunton，1781-1859, 圖3.1),中環有一街名命名的漢學大師於1810年已將《大清律例》翻譯成英文，見圖3.2和3.3。第二位專家證人是定例局議員兼華商總會會長劉鑄伯(1867-1922)。他說《大清律例》有說明產業分配，是平均分於各兒子。但補充華南一帶有其不同習俗，長子有時確可享有大份，但是否雙份就要視乎其村的慣例，即所謂的「各處鄉村各處例」。事實上，此案亦曾在華商總會討論，並傳召四至五位南村(譯音)「父老」作供，他們一致認為長子可享有大份，但不能多於份半，若其他兄弟比較窮困時，長兄亦只能拿一又四份之一，但都是由村「父老」跟習俗決定。在回答律師質詢時，劉議員說通常程序是村「父老」依習俗決定，不服才上訴衙門，但衙門一般不會否決村「父老」的決定。在回答臬司詢問時，他指出

村「父老」
不會考慮死
者意願，
只會依習俗
決定。臬司
最後決定要
代表長子的
律師提交村
「父老」對
案件看法報
告，但長子
拒絕而案件
告終。[65]

圖3.2 史丹頓翻譯的《大
清律例》

圖3.3 史丹頓翻譯的《大
清律例》內頁

　　這案件長子雖未能勝訴，但《大清律例》和「鄉村習俗」已成為香港法制的一部份，直至1971年才消失。

寡婦再嫁是否仍是前夫家庭一份子？

　　另一宗有趣案件是發生於1927年8月，一位居於七姊妹村五號的寡婦魏鍾氏因清拆賠償為繼子從小姑魏二妹手上爭回業權。物業原是魏義，他於1900年2月去世，物業由兒子魏伙旋承繼，但他於1903年9日離世，他個三子亦不在世，理應由魏鍾氏承繼，但物業一直由小姑魏二妹管理。其後魏鍾氏找一男子林某協助管理家務，並收養一名七歲異姓繼子。魏鍾氏入稟法院為繼子取回物業權益。臬司認為此案要解答兩問題：寡婦魏鍾氏找一男子林某協助管理家務是否仍是魏家一份子？七歲異姓繼子是否可以承繼魏家業權？臬司有例可援，傳召七姊妹村掌老作供。第一位廖先生認為林某非魏鍾氏丈夫，只是保護者，在村內有例可援，此稱「召郎

65　*Hong Kong Telegraph* 3，8 July 1918; *South China Morning Post* 3，16 July 1918

入室」。另一位掌老稱魏家在七姊妹村居住達70年，魏鍾氏一直居住於先夫物業，從未離開，直至拆卸。相反，魏二妹嫁了兩次，第一次在40年前，夫君一姓趙，一姓李。18年前她離開香港往東南亞，留下兩名李姓兒子，家裡還有李夫的神主牌。代表魏鍾氏的亞蘭巴士打(Chaloner Grenville Alabaster，1880-1958，見圖3.4)英皇御淮大律師(King's Counsel)引述《大清律例》，說明寡婦可「召郎入室」幫助家務，但不可毀其清白，做越軌事情，不然的話，該男子會被趕出家庭。另亦說明三歲以上收養的繼子可承繼物業，但無宗族承繼權。臬司亦傳定例局議員曹善允出庭作供，曹狀解釋寡婦是否再嫁，要看她有沒有供奉新夫的祖先。在回答律師提問引郎入室是否已放棄魏家身份時，他認為不是，她仍是魏家成員。臬司又特別傳召香港大學中文學院院長賴際熙教授(1865-1937)作供。他說若寡婦家人邀請男子入室，那便是嫁娶；若寡婦自己邀請男子，那就不是婚姻，但如有出軌，男會被趕走，女亦會被「浸豬籠」。寡婦若再嫁，舊家與新家便如仇人。寡婦有權買子承繼物業，但繼子不能成為宗族一份子。臬司認為沒有證據證明魏鍾氏離開魏家，亦無再嫁儀式又或不軌行為被逐出魏家，兩姑嫂亦同住多年，至於異姓繼子可否承繼物業，他就接受賴際熙教授和《大清律例》的說法，故此判魏鍾氏得值勝訴。[66]此案亦清楚說明《大清律例》和「鄉村習俗」已是香港法庭內雙方律師引用的重要證供，特別是婚姻和遺產等爭議案件。

圖3.4英皇御准大狀亞蘭巴士打

66　*Hong Kong Telegraph* 18，24，26 August 1927; *South China Morning Post 18*，19，24 August，6 September 1927

富豪另類遺囑

　　李葆葵(1871-1963)，名鴻翔，
乳名根。是李節的兒子，李陞的
姪。廣東新會人，經營米業、藥
業、保險、船務和銀行，歷任僑港
新會商會會長，東華醫院和保良局
永遠榮譽顧問，1916年獲太平紳
士，1959年獲MBE銜。他與法院早
在1906年已結下不解緣。起因是一
宗土地爭紛案。1930年他入稟法院
取回兒子的物業，他根據中國習俗
理據上訴本港最高法院獲判勝訴。

圖3.5 李保葵像

但案件再上訴至英國樞密院，最終被推反敗訴。事件轟動一
時。戰後，法院舉辦每年一度的法律年度開幕典禮(Assize)都
邀請當時最資深的太平紳士擔任嘉賓，自1952年開始李先生都
以此身份參加典禮，直至1963年止。圖3.5是李葆葵像。下面簡
單介紹李葆葵企圖以物業買賣合約代替華人傳統預立遺囑(信
託書)，在港以中國習俗說服桌司，但最終英國樞密院認為物
業買賣合約，俗稱屋契是合約，不是遺囑。

　　被入稟的物業為永吉街18和20號(今永富大廈)，屬李葆葵
擁有，他於1917年3月9日以李鴻翔(又名李葆葵)的名義售於李
根和李雅清聯權共有(joint tenant)，俗稱長命契，樓價為16,000
元。李葆葵承認李根為其乳名，求學時叫李鴻翔，社會做事
時人稱李葆葵，李雅清是其兒子。1929年3月7日，李雅清將物
業作抵押，按給曾全以獲25,000元貸款。當律師要求物業契約
時，才發現李葆葵和李根是同一人，而李雅清就不知所終。
李葆葵拒絕交出屋契，並稱李雅清沒有物業使用權。並入稟
法院收回李雅清的物業權。他稱中國習俗是父親會將一些產
業以聯權共有方式分給兒子，以証明他是親生子，他的幾個

兒子都以同樣方法安排物業產權。16,000元樓價實際沒有支付，他所有兒子都不知情，屋契和所收租金都只有他獨自收藏和管理。但兒子不是自動享有業權，若兒子行為不檢，他可隨時修改屋契。他稱得悉兒子有不軌行為，已刊登廣告警告社會人士，他的兒子是沒有實質物業權益。若被告和律師在按揭前要求索取物業契約，他們便會發現他才是真正的業權人，因此要求取回業權。李先生那「家長式」做法，在那年代確是一般富豪做法，一來可以心安理得成為「慈父」，又可以收藏屋契作為保障，一旦兒子不孝，可隨時更改。二來若他本人真的不幸身亡，遺產稅也可不用付交。由於李先生是名人兼富豪，本地臬司相信他的證供和故事，以被告和律師疏忽沒有追查物業契約的下落判李先生得值。曾全和律師當然不服，因為從政府物業註冊處(田土廳)資料顯示，任何人都根本無法得知李葆葵和李根是同一人，疏忽是嚴重指控，所以上訴最高法院。雖然臬司曾懷疑李先生有逃稅之嫌，但仍維持原判。曾先生唯有上訴樞密院，那時已是1932年了。樞密院指出香港法例規定物業買賣合約必須有賣家、買家和金錢交易，因此買賣同一人，亦無金錢交易，所以認為1917年的物業買賣合約不符合香港法例。這宗合約只是秘密信託，只有李先生一人知悉，因他沒有將信託在註冊處登記，單是這一點，他已不能證明這買賣合約是一信託紙。至於追查屋契，重點是契內的條文，不是誰人收藏屋契，就算曾先生和律師有屋契在手，他們也無法從條文中得悉信託資訊。還澄清一些法律觀念，讀者有興趣可參看樞密院判詞全文。[67]

爭奪安葬權

　　華人對死後世界十分重視，認為人死後有三個魂魄，其

67　Judicial Committee of the Privy Council，Lord Blanesburgh，Lord Tomlin and Sir Lancelot Sanderson，Tsang Chuen v Li Po Kwai，alias Li Kan–[1926-1941] HKC 123 19 July 1932.

一在地府,通往地府之門在墓地,二在村內祠堂,三在長子
家中的靈位。因此葬禮要大事安排祈求第一魂魄平安送到地
府。選擇墓地要講風水,好讓子孫風生水起,春秋二祭和生
死忌更隆重地慎終追遠,華人族譜內往往寫下安葬的地方。
祠堂的靈位長期有專人供奉,而長子家中所設的靈位就由他
的子孫每天供奉,以表孝心。

　　香港母子爭奪遺體安葬權發生在中國第一任總理唐紹儀
屍骨的處理。唐先生是第一批留美幼童,其實他與香港亦有
淵源,他於1906年代表清朝政府與英國代表濮蘭德(John Ot-
way Percy Bland,1863-1945)商討九廣鐵路華段貸款協議,
促成九廣直通車。[68]他亦是首位香港華人在港利用無線電在
美國廣播。[69]圖3.6是唐紹儀像。唐先生於1938年9月30日在上
海被行刺身亡,其第三任太太吳維翹聞訊後馬上帶同兩女和
外孫乘坐太古四川輪從香港往上海奔喪,而其長子唐榴則在
漢口,未能趕及奔喪。其遺體注射藥水後安放上海萬國殯儀
館。吳維翹在抵上海後,決定大殮於10月7日下午舉行,禮
堂遍懸黨國要人輓聯花圈,出殯費用
達四萬元,全由吳維翹支付。[70]遺體
處理經徵詢各親友後,決定安葬家鄉
唐家灣,但先運送香港再擇日下葬家
鄉。長子唐榴抵滬後,於10月18日隨
遺體乘俄國皇后號往香港,同行有唐
夫人、次子唐柱、二女張謙夫人和姪
唐宗樞、王曉籟、杜月笙、鄭洪年、
諸昌年和鄧志谷等。登輪致唁有孔令
侃和許世英代表、葉恭綽等。輪船於

圖3.6 唐紹儀像

68　拙作:《車水馬龍:香港戰前陸上交通》(香港:三聯書
　　店,2016)頁265-269

69　*South China Morning Post* 3 May 1935;《工商日報》 1935年5月4日

70　*Hong Kong Daily Press*,*South China Morning Post* 1 October 1938;
　　《大公報》 1938年10月2日;《工商晚報》 1938年10月5,6日

10月20日抵港，再轉靈車運東華義莊設奠公祭，到場致祭有
羅旭龢、周壽臣、劉紀文、陳友仁、李星衢、郭贊、郭泉、
周日光、梅蘭芳、曹俊安、錢新之、劉玉麟、胡木蘭、伍何
寶芳、甘介侯和伍艷莊等數百人。[71]

　　由於日本侵華，中山淪陷，唐的遺體停留在東華義莊
近兩年，未能安返唐家灣。唐夫人於1940年春召開家庭會
議，有鑑日人侵佔中山，安葬唐於故鄉容易惹人誤會唐先生
投靠日本人，更害怕有人惡意破壞墳墓，長子唐榴則認為應
安葬澳門，方便他拜祭，但唐夫人認為香港仔華人永遠墳場
是安全合適，並於5月以1,188元買下山地。雙方堅持不下，
唐婿諸昌年奔走調停，亦曾往華民政務署尋求協助，始終
未能解決。9月傳出雙方弄上法庭。元老葉恭綽、鄭洪年、
梁季典、馮香泉與本港某巨公出面作仲連排解，但雙方各
執己見，商討半天仍無結果，真是清官難審家庭事!結果唐
榴與繼母公堂相見，時為1940年11月。唐榴聘請陳丕士大律
師，圖3.7，根據中國傳統習俗要求長子應有安葬權，並申請
禁制令阻止唐夫人及相關人等申領唐紹儀遺體和下葬。吳維
翹聘曹善允律師轉聘砵打英皇御准大
律師　(Potter，K.C.)、廖亞馬利　(Leo
d'Almada)和羅棟勳大律師代辯。[72]

　　陳大律師傳召周壽臣爵士力證葬
於唐家灣是唐紹儀生前心願，又請得
香港大學許地山教授以專家身份證明
中國傳統習俗長子是有安葬權。唐夫
人在上海承諾唐紹儀安葬唐家灣，現
改變主意將丈夫永久安葬香港，有違
丈夫生前意願，違反中國傳統習俗，

圖3.7 陳丕士大狀像

71　*Hong Kong Daily Press*，*South China Morning Post* 21 October 1938;
　　《大公報》1938年10月18，21日

72　《大公報》1940年9月26日;《華字日報》1940年9月26,30日;《天
　　光報》1940年11月5日

於禮不合。唐榴穿淡黃色西服，臂綁
黑紗出庭，他稱長居澳門，在8月才
得悉繼母買下香港仔華人永遠墳場山
地，將於9月6日安葬。他反對永久安
葬香港，提議暫葬澳門基督教墳場，
待日後太平盛世才轉葬唐家灣。圖3.8
是唐吳維翹像。[73]

圖3.8 吳維翹女士像

　　唐夫人穿黑絨旗袍，套上外黑褸
上庭，她說因日本侵佔中山，葬於唐
家灣的想法有兩大弊端，一是對丈夫
聲譽有損，二是被人惡意破壞墓地風險極高，家庭成員包括
唐榴和唐柱同意安葬香港，好友施肇基亦同意，並安排購買
墓地。誰知唐榴其後改變主意，要求暫葬澳門。她認為丈夫
遺體已在義莊耽誤了兩年，是時候要入土為安。她聘的三位
大律師，砵打是英國法律專家，廖亞馬利是大清律例專家，
有備而來，先由英皇御准大律師砵打以英國法律打頭陣。砵
大律師稱香港法院是實行英國法制，他根據香港法例指出
法律不承認屍骸是產業、亦不承認兒子有安葬先人遺體的
權力，法律只承認父母及夫婦間之要求，法律不能強迫實施
死者生前之願望，香港法例承認遺妻有獨自承領遺體權，依
照衡平法的禁止反言原則 (Law of Estoppel)，即言行一致，
說話要算話，原告出爾反爾，荒廢如此長時間才申訴，乃自
誤，要求此案不能成案，被告無需答辯。陳大狀反駁各證人
誓章已備，亦登台作供，對砵打大律師稱不能引用中國法
律感詫異，故請臬司將案押候。砵打稱若押候，他要求臬司
判其負擔那天之訟費。首席大臬司麥基利哥 (Antholl Mac-
Gregor)准許陳大狀押候，但只容許他申述以中國法律的陳詞
解釋和證明。翌日，陳大狀稱死者生前居中國，死時需用中

73 *Hong Kong Telegraph* 7 November 1940; *South China Morning Post* 8
　　November 1940; 《天光報》1940年11月8日

圖3.9 唐紹儀和吳維翹合葬墓

國法律，以顯其理。大桌司麥基利哥問：你根據何法何例證明此點。陳答誓章，大桌司説誓章不是法理，我很想你引用法例或案例證明中國法律可用於此案。即為何放棄英國法律而引用中國法律(lex loci)。陳大狀以一對三，在短短一晚內無法找到案例，亦沒有挑戰砵打的六點陳述，大桌司因此判被告唐夫人得值，臨時禁制令亦即時失效，原告要繳付堂費。大桌司最後罕有地説有一願望，砵打成功地為被刺的愛國者爭取早日入土為安，他祈望家庭成員可達成共識。砵打亦稱因陳大狀要求，唐家家事公告於世，令社會感覺他當事人有違背其夫生前願望，她特別囑咐我説若環境許何，她將遷其夫墓回鄉，這一點在施肇基博士誓章[74]中清楚不過。大桌司亦認同被告在今天情況下已盡了一位中國婦女應有的責任。[75]

　　案件雖然以英國法律解決，但庭上説出全是中國習俗，如周壽臣力證死者生前意願是安葬故土。許地山談父傳子，無傳其妻；在家從父，出嫁從夫，夫死從子。英國桌司和律師都認同唐紹儀愛國的不幸，應盡快入土為安，亦同情唐夫

74　施肇基字植之。生平可參看：施肇基：《施植之先生早年回憶錄》(S.I.: s.n.，195-)

75　*Hong Kong Telegraph* 9 November 1940;《天光報》1940年11月9,12日；《華字日報》1940年11月9，11,12日

人兩難的抉擇，打破家醜不出外傳的傳統，對薄公堂。歷史亦證明唐夫人的選擇是正確，圖3.9是唐紹儀和吳維翹葬於香港仔華人永遠墳場的墓。

四、結　語

　　華人接受西方教育後，開埠不足廿年已開始溶入英國法制，當然這是極少數。畢竟早年香港陪審員在社會的地位崇高，不論國籍，都屬少數的上層，可掌犯人的生死，非一般平民可居其位。律師和裁判官更是社會精英，為平民和社會主持公義，地位超然。開埠不足40年，華人亦可攀上此位，除歷史偶遇外，伍敘的眼光和努力亦是根本因由。港督軒尼詩雖親自為伍先生戴上香港華人四個桂冠，但他親手炮製的炒舖氣候和走後在英國批評香港的表現卻間接令伍先生要踏上離開香港之路。觀看早期華人參與英國法制的名單，他們不外是那幾個大家族，發財後立品，送下一代或近親往英國進修，考取英國法律專業資格，與走清朝科舉考試的路近似，殊途同歸，攀上社會上層；而回流的華商，憑流利英語和認識西方文化亦躋身特別陪審團之列，成為社會精英。這群華人精英深信中國「竹門對竹門、木門對木門」的傳統習俗，親上加親，成為社會一有影響力的族群。伍敘的太太是何啓的姊姊。韋玉娶黃勝的長女為妻。伍敘兒子伍朝樞娶何啓女為妻。可謂「關門一家親」。華商大多是東華醫院總理或主席，在各行生意成為伙伴，華人上層社會的網絡可見一斑。

　　伸張公義最關鍵是當事人和證人說出實話，說實話是說出事實的全部真相，不吝嗇事實的全部真相。說出一半的事實有人認為不是說謊，但有些人認為這是半說謊，與全說謊或捏造並無分別。筆者不欲評論價值判斷的問題，法庭面對的是要分辨實話和謊言，西方人信奉耶教，按聖經發誓以示

圖3.10 英皇御准大
狀普樂

說真話，但這亦不能完全避免教徒違背他們的神而說謊。華人比較實際，事實上發毒誓的後果大多不會兌現，因此幾乎所有華人都不相信發毒誓會靈驗。只有一些認為有來生或迷信的人才相信毒誓會靈驗。俗語有：「發誓當食生菜」，講而不做，無傷大雅，即「大隻講」。開埠十多年，按察司絞盡腦汁都無法找出一妥善方法讓華籍證人說出事實的全部真相。華人各式各款的發誓習俗都見於英式法庭，從記錄上得悉當時的習俗如「擲碟」、「斬雞頭」和「燒黃紙」等。英人最終放棄採用華人發誓習俗，改以個人道德標準和普通常識去衡量證人證供的可信性。到20世紀初，八名華人富商[76] 在力證黃家專先生是老牌麗興金店的合伙人一案中被陪審團揭發發假誓，臬司一怒之下判罰七名富商(一位潛逃)入獄三月。案件告至樞密院，三年後才被樞密院推翻判案。臬司雖犯了刑事案不給被告答辯的機會，但法律是確定了發假誓是刑事罪行。[77] 由普樂 (Henry Edward Pollock，1864-1953，見圖3.10) 英皇御准大狀找到法律程序的疏忽，七名發假誓的華人，早已服刑入獄。但案件亦有警惕作用，告訴社會不可隨意發假誓。自1910年代法庭接受一些華人習俗法適用於本地後，臬司在一些持別情況下亦容許「斬雞頭」和「燒黃紙」作為證供之一，直至1930年代才逐漸減少。其他四個有趣案例都與華人傳統習俗有密切關係，有些以習俗判決，一些就依英國

76　陳杏橋、曾佑、曾洪、黃西河、林星橋、朱啟元和吳晏官。

77　www.lexisnexis,com.eproxy.lib.hku.hk In matter of seven witnesses sentenced summarily for perjury 1906; www.bailii.org Judgment of Lords of the Judicial Committee of the Privy Council on the Appeal of Chan Hang Kiu and Others，in the matter of the Lai Hing Firm (Bankrupts) from the Supreme Court of Hong Kong，delivered the 2nd March 1909

法律。因篇幅所限未能將結髮、填房和妾侍的華人婚姻及她
們所生子女的承繼權等案件寫下，特別是1971年前的案例更
說盡華人傳統習俗。英式法治是立法、執法、起訴和審判連
起的循環不息和自我改善的一個機制，其客觀煩複程序一環
扣一環，隨着社會轉變而發展，中華習俗有些溶入英式法治
內，有些如遺囑和一夫多妻等都被西方淘汰。華人對法治觀
念以合情、合理和合法看待。知法犯法者罪加一等，不知者
不罪，死罪可免，活罪難饒等法情；道理不只是講的，是從
表現和行動中得出來的，這就是法理；法律本身是惡法還是
太寬鬆，則應該由該地大多數人決定。筆者對1971年後的本
地婚姻‧承繼和新界上地案例未能錄下本地華人傳統習俗而
感到有點遺憾。

香港名勝古跡對聯賞析舉隅

鄧昭祺

珠海學院文學與社會科學院

前　言

　　對聯是我國特有的一種語言文學藝術形式，是重要的文化遺產。不少人在日常生活中，每逢時令佳節或婚喪慶吊，都會撰寫對聯來表情達意。自從唐代以來，文人雅士就創作了大量優秀對聯。可是，坊間的中國文學史著作，並沒有專章論述對聯，而在談論香港文學的專著中，也極少探討本地作家所創作的對聯。香港商務印書館於2014年至2016年出版的十三卷《香港文學大系1919-1949》裏，雖然有一冊專門選收本港文人的舊體文學創作（《舊體文學卷》），卻並無收錄對聯。

　　我們遊覽香港的名勝古跡，不難找到對聯，其中有不少是著名文學家的創作，並且由傑出書法家書寫。這些對聯，為我們提供了很多寶貴資料，不但讓我們能更深入瞭解本地歷史、文化和居民生活習慣，也讓我們欣賞到作家和書法家的高深造詣。本論文從寺廟、宗祠、公園等景點，選取四副有代表性的對聯，從內容、寫作技巧和書法藝術等各方面評論分析。

一、元朗屏山鄧氏宗祠對聯（1）

新界元朗區位於香港西北部，屏山位於元朗區西部，是該區六大鄉事管轄區之一。新界共有文、鄧、侯、彭、廖五大氏族，鄧氏家族其中一個聚居地方就是屏山。屏山鄧氏宗祠是鄧族祖祠，是香港現存最具規模的祠堂之一，由屏山五世祖鄧馮遜（生卒年不詳）於南宋咸淳九年（公元1273年）興建，清康熙初年進行重建，至今已有七百多年歷史。1990至1991年間，宗祠曾經重

元朗屏山鄧氏宗祠正門

修，並在2001年12月14日被正式列為香港法定古跡。康樂及文化事務署編印的《屏山文物徑》說：

> 元朗屏山是香港歷史最悠久的地區之一，鄧族則為新界其中一個重要的宗族。鄧族的歷史源遠流長，至八十六世祖鄧漢黻於北宋初由江西省遷居廣東省，為鄧族粵派一世祖。至北宋中期，鄧漢黻曾孫鄧符協擴建岑田（即今錦田）祖居，並設置書院。……[1]

1　古物古蹟辦事處：《屏山文物徑》（香港：康樂及文化事務署，2017年）第2頁。

> 鄧氏宗祠位於坑頭和坑尾兩村之間,是屏山
> 鄧族的祖祠……宗祠由五世祖鄧馮遜興建,至今
> 已有七百多年歷史。[2]

宗祠正門頂懸掛了「鄧氏宗祠」門額,兩側掛有一副對聯:

> 南陽承世澤;
> 東漢啟勳名。

鄧族歷史悠久,人才輩出,早在東漢時有一位聲名顯赫的鄧禹(2年-58年),是現在分佈在中國各地公認的鄧族遠祖。上聯的「南陽」,是河南省地名。據《後漢書‧鄧寇列傳》所載:

> 鄧禹字仲華,南陽新野人也。[3]

可知鄧禹是河南省南陽郡新野人,上聯的「南陽」用借代的修辭手法,借地名代人名,指鄧禹。「世澤」是祖先的遺澤,就是祖先留給後代的恩惠。鄧禹年少時在京師長安認識劉秀(前5年-57年),知道劉秀不是普通人,所以後來他不跟從更始帝劉玄(?-25年)而依附其族弟劉秀。劉秀曾經問他是否想當官,鄧禹說不是,他說他追隨劉秀的目的,就是:

> 但願明公威德加於四海,禹得効其尺寸,垂
> 功名於竹帛耳。[4]

鄧禹年輕時已經胸懷大志,想留名後世,而這個願望最後得以實現。他協助劉秀建立和鞏固東漢政權,功勞卓著,甚得漢光武帝劉秀倚重。劉秀平定天下後,封鄧禹為高密

2　同上注,第14頁。

3　宋范曄撰,唐李賢等注:《後漢書》(北京:中華書局,1965年)第599頁。

4　宋范曄撰,唐李賢等注:《後漢書》第599頁。

侯，食邑有高密、昌安、夷安、淳于四個縣，[5]又封他的弟弟鄧寬（生卒年不詳）為明親侯。漢光武帝的兒子劉莊（28年-75年）繼位為明帝，於永平三年（公元60年），把父親麾下28位功臣的畫像，繪於洛陽南宮雲臺，稱為「雲臺二十八將」。他們都是有「英姿茂績」的「志能之士」，[6]曾經輔助漢光武帝重興漢室、一統天下。在這一方面，鄧禹的功勞最大，所以在28人中，排名第一。漢明帝拜他為太傅，他朝見明帝時，只須要面向東方，不須要好像其他大臣那樣，面向北方，可見他甚得明帝的尊重寵幸。[7]

　　鄧禹功成名遂的事跡，很多鄧氏後人都引以為榮，他們甚至把鄧禹視為鄧族始祖。鄧氏宗祠的「南陽承世澤；東漢啟勳名」對聯，就是說鄧族遠祖鄧禹是該族承先啟後的重要人物。他承受祖先遺澤，在東漢時獲得了功名，成為東漢的開國勳臣，自此以後，不少鄧族後人也紛紛取得功名，如三國時蜀漢將領鄧芝（178年-251年），歷任郫縣令、廣漢太守、尚書、中監軍、揚武將軍、前軍師前將軍、兗州刺史、車騎將軍等，朝廷賜給他陽武亭侯的爵位；[8]三國末期魏國傑出政治家和將領鄧艾（195年-264年），是滅蜀的主要軍事指揮之一，歷任南安太守、城陽太守、兗州刺史、長水校尉、安西將軍、鎮西將軍、征西將軍、太尉等職，朝廷賜給他的爵位，包括關內侯、方城亭侯、方城鄉侯、鄧侯等；唐朝時鄧景山（？-762年），以擅長擔任文職著稱，歷任大理

5　《後漢書•鄧禹傳》云：「十三年，天下平定，諸功臣皆增戶邑，定封禹為高密侯，食高密、昌安、夷安、淳于四縣。」注云：「高密，國名，今密州縣也。」見宋范曄撰，唐李賢等注：《後漢書》第605頁。

6　宋范曄撰，唐李賢等注：《後漢書》第787頁。

7　《後漢書•鄧禹傳》云：「顯宗即位，以禹先帝元功，拜為太傅，進見東向，甚見尊寵。居歲餘，寢疾。帝數自臨問，以子男二人為郎。」注云：「臣當北面，尊如賓，故令東向。」見宋范曄撰，唐李賢等注：《後漢書》第605頁。

8　見陳壽撰，裴松之注：《三國志•蜀書•鄧芝傳》（北京：中華書局，1959年）第1071-1073頁。

評事、監察御史、青齊節度使、淮南節度使、尚書左丞等要職，朝廷封他為南陽郡公。[9]

二、元朗屏山鄧氏宗祠對聯（2）

屏山鄧氏宗祠的大門還有另外一副對聯：

屏翰仰閩侯，紹南陽之世胄，今朝派衍支藩，不替衣冠隆祀典；

山河開萬里，承高密之家風，此日蘋馨藻潔，聊將俎豆報宗功。

橫披是「俎豆生香」。

上聯「屏翰仰閩侯」中的「屏翰」，出《詩‧大雅‧板》：

大邦維屏，大宗維翰。[10]

《詩經》這二句說，強大的諸侯是國家的屏障，周天子同姓宗族是國家的棟樑，後來「屏翰」就用來比喻國家重臣。「屏翰仰閩侯」一句所指的重臣就是「閩侯」。「閩侯」是福建省地名，由該省的「閩縣」和「侯官縣」兩縣合併而成。上文曾經提及的那位興建屏山鄧氏宗祠的五世祖鄧馮遜，在元朝初年官至福建方伯，即該行省的地方長官。因此「屏翰仰閩侯」也是用了借代的修辭手法，借地名代人，以「閩侯」縣借指福建省地方長官鄧馮遜。

上聯「紹南陽之世胄」中的「南陽」，是鄧姓宗族的發

9　劉煦等：《舊唐書‧鄧景山傳》（北京：中華書局，1975年）卷110，列傳第60，第3313-3314頁；歐陽修、宋祁：《新唐書‧鄧景山傳》（北京：中華書局，1975年）卷141，列傳第66，第4655-4656頁。

10　毛公傳，鄭玄箋，孔穎達等正義：《毛詩正義》（上海：上海古籍出版社，1990年）第634頁。

源地，河南南陽郡。「世冑」是世家的後代，即貴族後裔。整個上聯的意思就是，鄧姓族人，仰賴興建鄧氏宗祠的五世祖，元代時國家重臣鄧馮遜的恩惠，並繼承祖宗的顯赫家世，現在子孫蕃衍昌盛，今天我們穿著禮服、戴起禮帽，隆重地參加祭祖典禮。

　　下聯「山河開萬里」，字面上是說鄧族分佈在中國廣大地區，但是若果我們細心分析，就會發現，「萬里」應該不是泛指廣大地區。「萬里」與上聯「閩侯」對應，「閩侯」是專有名詞，所以「萬里」應該也是專有名詞。這裏的「萬里」其實是指屏山開基祖鄧從光（字萬里，生卒年不詳），他在南宋時和父親鄧元禎（生卒年不詳）從錦田遷居屏山。後來鄧元禎被尊稱為屏山第一世祖，鄧從光則是第二世祖。鄧元禎在不久之後回東莞定居，而鄧從光則繼續留在屏山。鄧從光在屏山定居後，先後建立了「三圍六村」，即上璋圍、橋頭圍、灰沙圍，以及坑頭村、坑尾村、塘坊村、新村、新起村及洪屋村。所以「山河開萬里」是指鄧從光（萬里）在屏山廣大地區開基建村，把屏山發展為鄧族聚居之地。

　　下聯「承高密之家風」一句中的「高密」，應該是指上文討論過的東漢鄧禹。他幫助漢光武帝平定天下後，被封為高密侯。「承高密之家風」與上聯「紹南陽之世冑」對應，既然下聯的「高密」是借地名指鄧禹，所以上聯的「南陽」，應該也不是泛指鄧姓宗族的發源地而也是借地名指鄧禹，情況與上文討論的「南陽承世澤」中的「南陽」一樣。「承高密之家風」的意思，就是我們繼承遠祖鄧禹一直留下來的傳統風尚。

　　下聯「此日蘋馨藻潔」中的「蘋」、「藻」，是古代用來祭祀的水生植物，「蘋」即水上浮萍，「藻」即水草。《左傳•襄公二十八年》云：

　　　行潦之蘋藻，實諸宗室。（杜注：「薦宗

廟。」）[11]

　　杜注所謂「薦宗廟」，就是用作祭祀宗廟的物品。「此日蘋馨藻潔」就是說今天用來祭祀祖先的祭品芳香乾淨。

　　下聯最末一句「聊將俎豆報宗功」中的「俎豆」，是古代祭祀時盛放祭品的兩種禮器；「宗功」指祖宗的功績、功勞。

　　「此日蘋馨藻潔，聊將俎豆報宗功」二句說，在這個祭祖典禮中，姑且用芳香乾淨的祭品報答祖先的功勞，也即是橫披所謂「俎豆生香」。可見這副是鄧族後人祭祖典禮的專用對聯。

三、元朗厦村靈渡寺對聯

　　現在讓我們看看另外一副與香港歷史文化有關的對聯。元朗厦村西南靈渡山（圓頭山）有靈渡寺，據說草創於南朝宋文帝（劉義隆，407年-453年）元嘉初年（424年-430年），到今天已有差不多1,600年歷史，其間曾經過多次修葺及重建，而寺院也曾被改稱為靈渡道場、大雲寺、碧霞宮、白雲觀等。靈渡寺與屯門青山禪院、錦田凌雲寺合稱香港三大古刹。寺的正門兩旁有一副對聯，以鶴頂格嵌寺名「靈渡」二

元朗厦村靈渡山靈渡寺正門

11　楊伯峻：《春秋左傳注》（北京：中華書局，1990年）第1151頁。

字：

> 靈氣所鍾山獨秀；
> 渡杯而至石猶新。

對聯說出晉宋間奇僧杯渡禪師（生卒年不詳）曾經駐錫靈渡山的事跡。《新安縣志・人物三・僊釋》說：

> 杯渡禪師，不知姓名，嘗乘木杯渡水，因而為號。遊止靡定，不脩細行，神力卓越，人莫測其由。……云：「當往交廣之間。」遂以木杯渡海，憩邑屯門山，後人因名曰杯渡山。復駐錫于靈渡山，山有寺，亦名靈渡寺。[12]

又，《新安縣志・山水畧・山》：

> 杯渡山在縣南四十里，高峻插天，原名羊坑山，一名聖山，南漢時封為瑞應山。
> 靈渡山在縣南三十里，與杯渡山對峙，舊有杯渡井，亦禪師卓錫處。[13]

杯渡山即青山。據《新安縣志》資料，杯渡禪師曾在元朗和青山一帶活動。他南來香港時，最初在屯門青山居住，後來遷往元朗的圓頭山，青山後來因此又名杯渡山，而圓頭山因此又名靈渡山。

靈渡寺大門兩旁對聯的上聯是「靈氣所鍾山獨秀」，意思是說由於杯渡禪師曾經駐錫於元朗圓頭山，他的靈氣鍾聚於此，使這座山顯得格外清秀。下聯「渡杯而至石猶新」所說的是杯渡禪師在屯門青山的遺跡。現今青山禪院內有「杯渡巖」，巖內有塊平石，相傳是當年杯渡禪師修煉之處。巖石上現在建有一間小廟，廟內供奉了禪師的石像。「石猶

12　據清舒懋官修，王崇熙等纂，清嘉慶25年刊本影印：《新安縣志》（台北：成文出版社，1974年）第538-539頁。
13　《新安縣志》第126頁。

新」大概是說雖然杯渡禪師圓寂已經差不多1,600年，但是岩內平石還好像新近被他坐過一樣。此聯印證了晉宋間奇僧杯渡禪師南來香港的事跡。對聯是由香港著名書法家區建公先生（1887年-1971年）於84歲高齡時所寫。區先生以北魏楷書寫商鋪招牌聞名於世，五六十年代香港許多店鋪招牌或機構牌匾的字，都是區先生的手筆。這副靈渡寺大門兩旁對聯的十四個大字，是典型的北魏風書體，筆畫遒勁有力、工整莊重。

屯門青山禪院杯渡岩杯渡禪師像

四、荔枝角公園對聯

　　香港建築物上的對聯，除了有歷史文化和藝術價值外，還有文學欣賞的價值。下面所討論的一副對聯，對仗工穩、用典妥帖，表現了作者上乘的文學修養。

　　荔枝角公園是位於西九龍的大型公園，共分三期建造。在第一期公園內有一個「皇家園林」，是很有特色的中式花園。第一期公園入口處有一個牌樓，橫額是「荔枝角公園」，兩邊石柱刻上本港著名學者，曾任香港中文大學中文系教授的何文匯（1946年-）創

荔枝角公園第一期入口處牌樓

作的對聯：

　　謝客來乎，有春草新塘，鳴禽翠柳；

　　楊妃往矣，想薰風古道，飛騎紅塵。

牌樓石柱對聯-上聯　　牌樓石柱對聯-下聯

上聯化用了晉宋間詩人謝靈運（385年-433年）的著名詩句。謝靈運是東晉名將謝玄（343年-388年）之孫，他年幼時寄養於外，族人給他起小名為「客兒」，所以他又稱「謝客」。他的〈登池上樓〉詩有兩個傳誦至今的句子：

　　池塘生春草，園柳變鳴禽。[14]

　　作者在上聯「有春草新塘」裏用「新塘」而不用謝靈運詩句中的「池塘」，因為「新」字與下聯「想薰風古道」的「古」字對得更工整。上聯末句「鳴禽翠柳」裏用「翠柳」而不用謝靈運詩句中的「園柳」，應該是經過作者仔細斟酌。這四個字的平仄格式是「平平仄仄」，「鳴禽翠柳」四字正好符合這個格式，而「鳴禽園柳」的格式則是「平平平仄」，雖然仍然合律，但似乎較遜一籌。此外，「翠」字是顏色字，正與下聯「飛騎紅塵」的「紅」字構成工對，而「園」字不是顏色字，不能與「紅」字構成工對。

　　下聯「楊妃往矣，想薰風古道，飛騎紅塵」化用唐代詩人杜牧（803-852年）的《過華清宮絕句三首‧其一》：

14　這兩句寫得精妙絕倫，詳參拙著《元遺山論詩絕句箋證》（香港：當代文藝出版社，1993年）第82-90頁。

長安回望繡成堆，山頂千門次第開。

一騎紅塵妃子笑，無人知是荔枝來。[15]

《新唐書‧后妃列傳‧玄宗楊貴妃傳》說：

妃嗜荔支，必欲生致之，乃置騎傳送，走數

千里，味未變已至京師。[16]

由於楊貴妃（719年-756年）喜歡吃荔枝，唐玄宗（685年-762年）特地命使者從南方急送新鮮荔枝到長安的華清宮，供她享用。使者的驛馬風馳電掣地奔向華清宮，所經過的道路，揚起滾滾紅塵。「想薰風古道」中的「薰風」，是和煦的風，也就是南風。

這副對聯驟眼看來，雖然對仗極為工整，但上下聯分別櫽括一首古代名詩或其中的名句，它們之間似乎並沒有什麼關聯，那麼這副對聯只有「對」而沒有「聯」，嚴格來說並不合格。不過，如果我們細心分析，就會察覺其實作者巧妙地在上下聯以兩首古詩點出「荔枝角公園」這個名稱。上聯把謝靈運「園柳變鳴禽」一句中的「園」字隱去不說，下聯把杜牧〈過華清宮〉中的「荔枝」二字隱去不說。這幾個隱去的字合起來就是「荔枝園」，也就是「荔枝角公園」的簡稱。對聯放在公園入口處的牌樓，牌樓橫額正是「荔枝角公園」，因此，上下聯並不是東拼西湊、沒有關聯，而是緊緊地扣連在一起，共同點出公園名稱。作者這種妙到毫巔的修辭手法，很值得細細玩味一番。

對聯是由本港書法名家黃兆顯（1939年-）所寫的。他自小跟從區建公老師學習各體書法，1979年創立南薰書學社，教授書法，現兼任香港中文大學藝術系講師。他的作品曾在香港、澳門、韓國、美國及中國內地展覽。這副荔枝角

15　彭定求等：《全唐詩》（北京：中華書局，1960年）第5954頁。

16　歐陽修、宋祁：《新唐書》（北京：中華書局，1975年）第3494頁。

公園對聯的書法，很有創意。黃先生在這裏把楷書、隸書、篆書、金文等幾種書體巧妙地結合在一起，創造了一種古拙勁健而意趣橫生的書法。對聯的書體基本上是兼有楷書風格的隸書，但其中一些字，如上聯的「春」、「草」，下聯的「想」、「薰」、「風」、「塵」等，都是小篆的寫法；上聯的「乎」和「柳」，則屬於金文的寫法。這種打破傳統，把各種書體共冶一爐的寫法，有自成一家的獨特韻味，十分耐看。

　　以上所討論的對聯，都是抄錄自宗祠、寺廟、公園等香港建築物。類似的對聯，散見於香港各地，數目龐大。據筆者初步統計，單是元朗一區各種建築物上，已經大約有八百副對聯。這些對聯，不但為我們提供了不少香港歷史文化、民間習俗的寶貴資料，而且還讓我們欣賞到作家高深的文學造詣和書法家精湛的筆墨技法。

　　【本文描述的工作全部由中國香港特別行政區研究資助局（項目編號：UGC/FDS13/H01/17）撥款資助。】

港島西區道堂與社會
（1920-1960年代）

游子安
珠海學院 香港歷史文化研究中心

　　香港有幾處地區是宮觀佛寺的集中地，大嶼山鳳凰山至
羌山一帶，荃灣芙蓉山至三叠潭，以及沙田排頭村山上等。
民初道侶選擇沙田建壇堂，其中排頭村已有佛堂12個，有稱
為「佛堂窩」，規模最大的是紫霞園。[1] 之前筆者對粉嶺、[2]
大埔地區道堂[3]已撰文介紹，認為地區史研究，壇堂、佛寺
等道場對社區之貢獻也值得注意。位於西區之道堂雖然不集
中，但與地區發展歷史也甚密切；惟因多在樓上，較易受忽
略。

　　本文所指西區，自西營盤[4]、石塘咀至堅尼地

1　白志忠《沙田風景區遊覽指南》，沙田風景區遊覽指南出版
　　社，1953，頁25。

2　拙文〈粉嶺地區祠觀與香港早年道教源流〉，陳國成主編　《香港
　　地區史研究之三：粉嶺》，香港：三聯書店，2006年（2019年增
　　訂版），頁115-143。

3　〈大埔地區佛道仙宮、閣苑與道場〉（與危丁明合撰），載於廖
　　迪生主編《大埔傳統與文物》，大埔區議會出版，2008。

4　西營盤的範圍是指上環以西、石塘咀以東，南至般咸道，北至海
　　旁一帶。1934年《香港年鑑》劃出西營盤的範圍，包括以下街
　　道：東邊街、西邊街、第一街、第二街、第三街、高街、柏道、
　　羅便臣道、中正街（正街）、般咸道、桂香街和梅芳街。（華僑
　　日報編：《香港年鑑》，1934），詳參黃競聰〈香港島西營盤區之
　　發展：從軍營到市鎮(1841-1903)〉，珠海學院中國歷史系碩士論
　　文，2013，未刊。

城[5]，區內道堂包括戰前（時）成立的香港道德會福慶堂、雲泉分館，戰後成立的紫香閣、紫靖閣、六合聖室、純陽仙洞、鼎信仙觀等。建立年代以福慶堂最早（1925年成立，抱道堂自1924年從上環遷至太白臺，1959年再遷北角現址），較年青的是鼎信仙觀（2003年成立）[6]。本文選談福慶堂、雲泉分館、紫靖閣、六合聖室四所，分別為先天道、純陽派、德教會、信善系，可見香港道派紛呈，各綻姿采。不約而同的是，市區土地所限，四派道堂先後在屯門、坪輋、流浮山、[7]大嶼山發展較大的院址。西區道堂既與社區同步成長，也為本地史留下珍貴的印記。

一、太白臺上之香港道德會福慶堂（1924年）

福慶堂所在太白臺是別具詩意韻味的地方。西環七臺，坐落堅尼地城山市街及李寶龍路之間山坡上，由下而上依次為太白臺、羲皇臺、青蓮臺、桃李臺、學士臺、紫蘭臺和李寶龍臺，太白臺、青蓮臺、學士臺等地命名，源於發展商紀念李寶龍，李寶龍對李白甚仰慕，臺的命名皆採用與李白

5　維多利亞城是十九世紀中葉以來發展的港島地區，華人對於維多利亞城，有一套約定俗成的名稱：「四環九約」，西環是繼上、中、下環開發而發展，由干諾道西起至堅尼地城止。九約中第一、二和三約則分別為堅尼地城、石塘咀和西營盤。詳見丁新豹、黃迺錕《四環九約：博物館藏歷史圖片精選》，香港歷史博物館，1999，頁8及64。

6　1991年於加拿大溫哥華開啟鼎信堂，2003年在港由鼎信堂升為鼎信仙觀，為龍門派雷風一脈，位於西環士美菲路。

7　紫香閣位於西環卑路乍街9號海都樓，1960年建立，廣推善行：夏施藥茶、冬贈衣被；創辦紫香小學，培育貧童；啟建盂蘭法會，超度孤幽。詳見拙文〈香港德教團體的善業〉，「第二屆慈濟論壇——佛教與慈善」研討會論文，臺灣慈濟大學、中國人民大學、北京大學主辦，2012年11月3日至11月4日。http://www.tzuchi-org.tw/doc/2012tzuchiforum/3_3.pdf，（取日期：2019年11月7日）。紫香閣，本文從略。

有關的詩句、字號。[8]盧瑋鑾撰〈學士臺風光〉一文，提及
1930年代許多南來的文化人，聚居於西環七臺。[9]魯金指出：
「從前港島西環之太白臺、紫蘭臺，⋯⋯九龍之九龍塘，俱
是富貴人家聚居之地」。[10]太白臺所在地前身是娛樂場所太
白樓，二十世紀初，太白樓與愉園、樟園等是香港著名的遊
樂場。陳謙描述太白樓：「位於西環的小山丘，⋯⋯樓座備
有茶點供應，憑樓四望，維多利亞城景色，盡收眼底。由
於地處西隅，鄰近石塘嘴妓院，故遊客多是豪商巨富，⋯⋯
主持者千方百計吸引遊人，如每年七夕作乞巧會。⋯⋯（
後來由某）置業公司買下，拆建民房，稱為太白臺。」[11] 太
白樓於1918年結束，1920年代建成樓宇，取名太白臺，以
誌原址。[12]現存歷史建築，較為人熟知是建於光緒十年
（1884）、位於青蓮臺15號的魯班先師廟。由當時三行同
業人士（即木工、石匠和泥水）集資興建，這一批建築工人
受聘到薄扶林道以北及山市街以東的山坡「平臺」住宅區替
人建樓房。[13]青蓮臺魯班廟與太白臺等建築是同一座向，即座
東南向西北，如棋盤地整齊排列著。[14]福慶堂是戰前典型唐
樓設計，每層設有露台，樣式典雅，因而在2001年被列入中

8　有關西環七臺，參考《堅人見誌——堅尼地城社區歷史回憶》，
　　香港：長春社文化古蹟資源中心，2018，頁20-23。

9　盧瑋鑾〈學士臺風光〉，《香港文學散步》(第三次修訂本)，香
　　港：商務，2019，頁260-267。

10　濤淘（原名梁濤）〈荷李活道昔日風采〉，收進《香江速遞：尋
　　找香江舊故事》，香港：次文化有限公司，1999，頁96。

11　陳謙《香港舊事見聞錄》第四十二章〈偷得浮生半日閒〉，香港：
　　中原出版社，1987，頁318-319。

12　夏歷（梁濤筆名魯金、夏歷等）〈香港街坊志〉「李寶龍路」，
　　轉引自梁炳華主編《香港中西區風物志》，香港：中西區區議
　　會，2011年修訂版，頁378-380。

13　《魯班香港廣悦堂130週年紀念特刊》，香港廣悦堂，2014，頁
　　8-9。

14　林社鈴、李玉麗編《魯班先師廟：歷史の工の藝》，香港廣悦
　　堂，2011，頁3。

西區文物徑景點之一。（圖一）古物古蹟辦事處評曰：「這幾座建築物均保存了二十世紀初港式唐樓的風格」。

1920至1950年代，福慶堂、抱道堂、雲鶴山房三堂先後在太白臺建立，文人道侶雲集，詩詞相互酬唱，太白臺因而被譽為「仙跡棲神之所」。無論是曾在此地潛修的抱道堂，抑或繼之在此弘法的雲鶴山房，均崇奉李青蓮學士，以及八月十五日

圖一 位於太白臺之福慶堂舊貌（2007年攝，今已折卸，不日重建）

慶賀寶誕。太白臺可說是道教在香港早年發展一個「派脈發祥之地」。地處港島西區臨海山腰，如堂中道侶所述「後枕青山，前臨綠水，近市不囂，在野不僻，軒敞輝煌，豁然開朗」的景緻；選址「左倚摩星嶺，右握寶龍台，誠如堪輿家所謂四水歸源，萬派朝宗者也」。[15]1921年抱道堂初設於上環，1924至1958年曾設壇於太白臺十五號四樓凡36年，時抱道堂「盛極一時，香薰滿座。……垂教三十六載，造就一百餘人。」[16]1958年抱道堂遷至北角現址，呂祖乩示：「謂太白臺十五號四樓，山川靈秀所鍾，仙跡棲神之所，歷數十餘年，派脈發祥之地」[17]。1959年始，雲鶴山房於太白臺十五號四樓開幕。何叔惠（1919-2012）於雲鶴山房題詩：「太白高臺集多士，一角山房凌雲起。……」[18]。三道堂印書甚夥，如《息戰》、《覺世鐘聲》（圖二），《寶松抱鶴記》等。是宗教文化重地。

15　游信溢撰《香港道德會史略》，手抄本。
16　黃梓林撰《抱道堂新堂崇陞祝文》，1958，抱道堂藏手抄本。
17　易覺慈編《寶松抱鶴記》，雲鶴山房，1962，頁385-386、423。
18　易覺慈編《寶松抱鶴記》，頁443、423。

福慶堂建於1924年，祀孔子及呂祖。關於福慶堂，《香港道教聯合會新廈落成特刊》有一段扼要介紹：

圖二　《覺世鐘聲》贈書處為太白臺抱道堂1931年刻，廣州中山文獻館藏。

> 福慶堂位於西環太白台，棟宇連楹，崇奉三教聖神，創於一九二四年甲子，由先天道禮賢堂後輩，談德元後學羅煒南創立，宣揚道德，廣結道緣，時彥風從，人才輩出。越二年丁卯，區廉泉等，以道侶日眾，堂址不足盤旋，乃商得黃梓林出讓太白台八號九號樓宇，永為基址。且聯同杜四端呈准華民司署立案，翌年戊辰於樓下，興辦義學。庚午購屯門分會，以為同人靜修之所。壬午港陷，越歲癸未，羅煒南歸真，會務賴梁莊平徐健卿二人主理。甲申歲，響應各道堂賑飢運動，嘗在東區義賣平粥。復參與龍慶堂岑載華等，倡辦先天道安老院。壬寅歲，區朗軒諸老，以春秋日高，應公營業權。因請准港府為註冊為有限組織，現任首長霍宗傑。[19]

福慶堂先租西環太白臺第六號第七號兩廈四樓，創堂後僅兩三年，入會者已數百人，原址不敷應用，至1927年，由經營五金業務的區廉泉昆仲領頭，率先捐資五千元，繼而眾人集資共得三萬餘，於是將太白臺第六號第七號兩廈四樓八號及九號全幢各四層全數購下，成為日後福慶堂的格局。

19《香港道教聯合會新廈落成特刊》，香港道教聯合會，1975年，頁56。

（圖三）會址擴充以後，福慶堂即以香港道德會的名義，正式向華民政務司核准存案，成為香港最早注冊道堂之一。自1927年始，福慶堂以董事會的組織形式管理，首任會長是區廉泉、副會長杜四端。1928年西環太白台會址樓下興辦義學，1940年當屆會長區廉泉撰《香港道德會碑記》載：區廉泉任義務校長，「招收貧苦子弟數十人入校肄業，書籍筆墨酌量贈送。」[20]隨著道務日隆，及後數年，道德會同人感到修養性靈，須有清靜場地始有進益，在1931年選址屯門黃家圍，修建屯門支會善慶洞。善慶洞是屯門未發展成新市鎮前，在區內有名的善堂，冬賑寒衣，夏施茶水，及辦

圖三　1928年福慶堂會址擴充開幕

貧民義學。福慶堂創辦者多來自南海。如張善豪，南海佛山人；羅煒南，南海溶州人；葉華文，南海紫洞人；吳星槎，南海佛山人。文士雅聚，成員曾是社會賢達的標誌。如杜四端（1859—1940），為端記洋行東主、旅港福建商會創立者，香港道德會創立時任副會長，1932年杜氏與周壽臣、馮平山等九位年過花甲的商界領袖組成私人聯誼會「九老會」

20 《香港道德會碑記》，1940年香港道德會會長區廉泉撰，筆者拓下碑文後抄錄。

。又如善慶洞昔日有一涼亭，前清太史朱汝珍為亭子題聯：
「瑤池閬苑傳丹篆，紫府清都蘊德華。」涼亭惜近年已拆。

　　福慶堂因樓宇結構問題於2007年七月關閉，及後展開拆
卸重建工程。原奉祀於太白臺八十多年的孔聖諸神，請至屯門
善慶洞。除福慶堂由始建至今拆卸重建於原址，本文所述四所
道堂皆經歷遷址，下表可知，較集中在今稱「海味街」的一段
德輔道西（範圍主要包括介乎皇后街與正街之間的一段德輔道
西）。

本文所述四所道堂遷徙與現址簡表

道堂名稱	創立年份	始建及遷址	現址	扶乩
香港道德會福慶堂	1925	----	太白臺第六號第七號、八號及九號	1950 年代初停
雲泉仙（分）舘	1944（1938年稱「雲泉旅港分壇」）	德輔道西 107 號至 109 號三樓，1955-1982 年二遷至德輔道西 325 號至 329 號	1983 年再遷入大道西 335 號至 339 號	1938-1940 年代開乩，及後停
德教紫靖閣	1962	德輔道西 73-79 號	1969 年遷入：德輔道西 164-170 號	√
六合聖室	1963	干諾道西 140 號	1972 年遷入德輔道西 111 號	√

二、淪陷時施粥賑饑的雲泉仙館
（1938年設壇，1944年成立分館）

　　我們往屯門善慶洞參訪，在禮堂看到羅煒南等創立者
瓷相外，還有香港雲泉仙舘創立者吳禮和之瓷相，題「冠
祥吳禮和玉照甲寅年繪（甲寅1974年——引者）」，訪問得
知，吳禮和道長亦香港道德會弟子。[21]香港道堂現有一百多
所，大多在1920前後或1950年代成立，抗戰至香港淪陷時

21　香港雲泉仙舘現任館長吳耀東道長（父親吳禮和，雲泉分舘創立
　　者）訪問，2019年11月9日。

期建立者鳳毛麟角。因戰火南移的香港雲泉仙舘[22]，1938年設壇，甲申年（1944年）七月初三創館，是香港淪陷時期成立僅有二、三所道堂之一。[23] 抗日戰爭爆發，1938年雲泉同門四散，西樵淪陷，港澳雲泉道侶因迫於形勢無法回西樵賀誕。黃豫樵、何海科避亂於澳門，1940年召集道侶成立聯誼處，稱「旅澳西樵雲泉仙舘」。1938年吳禮和奉呂祖師於德輔道西109號三樓（吳禮和在香港創辦生和興金山莊，位於德輔道西107-109號二樓），稱「雲泉旅港分壇」，並開乩收弟子。[24]（圖四）1944年吳

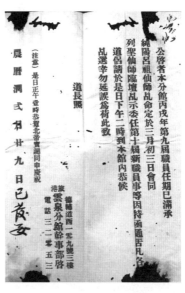

圖四　1946年「旅港雲泉分舘」已有第九屆職員，可見約1938年奉祀呂祖。

禮和、陳鑑坡、高廉、陸本良（高、陸兩位皆南海九江三水人）等道侶設立「旅港雲泉分舘」。1944年七月初三創館，（圖五）旋即做盂蘭，租艇船放水幽。之後盂蘭日期問祖師卜杯，租油麻地小輪往大廟，誦經放水幽，最盛的年代有二百多人上船參與。[25]在日軍鐵蹄下，香港米珠薪桂，餓民

22　舘，客舍，俗舘字，雲泉仙舘現一般寫成雲泉仙館。

23　香港淪陷時期成立道堂，另一例子是元清閣，日治期間，經營白米生意的潮洲籍商人黃伯雄見飢困者眾，在九龍城一帶施粥施飯，因而弟子日眾，及後建立道壇。有關元清閣，筆者主編《道風百年——香港道教與道觀》，蓬瀛仙館道教文化資料庫及利文出版社，2002年，頁182-185。

24　吳耀東舘長訪問，2019年11月9日。

25　吳耀東舘長訪問，2014年7月3日。

遍野，香港雲泉分舘得以成立，吳禮和與陳鑑坡[26]兩位創辦者，是箇中關鍵人物。

吳禮和，南海九江人，（父吳文安也是雲泉仙館弟子），在香港創辦「生和興金山莊」[27]，靠近三角碼頭，為美國等地華僑代理匯款，他亦是1929-1948年西樵雲泉在港的代理人，處理租務等事宜。[28]（圖六）吳禮和在多所道堂入道並任主持，道德會福慶堂之外，1944年曾任通善壇主持，道號登賜；1941年任蓬瀛仙館主持。陳鑑坡、吳禮和能夠成立雲泉分舘並施粥賑饑，與他們在日治時期歷任多項保良局等「公職」攸關。保良局於光緒四年（1878）成立，專為協助政府保護婦孺而設的，特賦予權力，掃除拐風，保赤安良。香港淪陷，保良局對婦孺之教養依然無缺，且更增收

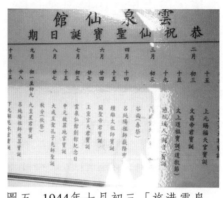

圖五　1944年七月初三「旅港雲泉分舘」創立

圖六　旅港雲泉分舘創立者之一為吳禮和道長

26　陳鑑坡，寶安縣南頭人，歷任保良局、東華三院總理，詳見吳醒濂編著《香港華人名人史略》〈陳鑑坡先生〉，香港：五洲書局，1937年，頁28。

27　金山莊主要負責北美洲的交易，南北行則主要負責東南亞，兩皆涉及香港對外的貿易。金山莊的代表是廣東新會七堡人李陞創辦「和興號金山莊」，經營北美轉口貿易。

28　詳見黃偉良〈潤物無聲——道之儒者吳耀東與雲泉仙館〉，文載《問俗觀風：香港及華南歷史與文化》，香港：華南研究會，2009年，頁213-223。

無依，使免於飢寒。陳鑑坡早在1930年代歷任保良局總理，及至1943-1945年任首總理，連帶雲泉同門吳禮和、高廉、陸本良多人，先後任保良局總理。日治時期雲泉仙館最為人印象殊深是平賣白粥以賑饑。

　　二次大戰前，香港糧食一直不虞匱乏；日佔時期，糧食問題一直未能解決，因此日軍實行糧食配給制，由各區區政所發給米、油等票。然而配給制1942年仍可運作，自1943年中已走下坡，1944年崩潰。[29]1942年四月，總督部頒佈配米制，每人每日配米0.4斤，即六兩四錢的白米，每週配米一次；1944年四月起，總督部取消配米制度，食米只配給予和日軍政相關人員者，米價急升，由每斤數元漲至200餘元，1944年4月以後的香港市民的生活陷於困境，餓死者不計其數。[30]

　　1944年夏天，成立不久的「旅港雲泉分舘」（因日軍宗教管理政策，時稱雲泉佛堂），亦於當年隨即投入賑濟之中。吳禮和與東華醫院、保良局朋友協辦，「他們先以每斤十六元向胡文虎購買一千斤白米，其後在西營盤、西昭和通（德輔道西──引者）、東方戲院等地成立『白粥平賣處』，以五十錢一碗售予貧民充饑，每天平均賣出白粥約五百至七百碗不等，後更增至三千多碗。佛堂除了支付白米成本價外，還需要支付每天數百元的津貼補助，故此很快就導致財政緊絀。可是，不少港人在艱苦的生活中，仍樂意捐助佛堂，以延續這慈善服務。」[31]自1944年12月始，至1945年7月暫停，雲泉施粥賑饑，據碑記載：成立時值淪陷，「同人

29　鄺智文《重光之路：日據香港與太平洋戰爭》第五章，香港：天地圖書，2015，頁136。

30　有關日佔時期糧食配給制，詳見關禮雄：《日佔時期的香港》第八章，香港：三聯書店，2015年增訂版，頁138-149；及鄭宏泰、黃紹倫：《香港米業史》，香港：三聯書店，2005年，頁93-103。

31　〈雲泉佛堂施粥擬增東西兩處〉，《香島日報》（香港），1944年12月26日，引自陳智衡《太陽旗下的十架──香港日治時期基督教會史》，香港：建道神學院，2009年版，頁138。

恪遵師訓，隨即發起施粥賑饑，歷時凡七閱月，救活貧胞無數。迨光復後，仍派飯施衣、贈診送藥、敬老助學、濟急賑災」[32]。時年僅14歲的吳耀東道長在雲泉協助施粥，憶及在德輔道西109號天台燒柴煲粥，鐵鍋直徑十尺，四人用鍋鏟煮粥。雲泉仙舘「向胡文虎購買白米」一事，需加說明。

胡文虎（1882-1954年）和胡文豹兩兄弟於1918年，聯手發明虎標萬金油而首創巨富，他們以精美的包裝和獨特的市場推銷法，使虎標萬金油產品成為家家戶戶必備良藥，市場由緬甸擴展到新加坡、馬來西亞、香港、中國等地區。胡文虎畢生致力慈善事業，賑災恤難從未間斷。[33]其一善業是為香港運回大批白米。日治時期食米供應緊張，胡文虎為使米糧不會斷絕，組織「香港民食協助會」，協助會員負責對外採購各類糧食；並設立「中僑公司」，以香港華商的資本，從泰國、越南等地購買白米進口香港。1943年七月，胡文虎前往東京見日本首相東條英機，以取得運米進口的「運米證」。這些運回香港的白米，一半需要交予日治政府作配給之用，一半分與會員、合作社等組織。胡氏也常捐出白米施粥，及捐款給港九慈善機構。

在西區七十年，吳耀東館長看著地區轉變。1950年代中藥商會有夏季贈施醫藥活動，而通善壇與之合作（1944年吳禮和曾任通善壇主持），每年舉辦「夏季贈醫贈藥會」，為期一百天，平均每年求診人數多達六千人。除通善壇外，龍慶堂、雲泉仙館也成為中藥商會合辦團體或贈醫地點。[34]雲泉仙舘現存「樂善濟眾」鏡匾可資說明，其題辭云：「庚寅（1950──著者引）夏敝會成立贈醫施藥總站，並設西區分

32　1983年《香港雲泉仙館擴邊館址籌募建費緣起》，碑記存於西環香港大道西雲泉仙館。

33　引自胡文虎基金會網頁　https://www.abhfoundation.org/blank-1（擷取日期：2019年11月7日）

34　詳參謝永光，《香港中醫藥史話》（香港：三聯，1998），頁151-161。

站，蒙雲泉仙舘貴分院慨然騰讓站址（德輔道西107號---引者），助我成就……」[35]。此外，直至1970年代雲泉仙館仍組織「冬賑團」，派發寒衣、棉被。[36]現則辦學校、送跌打酒。除了主祀呂祖，現在坪輋館址可作遊覽及推廣宗教服務；皇后大道西現址則作辦事處，[37]以作理事會開會及處理文件之用。

此外，香港淪陷時期，道教團體發起救濟。如1943年嗇色園在大殿東側重開藥局，施濟貧民。同年，香港饑荒，通善壇於港島義賣餼粥，龍慶堂則於九龍大角嘴和青山派粥。當時開展義賣白粥義舉的道堂尚有香港道德會福慶堂等。[38]龍慶堂施粥賑饑，歷時兩年。[39]

三、紫靖閣：悲天憫人啓建盂蘭（創於1962年）

早年德教團體較集中在港島西環，如紫香閣、紫靖閣、紫青閣、紫高閣等，及後擴展到九龍。此因三角碼頭至西營盤一帶，是早期潮州人聚集、經商的地區之一。[40]如其中最具代表性的工商團體「香港潮州商會」，源自1921年成立的「旅港潮州八邑商會」，1945年易今名，1971年建成潮州會館大廈，亦選址德輔道西。三角碼頭是南北行永樂西街對開

---

35 鏡匾現仍懸於雲泉仙舘素食部內，見游子安主編，《道風百年》，頁190。

36 梁德華主編，游子安與危丁明等撰文《利物濟世：香港道教慈善事業總覽》，香港道教聯合會，2011年，頁21。

37 雲泉仙館現址是1983年遷入，1955-1982年館址位於德輔道西325號至329號五及六樓。

38 詳見危丁明《仙蹤佛跡：香港民間信仰百年》，香港：三聯書店，2019年，頁84-85。

39 黃功駢，〈九龍道德會龍慶堂重建落成碑記〉，《九龍道德會龍慶堂重建落成暨第八屆董事就職紀念特刊》（香港，1982），頁12。

40 〈香港潮人商業調查概況〉，載《旅港潮州商會三十週年紀念特刊》，香港：旅港潮州商會，1951年，頁 1-20。

的貨運碼頭，位於干諾道中、干諾道西與德輔道西之間三角
地帶，因此稱為三角碼頭。由於上環及西環多潮州人聚集，
此區有五個盂蘭勝會，其中以三角碼頭和渣甸橋東邊街歷史
最悠久。[41]每年農曆七月廿四至廿六日，三角碼頭舉辦盂蘭
勝會。（圖七）田仲一成指出香港開埠以後，潮籍人士以港
島西邊石塘咀等為根據地，開辦南北行。一百多年的賀誕與
盂蘭勝會等祭祀活動，無不演出潮劇以奉神靈，香港保存較
古老的潮州戲，因而潮籍人士祭祀活動也成了潮汕文化的精
華。[42]

　　紫靖閣創建於1962年，1972年向政府申請轄免繳稅，獲
政府核准為非牟利宗教慈善團體，發給免稅證明書。許瑞良
閣長訪問說，紫靖閣盂蘭近年附薦衣包愈來愈多，與三角碼
頭盂蘭勝會合作，租用化寶爐化衣。許閣長指出，現在是一
天內完成盂蘭活動（一般是農曆七月十六日），約三十年前
則與別不同，禮請法源寺仁常法師啓建整整一個月，租汽車
渡輪，上層誦經、下層化寶。[43]及後紫靖閣在西都大廈辦盂
蘭勝會，曾邀請永惺法師主持，自第二年起，由他的徒弟主
持；或由南天竺茂蕊法師主壇。[44]（圖八）近年皆由菩提學會
協助紫靖閣舉辦。[45]

　　德教源自1939年在潮陽成立的紫香閣，香港最早是
1947由潮陽至港商客創辦的紫苑閣，而德教會團體名錄、

41 《香港潮人盂蘭勝會紀念特刊》，香港潮屬社團總會，2011，頁
　　38。

42 詳參田仲一成〈二十世紀香港潮幫祭祀活動回顧——遺存的潮州文
　　化〉，文載《饒宗頤國學院院刊》創刊號，2014年，頁395-441。

43 紫靖閣許瑞良閣長訪問，現年67歲，2014年7月3日。法源寺位於
　　將軍澳馬游塘村，19500年代由比丘尼仁常法師率眾開山。

44 紫靖閣辦盂蘭勝會，茂蕊法師主壇等情況，參見劉仰文、鄭德臣
　　編輯《敷宣真理》，香港德教紫靖閣，1975，頁163-164。

45 鍾貫豪〈市區道壇的儀式與祭祀——香港德教紫靖閣的全年活動
　　個案研究（2007-2010）〉，《田野與文獻：華南研究資料中心通
　　訊》，2010年十月，頁5-7。

資訊，多見於《潮州人特刊》、《潮僑通鑑》等刊物。因此，有學者用「潮洲人的宗教」來形容德教，早年德教傳入香港之後，仍有一段時間保留這個特色，才逐漸擴及於其他方言羣之人士。香港德教團體與潮籍人士創立的道堂皆以「閣」為名，1948年成立香港德教總會，約有二十

圖七 早年西區盂蘭盛況：照片來源：盂蘭文化節2019「盆會勝影」圖片展

個閣加入總會。德教致力開展善業，包括贈醫助藥、辦學惠貧諸善舉。德教總會組織南北行商人，出資建立了一所「香港德教總會德教學校」。據1966年刊行的《香港德教紫靖閣特刊》，內有該校第十三屆畢業典禮、懇親會集會等留影相片。[46]德教學校附設於德輔道西294號德教會內，編制為中學小學。[47]此外，德教總會贈醫送藥，分設中醫部和西醫診療所。[48]

　　紫靖閣創建於1962年，是香港與新加坡的德友合作創辦的壇堂，其中兩位較關鍵的新加坡德友是鍾存仁、陳立健。鍾存仁為馬來西亞華僑，在馬來西亞做木材生意，又以生產「安南白桂油」著名（香港永福興白桂油製藥廠廠主），曾任紫靖閣第一、二屆閣長。陳立健是唯一的「統長」，他在星馬創立十八個閣並可主持開乩，他早年帶來一批新加坡閣

46《香港德教紫靖閣特刊》，1966年刊，頁47-48。
47《潮僑通鑑》第二回，香港：潮州通鑑出版社，1965-1966，頁13。
48〈香港德教總會懋遷新址〉，《潮州人特刊》，香港：香港潮僑出版社，1968，頁28。

眾，協助創立紫靖閣。[49]〈德教紫靖閣史略簡介〉一文述，
紫靖閣源於檳城鍾存仁先生其私壇永福堂，1962年奉德德社
諸佛仙真師諭，將永福堂改為紫靖閣，鍾存仁為首屆閣長，
召集南北行商人辦壇，閣址租賃上環一德樓；1965年遷至德
輔道西四邑大廈。[50]

圖八　1960年代紫靖閣在西都大廈辦盂
　　　蘭勝會，見《敷宣真理》，頁163

紫靖閣於1969
年三遷至德輔道西西
都大廈十五樓現址，
主殿分別奉關帝、太
上道祖、楊筠松、
柳春芳兩位師尊、
關帝、呂祖、李道
明、觀音、濟佛等仙
佛。1969年紫靖閣鑑
於街坊醫療福利，尤
為當務之急，所以特
在閣址大堂，分設中

醫部，聘請名醫全日駐診，開始贈醫助藥，以利貧病。1980
年，因應社會需要，首設西醫診療所，配合中西醫療善
務。1985年，為進一步方便求診人士，完成中西醫合址診療
之措施，再於德輔道西購入地鋪，地下為西醫部，閣樓為中
醫部。由於該處交通方便，求診者眾，1987-1988每年更達四
萬人，1990年代每年則達二萬人。[51]此外，紫靖閣有贈藥之
舉：如每年數次配製功能驅邪扶正，袪病延年之「協和茶」
廣贈飲用，每次配製二仟至三仟包；又購入馬來西亞生產之

49 陳立健來港參鸞，與鍾存仁合掌執乩，見《香港德教紫靖閣特
　刊》，1966年刊，頁45。

50 《香港德教紫靖閣五十五周年紀念特刊》，香港德教紫靖
　閣，2017年，頁64-67。

51 《創閣廿五週年紀念特刊》（1988）〈閣務概況報告〉，頁131；
　《香港德教紫靖閣創閣卅三週年紀念特刊》（1996）〈閣務概況
　報告〉，頁126。

風痧丸分贈坊眾閣友等。

四、大旱背景成立的六合聖室（1963年）

六合聖室位於德輔道西與威利麻街交界一幢樓宇的頂層，1972年遷入。「六合」之名，一般想到天地、天下、或上下和東南西北，此實因六位創壇之呂祖弟子而命名。六位道侶分別是梁藻智、霍嘉仁和霍聯真父子，自澳門來港，與在港何智清，及何永濟、馮智誠。霍嘉仁父子為南海人、其中何、馮兩位是從事海味、臘味業之新會人。丁景堯道長訪問中表示，12歲在協和海味打工，何智清兒子智全開協和，六合聖室未遷入現址，即在干諾道西140號協和棧房（亦用作和珍工場）奉呂祖，約1975年協和結束。[52]和珍臘味創立於1948年，由何智清、曾兆熊與馮智誠份屬鄉里（新會人）合份於上環摩利臣街開設。和珍現鋪位於德輔道西123號，與裕和、萬利隆，是現今海味街一帶僅存幾家臘味店。曾兆熊孫子曾玄明，既是和珍合股人，亦是六合聖室經懺導師。[53]

六合聖室源出廣州芳村信善堂的一支，1937年創建於廣州芳村堤岸，奉祀呂祖。廣州被日軍佔領以後，避難回南海的道侶成立了信善一分壇。日本投降以後，一些道侶在澳門成立信善二分壇，1960年代向香港發展，先後創建信善三分壇等道堂，包括1963年建立的六合聖室、1964年建立的六合玄宮。[54]六合正式立壇闡道，始於旱災求雨。1963年大旱，四

52　丁景堯道長，南海人，現年59歲，35歲入道，六合聖室都管，訪問於2014年7月21日進行。1975年之前，協和中人常請乩示經營投資之道。

53　馮景茂先生訪問，馮智誠兒子，六合聖室入道，2014年7月21日。

54　有關六合聖室的建立，詳見志賀市子著、宋軍譯《香港道教與扶乩信仰：歷史與認同》，香港：中文大學出版社，2013，頁269-270。及游子安主編，《道風百年》，頁266-271。

天供水一次，道堂設壇於圓玄學院求雨，雲泉仙舘、善慶洞等壇堂道侶誦懺。[55]而六合弟子於干諾道西斗室內（協和棧房天台），設七星祈雨壇祈雨。[56]四月初七開壇，六人齋戒七晝連宵誦經懺，赤誠一片，第七天天降甘霖。[57]（圖九）之後六合弟子積極為大眾做功德，如提供贈診送藥、普救問事服務。1972年遷入現址後，開始修建盂蘭法會；而來壇求方求符者甚眾，六合長期與萬珍藥材行（現址在大道西）合作，信眾求方，在壇內蓋印往萬珍可免費配藥。此外，1972年六月十八日，港九地區豪雨成災，觀塘安置區受災嚴重，青松觀、六合聖室等道堂前往災場為遇難者作安息法會。及後，香港佛道團體舉行超薦法會，分設佛教、道教、潮僑三大主壇及分壇，誦經禮懺，追悼「六一八」雨災全體罹難者。[58]

五、小　結

上述1920至1960年代在西區先後建立的四所道堂，加上曾駐跡太白臺之抱道堂，雲鶴山房，以及純陽仙洞、鼎信仙觀，八所道堂大多主祀呂祖（或兼祀）。諸壇堂共同的地方，除了修真，還博施濟眾，投入社會，關心眾生：香港道德會開辦義學及印善書廣教化；雲泉分舘創立時值戰亂、淪陷，施粥賑饑，光復後派飯施衣；紫靖閣贈醫助藥以利貧病；六合聖室於香港大旱，設壇祈雨。道堂可說是與西區同

55　梁德華主編，游子安與危丁明等撰文《利物濟世：香港道教慈善事業總覽》，香港道教聯合會，2011年，頁21。

56　〈四十不惑話「六合」〉，《道心》第25期（香港：香港道教聯合會出版，2002），頁26。

57　馮景茂〈「天降甘霖　道緣永續」追記六合聖室1963年大旱之設壇祈雨〉，載於蕭國健、游子安主編　《鑪峰古今——香港歷史文化論集2015》，珠海學院香港歷史文化研究中心出版，2016。

58　詳參《港九地區六一八雨災超薦法會專刊》，港九地區六一八雨災超薦法會委員會，1972。

圖九　六合聖室眾弟子設七星祈雨壇為港求雨

步成長，幾許風雨，伴隨著社區經歷大半個世紀。

後記：感謝吳耀東館長、許瑞良閣長、麥森道長、丁景堯
　　　道長、馮景茂道長接受訪問，並提供資料與協助，
　　　得以撰成此文。

打鼓嶺六約與坪源天后廟

黃競聰

長春社文化古蹟資源中心

一、前　言

　　近年，特區政府推行新界東北發展計劃，大力開發古洞、粉嶺北和坪輋三個地區，筆者把握機會走訪三區，紀錄相關歷史，深入研究之下，發現選址三區與發展香園圍／蓮塘口岸有莫大關係。本人有感新界打鼓嶺區正面臨重大的變化，對於一般社會大眾而言，新界打鼓嶺是一個陌生的地方。隨着禁區開放，它的神秘面紗將逐步為人所熟識，然而坊間有關該地區的研究仍然稀少。是次文章，希望透過研究新界打鼓嶺區前世今生，梳理打鼓嶺坪源天后廟與六約之關係，期望重構坪源天后廟的歷史。

二、新界打鼓嶺區發展簡史

（一）打鼓嶺命名由來

　　打鼓嶺三面環山，雖有河流流經，但平原谷地極少，只集中坪洋一帶。「打鼓」兩字的由來向來流傳了不同的版本，其中一個說法是打鼓嶺北面沒有任何天然屏障，冬天時

候內陸來襲的寒風發出有如打鼓的聲響，故稱此區為打鼓
嶺。[1]

　　1954年，打鼓嶺鄉事委員會投入服務，邀請了民政署長
彭德(Kenneth Myer Arthur Barnett)主持開幕儀式，致辭中曾
提及打鼓嶺的命名由來：[2]

> 　　打鼓嶺非村名，亦非山名，地圖上找不出，
> 原來打鼓嶺係一個地區之名稱，舊時係六約，隸
> 屬深圳，與沙頭角、上水原分開，人口約四千，
> 多業農，亦有磚業，全區四面係矮山，中間盤
> 地，地方雖小，可以自作自為，所謂「打鼓划船
> 靠自己」，故打鼓嶺一名實甚有意思。

　　按彭德的見解，打鼓嶺是地區名稱，以前舊稱為六約。
查最早紀錄打鼓嶺的名稱來自《新安縣志》：「俗傳風雨夜
聞鼓聲」[3]，按其分類它並非村名，而是山的名稱。[4]六約這
名稱其實源自打鼓嶺六約，乃清朝時期組成的鄉約聯盟，早
期港英政府仍沿用鄉約聯盟的名稱作為該區的統稱。

（二）打鼓嶺六約前世今生

　　1955年，打鼓嶺區鄉事委員會呈交新界民政署一份該
區村落調查報告，名為《打鼓嶺區各村單複姓源流表編造
總冊》(以下簡稱：總冊)，詳細列出打鼓嶺區各村落遷入年
代。以下從總冊整理遷海前打鼓嶺入遷的家族：[5]

1　梁炳華：《北區風物志》，(香港：北區區議會，1994)，頁38。
2　華僑日報，1956年5月3日，〈打鼓嶺會開幕〉。
3　嘉慶《新安縣志》卷四〈山水略‧山〉。
4　清初屈大均《廣東新語》：「粵俗稱山之有林者曰山，無者曰
　　嶺。」嶺者，泛指樹木較少的山峰。詳見屈大均：《廣東新語》
　　冊上，(北京：中華書局，1985)，頁65-127。
5　香港歷史檔案館：HKRS634-1-7，打鼓嶺區鄉事委員會編：《打
　　鼓嶺區各村單複姓源流表編造總冊》，1955。

村落名稱	姓氏	原居地	遷入年代
松園下	何	寶安	明朝末年
竹園	姚	惠陽	明朝末年
老鼠嶺	杜	鶴山	明正德年間
木湖	杜	江西撫州	明正德年間
新屋嶺	張	寶安	明正德年間
禾徑山	傅	博羅	明崇禎七年
坪洋	陳	五華	明崇禎年間
瓦窰下	陳	五華	明崇禎年間
坪峯	萬	五華	明朝末年
	區	順德	明崇禎年間
山雞鬱	林	東莞	明正德年間
大埔田	區	順德	明崇禎九年
李屋村	李	寶安	明正德前後

　　遷海前，打鼓嶺人口稀少，從上述資料可見，約明代末年已有宗族遷入打鼓嶺，包括：禾徑山、新屋嶺、坪洋、瓦窰下、山雞乙、李屋村、大埔田、老鼠嶺、松園下、竹園和坪峯。由於打鼓嶺區與深圳毗連，無山嶺之阻隔，以深圳河為界，往還極為方便，故該處建立的村落多從深圳、鹽田、沙頭角、興寧、惠州等處遷入。[6]清初順治年間，鄭成功佔據台灣，沿海居民屢屢接濟，清廷遂頒遷海令，從康熙元年實施，歷三次，波及江南、浙江、福建和廣東四省。[7]

6　沈思編，黃佩佳著：《新界風土名勝大觀》，(香港：商務印書館(香港)有限公司，2016)，頁108-118。

7　各省內遷十里至五十里不等，廣東為害最深。新安縣被裁，在康熙五年併入東莞縣。

香港隸屬新安縣，悉位於遷界內，自不能倖免。[8]清兵
盡把香港區內房屋拆毀，以絕居民回區之心。[9]按杜臻《粵閩
巡視紀略》對新安縣所遷之地，紀錄甚詳細，位於打鼓嶺區
內包括：香木綠圍(香園圍)、平峯(坪峯)、螺湖(羅湖)等。[10]
康熙八年（1669），清廷准許廣東沿海居民復業[11]，復置新
安縣，重設官富巡檢司。[12]香港地區位於五、六都的範圍，
打鼓嶺區位於第六都，屬於歸城鄉。[13]自遷海政策實施以
後，無損鄭成功自立於台灣，相反遷海政策不得民心，破壞
沿海經濟，甚至迫使沿海居民與反清軍隊合作。

　　復界初期，土地荒蕪，回遷的香港地區居民為數不
多。[14]康熙末年，新安縣村落共計225條，位屬五都和六都，
而重建的香港村落只有127條。自展界以後，清廷以優惠政
策吸引大批客籍人士聚居打鼓嶺，他們結合原居地建築經
驗，因地制宜，回應氣候變化，配合本地建材，構建具本土
村落和民居。打鼓嶺區回遷建村計有平源村、鳳凰湖、松園
下和山雞鬱等。按嘉慶年間出版之新安縣志載，客籍人士大
量入遷，區內村落增至336條，新增客籍村莊則有128，佔大

8　「西北自新田等村為起點，東北則以沙頭角等村為起點，南部諸
　　鄉村，皆位被遷之列，港島及鄰近各島亦嘗一度荒廢。」詳見蕭
　　國健：《清初遷海前後香港之社會變遷》，(台灣：商務印書館股
　　份有限公司，1986)。

9　《新界龍躍頭溫氏族譜》載溫煥泰之移村記中云：「……插旗定
　　界，拆房屋，驅黎民遷界內……」。

10　蕭國健：《清初遷海前後香港之社會變遷》，(台灣：商務印書館
　　股份有限公司，1986)，頁112-114。

11　居民有感周王對復界之功，錦田鄧氏建周王二公書院，上水建報
　　德祠。

12　蕭國健：《香港歷史與社會》，(香港：香港教育圖書公司，1994
　　年7月)，頁111-115。

13　蕭國健：《清初遷海前後香港之社會變遷》，(台灣：商務印書館
　　股份有限公司，1986)，頁170-182。

14　劉智鵬、劉蜀永編：《新安縣志》香港史料選，(香港：和平圖書
　　有限公司)，頁102。

部份聚居新界地區。[15]經過多年的休養生息，迄至嘉慶二十三年(1818)，整體人口上升至225,979，其中男丁146,922人，女子79,057人。[16]

以下從《總冊》整理遷海後打鼓嶺入遷的家族：[17]

村落名稱	姓氏	原居地	遷入年代
竹園	邱	惠陽	康熙年間
木湖瓦窰	江	惠陽	光緒年間
鳳凰湖	楊	沙頭角鎖羅盆	道光年間
	易	元朗白沙	嘉慶年間
	吳	沙頭角	同治年間
簡頭圍	黃	沙頭角鎖羅盆	同治年間
	陳	東莞	嘉慶年間
香園	萬	五華	乾隆初年
坪輋	曾	沙頭角	宣統年間

深圳墟成為新安縣繁盛的墟市之一，無論上水、打鼓嶺和沙頭角居民也會乘渡船到深圳墟進行買賣。沙頭角土地貧瘠，部份村民為改善生活，分遷他地，其一之選擇為打鼓嶺區，相信西遷更為便利趁墟。從《總冊》可見，鳳凰湖吳氏原居於沙頭角沙欄吓，後因生活艱難，被迫分遷到鄰近地區，如沙頭角簡頭村、沙頭角擔水坑村和打鼓嶺鳳凰湖等。又如簡頭圍黃氏和鳳凰湖楊氏原居於沙頭角鎖羅盆，同治年間先後遷入打鼓嶺區。[18]

1899年3月11日，英國政府租借新界，中英雙方分別任

---

15 蕭國健：《清初遷海前後香港之社會變遷》，(台灣：商務印書館股份有限公司，1986)，頁194-195。

16 馬金科編主編：《早期香港史研究資料選輯(上)》，(香港：三聯書店(香港)有限公司，1998年06月)，頁31。

17 香港歷史檔案館：HKRS634-1-7，打鼓嶺區鄉事委員會編：《打鼓嶺區各村單複姓源流表編造總冊》，1955。

18 黃競聰：《香港新界北區打鼓嶺之研究　─從農村到禁區》，未刊。

命新界北部定界委員，兩廣總督譚鐘麟任命廣東補用道王存善為中方委員，香港總督卜力任命輔政司駱克（Lockhart）為英方委員共同勘界，簽訂《香港英新租界合同》，確定新界位置是新安縣以南至界限街，北至深圳河，東由大鵬灣起，西至后海灣。因《香港英國租界合同》文中有「任由兩國人民來往」、「仍准兩國人民往來」等字句，是以中港邊界居民往來，一切如舊通行無阻。1951年前，中港兩地沒有設立任何出入境關卡，兩地人民自由往來。

　　打鼓嶺位於邊境地帶，與華界只有一河之隔，港英政府視之為邊防區域，並不力開發該區。英人租借新界初期，港府為了方便管治，將新界分成八約(District)，六約(Luk Yuek)獨立為一約，打鼓嶺名字尚未出現於香港政府憲報中。六約此名稱源自打鼓嶺六約，早期港英政府仍沿用鄉約聯盟的名稱作為該區的統稱。六約包括：平輋、平洋、香園、山雞窟、松園下、澗頭圍、老鼠嶺和木湖。1911年，六約隸屬北約理民府管轄，並納入上水區，村落增至11條。

　　由於邊界的劃分，是基於政治的原因，實際上邊界地區自古以來是無分彼此，被劃在英界內的鄉村農田，有很多在華界的鄉民仍照舊到英界去耕種，反之亦然，雙方邊界人民關係密切。進一步來說，根據條約，部份位於村落位置介乎中英邊界範圍，亦即使村落的領土部份劃入華界，另一部份位處英界，如打鼓嶺區羅坊村和羅湖村就面對這情況，前者在英界內另立新的村名，後者則保留原有村名。

1911年上水區人口統計表：[19]

村落名稱	男	女	合計
Shan Kai Wat 山雞乙	94	110	204
Fung Wong Wu 鳳凰湖	39	45	84

19　港政府人口統計處：《香港殖民地1911年人口統計報告》，(Census Office, Report of the Census of the Colony for 1911)，1911年10月27日。

Lo Shu Ling 老鼠嶺	98	111	209
Li Uk Tsun 李屋村	41	53	94
Ping Yeung 坪洋	162	132	294
Wo King Shan 禾徑山	27	32	59
Nga Yiu Ha 瓦窰下	31	27	58
Heung Yun 香園	18	26	44
Tsung Yun Ha 松園下	39	46	85
San Uk Ling 新屋嶺	36	36	72
Muk Wu 木湖	81	93	174

　　二次大戰後，打鼓嶺內的村落分屬上水區和粉嶺區。香港為了穩定政局，在邊境地帶設立禁區作為緩衝地帶，有效控制兩地居民交往，避開中港兩地思想的交流。1951年4月1日，港府頒布《入境管制條例》，打鼓嶺大部份地區列入禁區範圍，進入邊境區域需持有由人民入境簽發的通行證 (Frontier Pass)[20]。及後港英政府因應政治的需要，打鼓嶺區獨自組織鄉事委員會，以便更有效管理該區。按《總冊》載，新界打鼓嶺區共有19原居民村落，[21]其中位於邊境禁區內的認可鄉村：料壆、新屋嶺、木湖、瓦窰、老鼠嶺(亦稱週田村)、鳳凰湖、塘坊、簡頭圍、竹園、松園下、香園圍和下香園。[22]禁區的經濟發展遜於香港其他區域，交通不便，村民生活困苦，該地村民多以耕種為業。自上世紀五、六十年代後農業式微，很多打鼓嶺區居民選擇移居海外，造成當地

20　1951年5月25日，港府宣佈邊界地區實行宵禁。禁區界線最初在1951年6月15日根據《邊界禁區令》(Frontier Closed Area Order (Cap. 245 sub leg A.)而確立，即對新界北部邊界地區實施封鎖，市民必須有港府簽發的通行證才可進入或逗留此區。1962年5月修訂《邊界禁區令》，禁區範圍延伸到現有的禁區界線。

21　香港歷史檔案館：HKRS634-1-7，《打鼓嶺區各村單複姓源流表編造總冊》，1955。

22　方舟、張楠迪揚、陳振寧：《香港邊界禁區發展策略研究報告》，(香港：一國兩制研究中心，2010)，頁1-5。

人口稀少，土地荒廢。1979年10月4日，北區行政區成立，下分上水、粉嶺、沙頭角和打鼓嶺，合稱上粉沙打地區。打鼓嶺區的鄉政歸打鼓嶺鄉事委員會管理，下轄27條村莊，人口約有3000。[23]2008年，香港特區政府決定開放邊界禁區土地，並分三階段進行，2016年1月4日開放打鼓嶺區。

三、六約與坪源天后廟

(一) 香港天后信仰

　　天后原名林默娘，又稱媽祖，是中國著名海神之一。相傳林默娘是宋初福建莆田湄洲嶼螺鄉都巡檢林愿（或叫林惟愨）的第六女，具神通能治頑疾、通曉天文，常救人於危難中。年二十八即登仙籍，其後數顯神蹟，拯救遇溺者。在宋代歷任皇帝加封下，林默娘先後得到「夫人」及「妃」的封號。元惠宗（元順帝）至正十四年（1354）封「輔國護聖庇民廣濟福惠明著天妃」。

　　康熙二十二年(1683)，靖海將軍施琅率水師伐台灣，戰勝後上奏康熙：「澎湖之役，天妃效靈，及入鹿耳門，復見神兵導引，海潮驟漲，遂得傾島投誠，其應如響。」康熙封為天后元君，下旨全國祭祀。香港地區首座天后廟在北佛堂門，在1588年編的《廣東通志》更有記載：「官富巡檢司東有島，上有天妃廟，為南北二門，凡湖自東南大洋西流，經官富止，而入急水門，番帕至北，無漂泊之慮，故稱『佛門』。」[24]一般人士認為，這座廟宇是在咸淳二年（1266）由林氏後裔所建。

23　打鼓嶺慶祝平源天后寶誕演戲理事會：《打鼓嶺區慶祝甲午年平源天后寶誕》，頁48。

24　施志明：〈神仙也升「呢」：從關帝、天后信仰看神仙升遷〉，載入黃競聰編：《風俗演義》，(香港：長春社文化古蹟資源中心，2012年9月)，頁36-40。

　　香港的天后信眾是跨地域和族群的，無論是廣府、客家、福佬和水上人都盛行拜祭天后。農曆三月廿三是天后誕正誕，各區天后廟都會舉行慶祝活動，然而亦有不少地區的天后誕會提早或延期舉行。最重要的原因的是，賀誕活動通常有神功戲上演，但戲班的數量有限，為了遷就戲班的檔期，信眾或會調動時間。又如石澳天后宮正誕只會進行簡單的祭祀儀式，神功戲會則會延至農曆十月初才演戲賀誕。據村民相告，神功戲場地多在石澳泳灘停車場舉行，天后誕正日正是游泳的旺季，故延期至冬季舉行。

　　打鼓嶺區天后信仰非常興盛，差不多每一村均有供奉天后的神位，限於經濟能力，較少有規模的廟宇建築，天后神像和花炮的鏡架多放置在臨時鐵皮屋。比較具規模者，有坪源天后廟和木湖天后廟。木湖村建有兩進三間式，青磚砌成的天后廟，建於十九世紀，正殿供奉天后及觀音等神像，因日久失修，外牆已見剝落。正牆上懸民國七年(1918)「神恩庇祐」及「妙手回春」賀匾兩幅，左右偏殿無神像供奉，廟內無其他文物。天后廟正面磚牆為德樞祖所捐助。

(二) 坪源天后廟

　　坪源天后廟約建於雍正五年(1727)前，[25]原建坪輋以南的水流坑，當地居民見坪輋「山林茂盛，草木扶疏，加以清溪流暢，泉水成圍」[26]，是理想建廟的地方。坪源天后廟估計在乾隆廿一年(1756)遷廟於今之五洲路。該廟屬三座一體之建築，中間是天后古廟，左邊是公所，右邊是義祠。天后

25　廟內一口鑴有雍正五年的磬上的銘文：日月，天后宮　奉酬，沐恩萬門黃氏，信弟君球、伯男君龍、君瑞、孫晚善、北龍、屏吉、升吉、天歸、契男天保。雍正五年丁未歲季春吉日大敬。萬名老爐造。詳見科大衛、陸鴻基、吳倫霓霞合編：《香港碑銘匯編》，(香港：香港市政局，1986年)，頁661。

26　打鼓嶺慶祝平源天后寶誕演戲理事會：《打鼓嶺區慶祝甲午年平源天后寶誕》，(香港：打鼓嶺區坪源天后廟理事會，2014年)，頁4。

古廟供奉主神為天后,侍神順風耳、千里眼拱衛左右,廟內亦供奉觀音大士和福德老爺。

廟內藏有1976年《重修平源天后古廟碑記》:[27]

> 本廟建於清乾隆二十一年,迄今垂二百餘載矣。神威顯赫,遐邇沾德,救困扶危,閭閻蒙庥。第以年湮代遠,雖經屢修,然亦難禦風雨之侵蝕。近且棟樑剝落,磚瓦綻缺,已有礙於觀瞻,抑難保於安全。同人等有見及此,乃組會籌款重修,蒙大埔理民府轉請本港廟宇委員會撥款裏助,並獲地方人士慷慨解囊,使重修工作得以竣事。今者,廟宇巍峨,已美輪而美奐。馨香俎豆,得奉祀而永垂。行見天后神靈,恩被四境,福蔭人間。茲為崇德報功,凡捐二百元以上者,均泐以真珉,藉資留念,以誌不忘。是為記。

> 打鼓嶺區重修平源天后古廟籌委員會

> 會長:陳友才
> 副會長:梁湛
> 主席:陳任發、黃才發、陳廣才、歐連安
> 一九七六年歲次丙辰暮春

> 　　　　　　　　　　　　　陳友才撰

天后宮左方門前上刻「公所」二字,該處原是平源鄉公所,即打鼓嶺鄉事委員會的前身。公所是一所多用途室,設置桌椅用具,村民可以在公所開會議事的地,曾作為坪源鄉公所的會址。後來,打鼓嶺鄉事委員會獲批地遷至昇平學校

27　科大衛、陸鴻基、吳倫霓霞合編:《香港碑銘匯編》,(香港:香港市政局,1986年),頁792。

旁，興建新會所。1968年打鼓嶺鄉事委員會會所啟用。[28]

(三) 六約與義祠

打鼓嶺六約之村落：[29]

約	村落	姓氏	遷入年代	備註
第一約	禾徑山	傅	明崇禎七年	
	坪洋	陳	崇禎年間	
	瓦窰下	陳	明崇禎年間	
第二約	山雞乙上村、下村	林	明正德年間	
		蔡	清康熙年間	
		劉	清康熙年間	
	簡頭圍	陳	清嘉慶年間	
		黃	清同治年間	
	李屋村	李	明正德年間	
	大埔田	區	明崇禎九年 (1636)	
		彭	康熙年間	
		蔡	康熙年間	
第三約	鳳凰湖	易	清嘉慶年間	
		楊	清道光年間	
		吳	清同治年間	
	老鼠嶺又稱周田	杜	明正德年間	
		蕭	民國初年	
		何	民國初年	

28　華僑日報，1968年12月17日，〈打鼓嶺大好農田多廢棄〉。

29　蕭國健：《香港新界北部鄉村之歷史與風貌》，(香港：顯朝書室，2010)，頁73至76，香港歷史檔案館：HKRS634-1-7，《打鼓嶺區各村單複姓源流表編造總冊》，1955。

約	村落	姓氏	遷入年代	備註
第四約	松園下	何	明朝末年	
	竹園	姚	明朝末年	
		邱	清康熙年間	
	羅坊			位於深圳
第五約	香園圍	萬	清乾隆初年	
	蓮塘			位於深圳
	凹下			位於深圳
	橫江廈			位於深圳
第六約	坪輋（水圍、隔田、元下、塘坑村）	萬	明朝末年	
		區	明崇禎年間	
		曾	清宣統年間	
	塘坊	萬	明崇禎年間	
		黃	民國十六年	
	西嶺下			位於深圳

　　清代中葉以後，中國局勢動盪，地方治安不靖，遂組織鄉約聯盟，維持治安。新界村落聯盟通常以「約」命名，此等聯盟雖沒有成文法之根據，因有合約管束，故稱鄉約。鄉約組織主要以地區為主，以宗族血緣範圍為輔。此等聯盟雖沒有成文法之根據，但有鄉規習例的約束，且有訂立合約。清代乾隆年間，打鼓嶺區位處平(坪)原河一帶，故村落聯盟稱此為平源鄉或稱平源約，以坪源天后廟為祭祀中心。今坪源天后廟藏有一口乾隆廿一年(1756)銅鐘，銘文刻有「平源合鄉」明顯所指的是鄰近坪源河村落組成的村落聯盟。[30]打鼓嶺六約屬於客家、本地鄉約聯盟，勢力橫跨今深圳與打鼓嶺區，過去經常與深圳河以北黃貝嶺張氏發生械鬥。

30　59科大衛、陸鴻基、吳倫霓霞合編：《香港碑銘匯編》，（香港：香港市政局，1986年），頁670。

護國總鎮諱眾友例授英雄履
考之神位

木湖村鄰近黃貝嶺，雙方時有械鬥。按木湖村老村民憶述，黃貝嶺和木湖村曾利用「風水」互相鬥法。黃貝嶺張氏佈下風水局，企圖殺死木湖村的男丁。幸好木湖村的村民獲高人指點，以風水局大敗黃貝嶺張氏。他指出木湖村圍門前有數支橫放的柱身，聲稱是從黃貝嶺張氏祠堂搬過來的。黃貝嶺張氏風水局被破，勢力日漸衰落，及後更與附近村落對簿公堂，最終黃貝嶺輸掉官司，兼需賠錢。木湖村村民憤而拆掉黃貝嶺祠堂，把祠堂的石柱搬回木湖村。此口頭傳說無法考證，但是可以肯定在過去某一時段木湖村與黃貝嶺處於敵對的關係。[31]

　　新界村落建有義祠，多附設於廟宇旁邊，供奉因參與械鬥而殉難的護土烈士牌位。坪源天后廟義祠供奉「護國總鎮諱眾友例授英雄履考之神位」，紀念有二十三位為鄉約犧牲的六約村民。二次大戰以前，每年春分和秋分，天后廟旁英雄祠舉行祭英雄，儀式非常隆重。時至今天，祭英雄儀式已簡化，每逢春分、秋分由廟祝負責化衣，祭祀六約義士。每年農曆三月廿三，打鼓嶺坪源演戲值理會負責籌辦天后誕活動，儀式包括值理會拜神、請神、花炮會賀誕、競投福品等，並聘請戲班上演折子戲和歌星表演。

---

31 筆者認為圍門空地對出的石柱相信並非來自黃貝嶺，更有可能是屬於木湖村祠堂的建材。早幾十年前，木湖村祠堂因日久失修，整座建築物早已倒塌，建材幾無幸存。直到2017年木湖村重修落成。門前有一對聯：「南陽世澤、木湖家聲」，內供奉杜氏、任氏和黃氏的歷代祖先神位。

四、結　論

　　打鼓嶺位於新界北部邊陲地帶，其東面為沙頭角區，以西為上水區，鄰近深圳河之邊境地帶，部份地區曾劃為禁區地帶。打鼓嶺區天后信仰非常興盛，差不多每一村均有供奉天后的神位，限於經濟能力，較少有規模的廟宇建築，天后神像和花炮的鏡架多放置在臨時鐵皮屋。當中最為香火鼎盛者無疑是坪源天后廟。每年天后誕，打鼓嶺區坪源天后廟理事會禮聘尼姑開壇誦經，祭祀衛約義士。與此同時，主辦單位舉辦抽花炮儀式，鄰近地區村落都會組織花炮會，舞龍舞獅慶祝天后誕。過往賀誕期間上演為期五天的神功戲，近年因成本問題，改為歌星演唱及粵劇折子戲表演。隨着禁區開放，蓮塘口岸不久通關，打鼓嶺將會有翻天覆地的變化。

深水埗三太子宮「哪吒信仰」
——兼兩岸四地哪吒信仰初探

周蓮芬

香港中文大學文化及宗教研究系　宗教研究碩士生

一、引　言

香港地區本中國屬土，1841年中英鴉片戰爭後，香港島曾割讓與英人；1860年九龍半島併歸英人統治；1898年，新界及離島亦租借與英人，至是香港地區全歸英國管理。[1]直到1997年7月1日，英國正式結束在香港超過一百五十多年的殖民管治。

從香港開埠初期到回歸祖國至今，已經歷超過一個世紀多的變遷，回看香港百多年的殖民歷史算不上悠久，但在近年來社會的急速發展，由原先一個沿海的小島逐漸演變成為一個國際都會城市。

本文旨在，首先嘗試從香港城市的擴展，分析如何影響廟宇的興衰，同時探討為何民間信仰容易為人所淡忘；其次簡略分析通過廟宇管理可否幫助民間宗教的傳承；最後透過廟宇管理可否延續廟宇和民間宗教的生命力為課題，並以深

1　蕭國健，《探本索微——香港早期歷史論集》，（中華書局（香港）有限公司，2015年），頁2。

水埗三太子宮[2]「哪吒信仰」為例。與此同時，將考察兩岸四地的「廣東惠陽三太子宮」、「澳門柿山哪吒古廟」、「澳門大三巴哪吒廟」、「台灣新營太子宮」作為參考。

二、從深水「莆」、到深水「埔」、再到深水「埗」

深水莆是清朝期間已存在的一條村落。清朝嘉慶時舒懋官重修的《新安縣志》已提及「深水莆」，是「官富司管屬村庄」。另外，據1866年一位外國傳教士所繪的新安縣全圖，圖中沒有深水埗的名字，而只有長沙灣的名字，其對開海面則稱為清水莆。

二十世紀初年稱深水埔，如區內建於1930年的公立醫局便寫為「深水埔公立醫局」。戰後漸改為深水埗。據說其得名與一位師爺有關。二戰結束後，有英國官員巡視深水埔，陪同的翻譯師爺聽到接待者稱這裏為深水埔，便據自己的理解，將埔字寫成埗字。從此出現了字典也沒有的深水「埗」了。

已故香港歷史學者羅香林教授認為「古代越族人稱津曰步」，水津是指碼頭。據說早期深水埗大角咀之處有一石岸，為一天然的好碼頭，水位深度足夠，適宜船隻碇泊，因以得名。[3]

從歷史及地理上，深水埗是英政府於1898年以前尚未租借新界時的「邊境地帶」，是當時從港島與九龍英屬管治區接壤到清政府管治區的交界。[4]在二十世紀初期，深水埗

2　深水埗三太子宮位於九龍汝州街196-198號。廟（或宮）：廟及宮皆為祭祀神祇之地方。廟本為一般民間祀奉神靈之祭祀場所，如洪聖古廟；宮為道教神靈供奉之地，如玉盧宮。蕭國建，《香港歷史與社會》，（香港：香港教育圖書公司 1994年），頁53。

3　梁炳華，《深水埗風物志》，（香港：深水埗區區議會，2011年），頁36。

4　鄭敏華，《深水埗故事》，（香港：深水埗區議會市區更新及歷史建築保育工作小組，2011年），頁10。

區的人口只有約二千人，居民的主要籍貫為廣州及客家，以務農為主。區內最繁盛的中心只有五條街。[5]在三十年代，旅行家黃佩佳先生描述深水埔較長沙灣荔枝角兩地，繁盛得多。其地屋宇林立，街道整齊，近且新建很多樓宇，新闢很多街道。[6]他並且形容當時的深水埔已建樓宇千餘間，居民數萬，……皆商店林立。戲院則有北河及明星兩間，茶樓酒館亦多，今已為香江市鎮之一。[7]

當英國租借新界後，原先深水埗村為客家村的發展已有相當的規模，包括：興建公路、設立政府部門、平整土地、興建房屋、填海工程、渠務及水務工程、土地規劃及拍賣。基本上，在二十世紀初期的深水埗區很快便發展為商業及住宅區。[8]

三、民間信仰的傳播

清代朝廷因明朝將軍鄭成功據守台灣，謀商復明，加上沿海居民又對鄭的接濟，使清軍窮於應付。清廷為割斷對鄭氏的補給，下令實施「遷界」，強制堅壁清野，將居民內遷。康熙元年（1662年）實施遷界令，所有沿海五十里內的居民需要撤回內陸，引至田地丟棄，屋舍荒廢。及至康熙八年（1669年）下令復界，准許居民遷回原地。[9]至復界後，清廷為居民提供種子、農具、甚至學額吸引內地人入居。當時不少經濟困難、生活無依靠的客家人響應遷入，使香港地區

5　同注3，頁46。

6　黃佩佳著，沈思編校，《香港本地風光‧附新界百詠》，（香港：商務印書館(香港)有限公司，2017年），頁31。頁234。

7　黃佩佳著，沈思編校，《新界風土名勝大觀》，（香港：商務印書館(香港)有限公司，2016年），頁31。

8　何佩然，《城傳立新－香港城市規劃發展史（1841-2015）》，（香港：中華書局香港有限公司，2016年），頁88-91。

9　高添強，《香港今昔》，增訂版，（香港：三聯書店香港有限公司，2013年），頁36及38。

包括深水埗也出現了不少客家村落。[10]

　　十九世紀末，深水埗地區的神靈也漸漸地入遷及祭祀，包括有廟宇三間，分別是「關帝廟」、「三太子宮」和「天后廟」[11]。這些神靈被供奉的原因，有政府鼓勵及軍人傳入（關帝）、因天災而引入（哪吒）及隨貿易者/漁民遷入（天后）。[12]

圖一　香港深水埗三太子宮

1. 深水埗三太子宮

　　深水埗的三太子宮是香港唯一以供奉中國神魔小說中的三太子（哪吒）為主神的廟宇，[13]現時被評級為二級歷史建築。[14]三太子宮（圖一）是採傳統中國兩進式的建築形式，第一進是門廳，中間有天井，第二進是神壇。現時，廟內仍保

10　同注3，頁10。

11　關帝廟建於光緒十七年（1891年）前、三太子宮建於光緒二十四年(1898年)、天后廟建於光緒二十七年(1901年)。參見華人廟宇委員會，網頁：http://www.ctc.org.hk/b5/home.asp。

12　謝永昌、蕭國健，《香港民間神靈與廟宇探究》，（香港：香港道教聯合會，2010年），頁14-16。

13　其他奉祀哪吒非主神的廟宇有：1.大王爺古廟，翠屏邨翠樂樓後山。2.大聖佛堂，觀塘秀茂坪寶琳路。另外，天涯不曉生《奇廟》一書（2004年，頁81）記載：從前，在油塘山邊也曾有一間鐵蓋的柿山哪吒小廟，由來自澳門移民「柿山結義堂」的信眾所建，他們大都是澳門移民，到港後落地生根，就移植予原居地的信仰過來，但如今已搬遷。

14　香港古物古蹟辦事處評定為二級歷史建築（具特別價值而須有選擇性地予以保存的建築物）第411項。網頁：http://www.aab.gov.hk/b5/historicbuilding.php。

留晚清光緒年間製造的鼓和鐘，[15]記載著廟宇的歷史。

　　廟門石額題上　　三太子宮

　　左側刻有　　　　香港石行永勝堂[16]敬奉頭門石料

　　右側刻有　　　　光緒廿四年戊戌歲冬月吉立

　　廟之門聯曰　　　驅除癘疫何神也　功德生民則祀之

從這門聯字句就解說了舊日居民建廟奉祀的原由。

　　中門擋上匾額題款　至聖至靈 民國十五年孟夏吉旦

　　　　　　　　　　　　　　沐 恩弟子鄒金福敬酬

　　中門對聯曰　　民國五年仲春吉旦

　　　　　　　　聖德巍巍宇內羣生咸沾雨露

　　　　　　　　神恩蕩蕩國中黎庶盡沐威光

　　　　　　　　　　　沐 恩弟子鄺俊生偕男炳華敬送

　　雖然，廟內的對聯與匾額不多，箇中蘊藏著中國文化和歷史，也是值得細心欣賞。

　　此外，於1950-1955年間，葉問先後在深水埗大南街飯店職工總會及海壇街三所廟宇，教授詠春拳。[17]深水埗廟宇之一的三太子廟，附近居民也曾於廟裡跟師傅一起學習功夫。

2. 建廟緣起

　　1894年（光緒二十年甲午）香港鼠疫盛行，至1904年才

15　銅鐘刻有「光緒」，詳細文字參見科大衛、陸鴻基、吳倫霓霞合編，《香港碑銘彙編》，第三冊，（香港：市政局 ，1986年），頁704。然而，2016年香港廟宇文化節，現場展示的一座銅鐘刻有：沐 恩信士 廖觀勝 敬奉 三太子爺 光緒廿四年仲冬吉旦立 香港鼎新公司承辦 國泰民安。現時，這座銅鐘竟然要在三太子宮隔鄰的北帝宮裡才找到。

16　東家行為石行東主工會，名永勝堂。參見蕭健國，《簡明香港近代史》，（香港：三聯書店香港有限公司，2013年），頁112。

17　〈詠我華夏萬年春——李乾欽的「葉問詠春拳」〉，《香港商報》，2018年5月13日。海壇街三所廟宇：深水埗有三所廟宇，分別是關帝廟、三太子廟和天后廟；三廟遙遙地相靠，像一個『三角形』。

漸受控制，1929年始告平息，死亡人數達8萬多人。是次疫症最初起源於雲南，1月間蔓延至廣州，香港也受其影響，同年5月10日，本港宣佈為疫埠。[18]疫情特別嚴重，呈現「死亡之多，實百餘年來所未見」（《申報》1894年5月23日）的慘狀。[19]

　　當香港發生瘟疫，瘟疫迅速蔓延，有人歸咎於妖魔鬼怪作祟，區內客籍居民遂建議前赴廣東惠陽迎接三太子神像來深水埗區驅邪鎮妖。供奉神像出巡後，該區的瘟疫便告停止。因此，當地居民於1898年籌建三太子廟以作紀念。[20]

　　據「廟宇指南」記載，三太子廟初面海，風水位置殊佳。惟現以填海之故，轉處於鬧市之中矣。[21]根據香港史學者施其樂牧師的考證，於1915年，三太子廟在新址的工程開始，一年後完工，就是座落在汝州街196號和198號的現址。[22]

　　　　深水埗三太子廟廟誌

　　　　十九世紀末年，深水埗疫癘流行，客籍居民遂赴惠陽縣迎三太子神像到此鎮壓。其像出遊

18　蕭國健，〈1894之後三十年鉅變中的香港〉，載蕭國健、游子安主編，《1894-1920年代：歷史鉅變中的香港》，（香港：珠海學院香港歷史文化研究中心、嗇色園，2016年），頁7-8。黃競聰，〈疫患與社區：西營盤的香港熱病與鼠疫〉，載蕭國健、游子安主編，《鑪峰古今:香港歷史文化論集，2014年》，（香港：珠海書院香港歷史文化研究中心，2015年），頁147-149。

19　志賀市子，〈清末嶺南地區的鼠疫流行與教劫經之普及〉，載蕭國健、游子安主編，《1894-1920年代：歷史鉅變中的香港》，（香港：珠海學院香港歷史文化研究中心、嗇色園，2016年），頁341-342。

20　華人廟宇委員會，網頁：http://www.ctc.org.hk/b5/directcontrol/temple14.asp。

21　香港民政署廟宇小組，《廟宇指南》，（香港：民政署信託基金組廟宇小組，1980年），頁55。

22　施其樂著，宋鴻耀譯，《歷史的覺醒：香港社會史論》，（香港：香港教育圖書公司，1999年），頁222。

後，疫癘頓消。客籍人以為三太子顯聖，遂於光
緒二十四年（一八九八年），釀資建廟祀之。本
廟一九三一年歸華人廟宇委員會管理。農曆三月
十八日三太子誕，香客甚眾。

　　　華人廟宇委員會泐　一九六六年十二月一日 [23]

　　在當時醫學不甚昌明的年代，村民惟有祈求所供奉的神
祇能夠保佑合府平安，因此，眾多的香客們紛紛前往三太子
宮膜拜。

3. 民間信仰中的哪吒傳說

　　民間中的哪吒信俗，起源於唐代。在唐代所譯的密教
典籍中，哪吒是毘沙門天王五子中的第三子。[24]哪吒的漢譯
名，除了這個「那羅鳩婆」以外，還有「那吒矩缽羅」「那
吒俱伐羅」等等，都是梵語「Nalakubara」的音譯。[25]

　　到了晚唐至宋代間，哪吒逐漸被道教所吸收，成為玉帝
前的大將。[26]在元代的《搜神廣記》是本民間宗教的通俗類
書，及至明代的《三教源流搜神大全》那吒太子，根據《三
教搜神大全》的卷七：

　　　那吒本是玉皇駕下大羅仙，身長六丈，首帶
金輪，三頭九眼八臂，口吐青雲，足踏磐石，手持
法律，大㘞一聲，雲降雨從，乾坤爍動。因世間

23　科大衛、陸鴻基、吳倫霓霞合編，《香港碑銘彙編》，第二冊，
　　（香港：市政局，1986年），頁573。

24　蕭登福著，〈哪吒溯源〉，載國立中山大學清代學術研究中心、
　　新營太子宮管理委員會主編，《第一屆哪吒學術研討會論文集》
　　，（高雄市：國立中山大學文學院清代學術研究中心，2003年）
　　，頁1。

25　二階堂善弘著，劉雄峰譯，《元帥神研究》，（濟南市：齊魯書
　　社，2014年），頁320。按二階堂善弘的瞭解，哪吒最早的記錄應
　　在北涼所譯《佛所行贊》。

26　同注24，頁2。

> 多魔王，玉帝命降凡，以故托胎于托塔天王李靖。
> 母素知夫人，生下長子軍吒，次木吒，師三胎那
> 吒。……靈通廣大，變化無窮，故靈山會上，以為
> 通天太師、威靈顯赫大將軍，玉帝即封為三十六員
> 第一總領使，天帥之領袖，永鎮天門也。[27]

　　直至明代的章回體通俗神魔小說，《西遊記》、《封神演義》又在此基礎上進一步發展，尤以《封神演義》敷演更詳。用了三回篇目（第十二至十四回）敍述了哪吒出世、鬧海、殺石磯、剔骨肉還父（母）、蓮花化身、尋父報仇、被塔鎮服、重新認父等事。哪吒的形象完全是個中國古代的小英雄：手提火尖槍、臂套乾坤圈、腰圍紅色混天綾、背負豹皮囊、囊中有金磚一塊及腳踏風火輪。[28]

　　衛易萱（Barbara WITT）引述錢大昕在他的小品「正俗」中提到了小說的普遍性：

> 　　古有儒釋道三教，自明以來又多一教，曰小
> 說。小說演義之書也，未嘗自以為教也；而士大夫、
> 農工商賈無不習聞之，以至兒童、婦女，不識字者
> 亦皆聞而如見之，是其教較之儒釋道而更廣也。[29]

由此可見，民間信俗的廣傳，有賴神話傳說的流行及傳播。

　　就有關以哪吒神明作為專題研究及討論皆有，二階堂善弘的〈哪吒太子考〉〈哪吒太子補論〉、台南新營太子宮太子爺管理委員會出版的〈第一屆哪吒學術研討會論文集〉及

27　《繪圖三教源流搜神大全：附搜神記》，（臺北：聯經出版事業公司，1980年），據清宣統元年長沙葉德輝麗廔叢書本影印，頁一、329-331。

28　馬書田，《中國諸神大觀》，（台北市：國家出版社，2005年），頁638-639。

29　衛易萱，〈重評哪吒的「叛逆性」：《封神演義》的廣義文本〉，載《哪吒與太子爺信仰文化研究》，（臺南市政府文化局、新營太子宮太子爺廟宇管理委員會，2017年），頁102。

〈哪吒與太子爺信仰文化研究〉、學位論文、期刊論文等等。[30]

4. 廟宇裡的神祇

深水埗三太子宮裡供奉的神祇，除三太子哪吒神祇外，還有其他奉祀的神靈包括有觀音、包公、唐三藏、六十太歲、金花娘娘等多位為人熟悉的神祇。

圖二 「三太子」神像

4.1 孩童三太子哪吒

廟宇中央供奉哪吒三太子的神壇有三位神像（圖二）。這三位神像的名字有兩個說法：

第一個說法：他們是金吒、木吒及哪吒三兄弟

第二個說法：三位太子像都是哪吒的分身

按第二個說法比較合適，原因是神龕的大小跟三位太子像的大小比例不相符，所以估計正身在很久以前已經淹沒。[31]而且，三位太子像的法相造型同樣是孩童手持火尖鎗、乾坤圈、腰圍紅色混天綾、腳踏風火輪，神像造型並非金吒（大太子）及木吒（二太子）。

4.2 神祇「貴人祿馬」

這裡還有奉祀一尊「貴人祿馬」（圖三），就是擺放在哪吒神壇左前方的桌子上，並不起眼的木刻雕像，但其歷史及由來不詳。

根據司祝（月姐）講解，「綁馬腳」是民間習俗。父

---

30 劉韋廷，《神異與多貌－以宗教神話觀點論哪吒太子形象》，（輔仁宗教研究，第三十七期，2018年秋），頁67-69。

31 道教電視頻道，道通天地：玄來喺呢度II第二集〈深水埗廟宇〉，網頁：https://youtu.be/azYcfYocoiY。

母希望自己的孩子聽教聽話，
他們會在年初到廟內「貴人祿
馬」前，由司祝代善信為孩子
（7-15歲）向「祿馬」上香、
奉上寶燭，接著司祝會將一條紅
繩綁在馬腳上，並供奉於神前，
寓意是把馬腳綁起來之後，這孩
子會變得安定乖巧，聽教聽話，

圖三　「貴人祿馬」神像

有「貴人祿馬」扶持，不會像野馬般四處亂跑，不受控制。直
至年尾，父母返回廟內預備三牲酒禮還神謝恩，司祝會幫忙將
小紅繩剪開並將其化掉，週而復始。可惜，現今的父母們已沒
有太多奉行此舊有的習俗，而且漸見式微。[32]

4.3 金花殿與太歲殿

　　往昔，廟內的裝飾及陳設非常簡單，其中金花殿、太歲
殿的神明與現今神明的造型及擺放，均有顯著的改變，[33] 見
下列表：

殿堂	昔日神像	現今神像	備註
金花殿 （圖四）	十二奶娘、[34]穩秤仙君、花公（共14位神明）（擺放在兩層的木桌上）	十二奶娘、穩秤仙君、花公、花婆[35]（共15位神明）（放置在神壇裡）	沒有特別註明那位神明是金花娘娘或許，經過歲月的洗禮，金花娘娘神像已失掉

32　與司祝（月姐）訪談日期：2016年10月29日、香港廟宇文化節「廟宇科儀及傳統習俗展區」綁馬腳習俗分享，日期：2016年10月29日及廟內單張簡介。

33　香港電台網站，「百載鑪峰：民間信仰」，網頁：http://app4.rthk.hk/special/rthkmemory/programme/2，播出日期：1982年11月12日。

34　昔日，或許將「奶娘」當作「金花娘娘」。同注33。

35　現今，或許將「花婆」當作「金花娘娘」。同注31。

圖四　左為香港電台電視節目：「百載
　　　鑪峰：民間信仰」(截圖)，右為
　　　現時的三太子神壇及金花殿

圖五　左為香港電台電視節目：「百載
　　　鑪峰：民間信仰」(截圖)，右為現
　　　時的太歲殿及「六十太歲」神像

太歲殿 (圖五)	六十太歲，造型非常簡單，由原件木製雕刻，方型身軀包裹紅紙 神明面部塗上油漆（擺放在木桌上）	六十太歲，木製雕刻、造型威嚴的武將軍 (放置在神壇裡) 斗姆元君 (放置在神壇上)	斗姆元君稱為守護神的北斗眾星之母，也是統領群星，管理人間福禍

　　早年，雖曾加修葺，以歲月悠長煙火燻塗、粉飾剝落、
樑柱蛀蝕、殘舊不堪，由華人廟宇委員會於1985年斥資重
修。[36]現時，廟內的裝飾及擺設，估計是三太子宮於重修後顯
然的改變。

四、兩岸四地哪吒信仰初探

　　目前，在香港信奉「哪吒信仰」的善信比較少，原因可
能是廟宇所供奉的主要神祇是其他廟宇所沒有的。相對，在
鄰近地區的則較為興旺。因此，考察兩岸四地的三太子（哪

36　見廟內「三太子廟重修落成碑記」（圖六）。

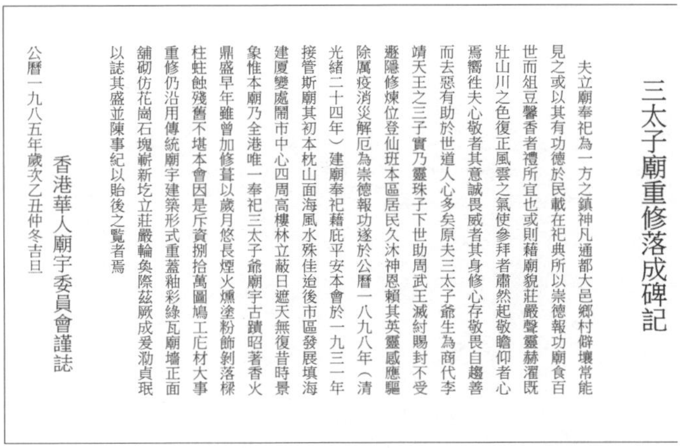

三太子廟重修落成碑記

夫立廟奉祀為一方之鎮神凡通都大邑鄉村僻壤常能
見之或以其有功德於民載在祀典所以崇德報功廟食百
世而俎豆馨香者禮所宜也或則藉廟貌莊嚴聲靈赫濯俾
壯山川之色復正風雲之氣使參拜者肅然起敬瞻仰者心
焉憍性夫人愛其意誠長威者其身修心存敬畏自趨善
而去惡其三子者乃靈珠子下世助周武王滅紂其英靈威應驅
靖天王之三子實乃靈珠子下世助周武王滅紂其英靈威應驅
避隱修煉位登仙班本區居民久沐神恩賴其英靈威應驅
除厲疫消災解厄為崇德報功遂於公曆一八九八年（清
光緒二十四年）建廟奉祀藉庇平安本會於一九三一年
接管斯廟其初本枕山面海風水殊佳迨後市區發展填海
建廈變處鬧市中心四周高樓林立蔽日遮天無復昔時景
象惟本廟為全港唯一奉祀三太子爺廟宇古蹟昭著香火
鼎盛早年雖曾加修葺以歲月悠長煙火燻塗粉飾剝落棟
柱蛀蝕殘舊不堪本會因是斥資捐拾萬圖鳩工庀材大事
重修仍沿用傳統廟宇建築形式重蓋釉彩綠瓦廟牆正面
舖砌仿花崗石塊嶄新屹立莊嚴輪奐際茲厥成爰勒貞珉
以誌其盛並陳事紀以貽後之覽者焉

香港華人廟宇委員會謹誌

公曆一九八五年歲次乙丑仲冬吉旦

圖六 三太子廟重修落成碑記

吒）廟（宮）作為參考，簡略
如下：

1. 廣東惠陽三太子宮

　　惠陽三太子宮位於廣東
惠州市惠陽區淡水體育公園
內。文革期間，廟宇給破壞荒
廢十多年，[37]1994年由台灣商
人出資重建（前殿）、2004
年在三太子宮的後方擴建觀音
殿（中殿）、2014年又在觀
音殿的後方再擴建大雄寶殿（
後殿）。而廟內一切費用皆由
惠陽兆吉鞋業有限公司（由台
灣商人開辦）承擔，不收香油

圖七 「廣東惠陽三太子」神像

37　周樹佳，《香港民間風土記憶貳》，（香港：天地圖書有限公
　　司，2005年），頁103。

圖八　「廣東惠陽三太子」寶誕 2017年攝

錢。[38]

更在2013年4月25日，惠州市人民政府公佈三太子宮為惠州市第一批歷史建築（祭祀性建築）。[39]現時，三太子宮內舊有的歷史文物，相信只剩下「哪吒」神像一尊（圖七）。

據「惠陽縣志」記載，自建國後，惠陽的寺廟、觀、庵、神龕、神牌相繼罹毀，迷信習俗一度絕跡。至20世紀80-90年代，不少地方修葺寺廟、觀、庵，求神拜佛活動隨之恢復，現今多數是婦女。[40]於考察哪吒神誕當天，三太子宮內外聚集有為數不少的婦女們正在參拜祈福（圖八），場面非常熱鬧。[41]

有關惠陽三太子宮建廟的一個故事傳說：

> 在一百五、六十年前，淡水街道下土湖村附近水田當中有塊大石頭，由於妨礙了耕作，農夫便把石頭抬到公埔埤里。但在第二天早晨，卻發現這塊石頭又回到了原來的地方，便又把它次抬走。第二天，又回到了老地方。如此反復，村民

38　重建及擴建年份的資料，由廣東惠陽三太子宮內負責管理的員工提供，擴建年份有待考證。考察日期：2017年4月14日。

39　惠州市人民政府，網頁：http://zwgk.huizhou.gov.cn//0000/0202/201608/d7ab4eb4a61c41cdb3aa6a5da200f8de.shtml。

40　惠陽市地方志編纂委員會，《惠陽縣志》，（廣州：廣東人民出版社，2003年），頁1468-1469。

41　「廣東惠陽三太子宮」考察日期：丁酉年農曆三月十八日，2017年4月14日。

問仙後得知這一塊奇形怪狀的石頭是哪吒化身，
村民認為這塊石頭一定已經通靈，便蓋廟奉祀，
稱為為三太子廟。[42]

惠陽淡水三太子宮跟香港唯一的深水埗三太子宮有著深厚淵源，就是分靈到香港驅瘟。於2004年，周樹佳先生找到在廟內留存一塊記有分靈香港史事的石碑，無人管理，被視作垃圾般棄到一旁。[43]然而，碑銘能夠提供所屬地方基層社會及地區互相關係之歷史資料。[44]可惜，這塊見證歷史的分靈石碑已散迭不存。[45]

2. 澳門柿山哪咤古廟

哪咤古廟（圖九）位於澳門哪咤廟斜巷。相傳柿山一帶柿樹林立，鄰近村童經常在古城牆水潭旁嬉戲，期間常見一陌生孩童，身

圖九 澳門柿山哪咤古廟

---

42 這個故事摘錄自網上新聞，「中國神話封神主角－三太子廟」，新惠陽報，發佈日期：2013年5月29日。(此網頁已永久失效連結)，瀏覽日期：2016年11月26日。旅行團參觀惠陽三太子宮時，當地導遊也是說出同樣的故事傳說。考察日期：2018年2月22日。

43 同注37，頁102-3。

44 科大衛、陸鴻基、吳倫霓霞合編，《香港碑銘彙編》，第一冊，(香港：市政局，1986年)，頁3。

45 「廣東惠陽三太子宮」考察日期：2017年4月14日及2018年2月22日。這兩次的田野考察，分靈的石碑總是找不到。

穿肚兜及卜髻打扮，與村童一同遊戲，並且站立於石上領導村童，雖然山陂陡斜，但並無發生意外。一日，該童突與村童道別，而山下村民及娘仔（葡籍婦人）等皆見該童腳踏風火輪離去，眾人認為是哪吒太子顯聖，於其所立石上建廟供奉，[46]是一座建於麻石上的細小神龕，而哪吒太子顯聖所站立私麻石則以「顯靈石」紀念之。1898年（光緒二十四年）善信捐資重修，在神龕外加建風雨亭，正名「哪吒古廟」。並且以廟為街道

圖十　「澳門哪吒古廟」傳承人鄭權光肚臍蓋有哪吒印符2018年攝

名，哪吒古廟是澳門唯一，共有五條街道，包括有哪吒廟斜巷、哪吒廟街、哪吒廟里、哪吒廟巷、哪吒廟圍。[47]

　　2018年農曆五月十八日是哪吒寶誕，澳門柿山哪吒古廟都會舉行一連兩天的慶祝活動，包括：神功宴（筵開三十多席）、開印儀式（眾多善信求哪吒印符）（圖十）、哪吒太子聖尊遶境巡遊（由童子扮演哪吒太子、嘉賓及善信，由柿山結義堂派出金龍醒獅護法出巡），祈求風調雨順、國泰民安，以及於民政總署大堂舉辦《認識澳門——哪吒信俗物品》。[48]

　　自1918年起，花炮會是為恭賀神誕舉辦《出巡》及《搶

46　《澳門柿山哪吒古廟紀略》，（澳門柿山哪吒古廟值理會，2011年），頁1。

47　《澳門地圖集2011》，（澳門特別行政區政府地圖繪製暨地籍局，2011年），頁79及93。

48　〈柿山哪吒古廟賀誕今啟動〉，《澳門日報》，日期：2018年6月30日。兩天慶祝活動：2018年6月30日至7月1日。網頁：http://www.macaodaily.com/html/2018-06/30/content_1276806.htm。「柿山哪吒古廟」考察日期：2018年6月30日至7月1日。

花炮》而顯生的街坊自發組織，[49]每個花炮會都各自為籌備賀誕而忙忙碌碌。現今，只剩下「結義堂」仍然肩負著哪吒太子出巡的護法工作。[50]

3. 澳門大三巴哪吒廟

十九世紀，澳門發生瘟疫期間，生活在茨林圍居民認為柿山有哪吒太子保護，希望哪吒分靈以鎮壓疫情。當時向柿山哪吒古廟情商借出哪吒太子龍牌及聖尊等，得以平定區內瘟疫，茨林圍居民為酬謝神恩，興建「哪吒廟」供善信參拜（位於大三巴旁一山坡上）。由於未有向柿山哪吒古廟歸還龍牌，雙方發生糾紛，後來出「鮮魚行」作魯仲連分別向兩間哪吒廟贈送牌匾得以平息。[51]哪吒廟創建於1888年，改建於1901年。[52]

陳國成先生的《澳門的疫症與廟宇》一文提及哪吒的神喻，令居民對哪吒除疫的神力更深信不疑：

> 百多年前，澳門曾發生一場疫症令居民生活
> 苦不堪言，特別是大三巴區之貧民有如水深火熱

---

49 歷年花炮會，見於柿山哪吒古廟值理會會址，有：容嘉樂堂、孔懷堂、傅義堂、結義堂、英偉堂、群英堂、群義堂、合勝堂、合義堂、合眾堂、合意堂、勝意堂、金蘭堂、青聯堂、青年堂、錦輝堂。考察日期：2017年12月1日。

50 同注46，頁3。其他花炮會已沒有活動或已經停止運作，現在只有歷史悠久的結義堂（創建於1921年）每年擔任柿山哪吒古廟恭賀哪吒三太子寶誕繞境巡遊護法工作。於1968年，結義堂由梅錦良、鍾祖輝、張亨、廖應昌、陸明華、梁傑生等前輩在香港籌建哪吒廟和成立長龍田結義堂。見「澳港柿山結義堂國術健身會」面書，帖子日期：2015年3月3日。另外，「澳港柿山長龍田結義堂哪吒花炮會」面書，仍然為祝賀哪吒三太子寶誕，恭請太子回澳，共沐神恩。帖子日期：2018年6月27日。

51 胡國年，《澳門哪吒信仰》，（香港：三聯書店香港有限公司，2013年），頁24。

52 〈澳門世界遺產〉，澳門特別行政區政府旅遊局，網頁：http://zh.macaotourism.gov.mo/sightseeing/sightseeing_detail.php?c=10&id=140#.XNzDeI4zZPY。

圖十一 澳門大三巴哪吒廟

之中，由於當時生活清苦，在無計可施之下惟有當天祈福求有奇蹟出現得以打救，而當時有一位善信在睡夢之中看見一孩童從天而降，腳踏風火輪，向岸前對面之山溪水施法，著其取水飲用便會痊癒，並附囑他通知鄰居飲用，都一一痊癒，當時隔鄰居住很多葡人聽聞都來取水試用，都稱奇痊癒。[53]

圖十二　「澳門大三巴哪吒廟」飄色巡遊 2018年攝

在2012年，哪吒廟側建有一間大三巴哪吒展館，介紹哪吒傳說和展示哪吒誕使用的歷史文物。館內展示了原址經考古發掘後出土的部份文物和建築殘跡，經專家推斷，此處的石砌牆基為聖保祿教堂西翼的重要組成部分，現成為了重要的歷史遺跡。[54]哪吒廟因位於大三巴牌坊附近（世界遺產歷史城區[55]的一部

53 陳國成，〈澳門的疫症與廟宇〉，載《華南研究資料中心通訊》，（香港：香港科技大學華南研究中心，第三十二期），頁29。

54 〈大三巴哪吒展館開幕〉，澳門特別行政區政府文化局，網頁：http://www.icm.gov.mo/cn/News/NewsDetail.aspx?id=10258。

55 〈澳門歷史城區〉是一片以澳門舊城區為核心的歷史街區，其間以相鄰的廣場和街道連接而成，包括22座建築及8個廣場前地。澳門特別行政區政府文化局，網頁：http://www.wh.mo/cn/site/。

份）（圖十一），固此有許多各地的善信及遊客進廟參拜，香火更為鼎盛。

　　為慶祝2018年哪吒太子寶誕，一連三天舉辦活動，包括有宗教祈福活動、飄色巡遊（圖十二）、粵劇神功戲、慈善盆菜宴以及「哪吒信仰與社會文化」論壇。其中最為吸引遊人停留觀賞的飄色巡遊，巡遊路線途徑議事亭前地（停留三十分鐘）、草堆街、十月初五街、沙欄仔、新勝街、高園街返回大三巴哪吒廟。巡遊隊伍有哪吒信俗飄色、舞醉龍、道教科儀等，此外還有來自新加坡、馬來西亞等表演隊伍，共五百多人參與。[56]

4. 台灣新營太子宮

　　明永曆十七年（1663年）祖籍福建省泉州府晉江縣的許培元、洪濟舟、何世平、周以德與李中成等五人攜奉中壇元帥神像進入太子宮庄定居開墾，並草創祠廟奉祀中壇元帥，稱為「太子宮」為廟名，地方因廟而繁盛，於是以「太子宮」作為地名，為典型「庄名沿廟稱」的情形。

　　由於太子宮歷史久遠，分香廟宇眾多且遍佈台灣各地，所以每年在太子爺誕辰的前一個月，各地分香廟就陸續組團前來進香朝拜，原廟宇已

圖十三　台灣新營太子宮(後方為新廟)

56「澳門大三巴哪吒廟」考察日期：2018年6月30日。大三巴哪吒寶誕三天慶祝活動：2018年6月29日至7月1日。澳門日報，日期：2018年6月29日，網址：http://www.macaodaily.com/html/2018-06/29/content_1276672.htm。

無法容納大量的信徒。要重新建廟時，經居民信徒及管理委員會討論，決定不拆舊廟（並保持祭祀功能），另外覓地建新廟。現今，在新營有兩座太子宮廟宇，一座是始建於1883年（清朝光緒9年）的閩南

圖十四　「台灣新營太子宮」參拜的乩童舞動五寶 2017年攝

宮廟式舊廟（後來有過幾次增建整修，但基本格局未變），一座是位於舊廟後方一路之隔的北方宮殿式新廟（1981年動工，1992年全部完工）（圖十三）。[57]廟宇的歷史、信俗及文化得以延續，並獲得臺南市「市定古蹟」。[58]

在廟外，各地進香團中的信眾，有乩童舞動五寶（七星劍、鯊魚劍、狼牙棒、月牙斧、刺球）（圖十四）、大仙尪仔、香客等陣頭擠滿新廟前空地，鞭炮及鑼鼓聲不斷響起。在廟內，信眾請哪吒神像回祖廟「過爐」（天公爐）進殿內，由廟方發給信眾一個「單」或「雙」號的牌作為區別，再將信眾的哪吒神像放置於臨時搭建在殿內的案桌上，排列

---

57 曾國棟，〈新營太子宮的歷史研究〉，載國立中山大學清代學術研究中心、新營太子宮管理委員會主編，《第一屆哪吒學術研討會論文集》，（高雄市：國立中山大學文學院清代學術研究中心，2003年），頁117-132。謝國興，〈序論〉，載《哪吒與太子爺信仰文化研究》，（臺南市政府文化局、新營太子宮太子爺廟宇管理委員會，2017年），頁4。

58 許獻平，〈新營太子宮與臺南四聯境普濟殿廟誼的前世今生〉，載《哪吒與太子爺信仰文化研究》，（臺南市政府文化局、新營太子宮太子爺廟宇管理委員會，2017年），頁73。

滿滿的大小的神尊，接受「祖廟靈力」。回駕時，按號碼牌取回哪吒神像前，再「過爐」後正式回駕。[59]

　　這五間三太子廟的資料如下：

三太子（哪吒）神誕	廟宇	建廟年份	廟宇管理	備註
農曆三月十八日（修道日）	廣東惠陽三太子宮	光緒年間1994年重建	惠陽兆吉鞋業有限公司	2013年公佈為惠州市第一批歷史（祭祀性）建築[60]
	香港深水埗三太子宮	光緒廿四年 1898年	香港華人廟宇委員會	2009年評定為二級歷史建築物[61]
農曆五月十八日（成道日）	澳門柿山哪咤古廟	1679年	澳門柿山哪咤古廟值理會	2014年列入第四批國家級非物質文化遺產代表性項目名錄－澳門哪吒信俗[62]
	澳門大三巴哪咤廟	1888年1901年改建	澳門大三巴哪咤廟值理會	2018年列入第五批國家級非物質文化遺產代表性項目代表性傳承人－鄭權光、葉達[63]　　2005年澳門歷史城區被列為《世界文化遺產名錄》，大三巴哪咤廟為歷史城區建築物之一[64]

59 「台灣新營太子宮」考察日期：2017年10月29日。感謝游子安教授推薦是次田野考察的聯絡人，使考察得以順利進行。

60 同注39。

61 同注14。

62 澳門特別行政區政府文化局，網頁：https://www.icm.gov.mo/cn/News/detail/12049。

63 澳門特別行政區政府文化局，網頁：http://www.icm.gov.mo/cn/news/detail/16483。

64 〈世界文化遺產「澳門歷史城區」：澳門的閃亮名片〉，人民網，網頁：http://culture.people.com.cn/BIG5/n/2014/0116/c87423-24133642.html。

農曆九月初九日(出生日)	台灣新營太子宮	1663年	新營太子宮管理委員會	2010年公告為市定古蹟[65] 2016年12月13日成功獲頒金氏世界紀錄大全（健力士世界紀錄大全）－認證16,319尊鑪醮神尊[66]

　　總括而言，對於兩岸四地的「哪吒信仰」田野考察，只是作了初步的探討，實際還有很多方面的議題可以作出更深入的研究，例如：台灣流行的電音三太子、三太子廟建築風格、哪吒為兒童神、哪吒神誕儀式等等。

　　有關三太子（哪吒）神誕，吳真先生認為各地不同的哪吒生日，說明瞭哪吒的「在地化」（Localization）的多種形態。而一種民間信仰的「在地化」與定型，往往是由其背後的宗教集決定的。[67]

五、城市擴展對廟宇的影響

　　香港在過去百多年期間，為解決土地缺乏，政府不斷沿岸填海造地，令海岸線不斷更新，[68]以至深水埗、長沙灣海傍總共延出1,442米（長度約有52個籃球場）。[69]經過城市的急速擴展，現時深水埗的三太子廟隱藏於高樓大廈之間，已不顯眼，香火也未能延續以往的興盛。大致分析有以下的原

65　同注58。
66　「破金氏世界紀錄　太子宮鑪醮神尊達1萬6319尊」，台灣自由時報2016年12月13日，網頁：https://news.ltn.com.tw/news/life/break-ingnews/1915964。
67　吳真，〈佛太子與男童崇拜－廣東潮州的太子爺信仰〉，載《哪吒與太子爺信仰文化研究》，（臺南市政府文化局、新營太子宮太子爺廟宇管理委員會，2017年），頁337-338。
68　同注3，〈滄海桑田·海岸線之變化〉，頁64-72。
69　余震宇，《九龍海岸線》，（香港：中華書局香港有限公司，2015年），頁211-212。

因：

1. 都市與社會族群的改變

　　昔日的客家村落，居民有務農、捕魚、飼養禽畜、經商、打工等。[70]在五十年代初，有大量的中國移民湧至香港，在山邊搭建木屋（寮屋）居住。因經歷一場大火後，政府開始發展徙置區，也是香港第一個公共屋邨（石硤尾邨）。隨著經濟發展迅速，居民對居住環境要求的提升，舊型公共屋邨便需要重建，部分居民也因為遷拆關係又再一次搬往不同地區居住。

　　司祝（月姐）表示以往前來三太子廟參拜的多為四邑人、客家人、漁民（深水埗碼頭近在咫尺）為主。因為填海關係，碼頭也需要拆卸，[71]自然少了漁民來拜神。

　　相對鄰近地區的三太子廟（宮），若是周邊地方及居民沒有太大的轉變，自然善信們大多是延續上一代的信仰繼續來廟宇參拜。甚至，台灣新營太子宮及澳門柿山哪吒古廟，其地名或街道更因廟宇興盛而被命名。

2. 市區樓宇的重建

　　市區樓宇的重建，改變了深水埗的面貌，新型樓宇相繼建成，無疑改善了居住環境。但是，樓宇重建也對靈媒行業有甚大的影響。

　　司祝（月姐）講述以往靈媒除了在廟宇裡為善信們服務，她們多住在區內的唐樓，屋內自設神壇供奉神明，為熟識的客人開壇問卜。當市區重建相繼拆卸舊式唐樓，她們又搬到廉租屋（公共房屋）居住後，也難於在住所內設壇代客

70　同注3，頁12。

71　因為地鐵荃灣綫通車，及新建深水埗碼頭遠離深水埗鬧市，使渡輪乘客不斷減少，深水埗的渡輪服務最後於1992年6月1日取消，而且深水埗碼頭最後被拆卸。同注3，頁111。

問卜；或是，她們搬離深水埗區，熟客會因路途遙遠不便前往而減少接觸靈媒；再者，靈媒大多年紀已垂垂老矣，也有些退休歸隱田園，已後繼無人。

而且，過往參拜的居民多為家人病痛問事或祈福，由「婆仔」（靈媒）代為求神解禳。後來，因著廟宇裡管理規範太多以致靈媒未能繼續操作，因而行業漸漸式微，善信也隨之而另尋地方求神問卜。

「廟宇指南」裡也曾指出，

> 在上世紀八十年代，善信泰半為家庭主婦，以四邑人士居多，參神而外，兼喜問米，藉通靈幽冥，卜先人之境遇，及問行人之近況。惟彼輩專事問米，不祀神而祀鬼，廟堂之肅穆，亦消為之乏損矣。[72]

就是這樣，靈媒行業自始風光不再，善信們前往參拜也漸漸減少。

3. 社區店鋪的轉變

司祝（月姐）憶記從前社區有新店鋪開張，並舉行開幕舞獅儀式，舞獅隊伍會到三太子廟參拜，祈求店鋪生意興隆。現時，新店開張也沒有甚麼舞獅隊伍慶賀，更可況說要到廟裡參拜祈求呢。

上世紀七十年代，政府認為武館為罪惡溫床，並且開始草擬立例管制。[73]以往，武館是普遍香港教頭授武營生的場所，他們收費安排舞獅隊和麒麟隊出席節慶、婚禮和店鋪開

---

72 同注21。

73 〈武館為罪惡溫床　政府擬立例管制〉，《工商日報》，1977年4月17日。

幕儀式。[74]目前，根據《簡易程序治罪條例》（第228章）第4C條，任何人在公眾地方組織或參與舞獅、舞龍、舞麒麟或任何附隨的武術表演，除非已獲警務處處長發出許可證或豁免，即屬違法。再者，在申請許可證時，警方參加者繳交身份證副本，又要參加者授權警方查閱刑事紀錄。[75]對申請需時及要求審批嚴謹，舞獅熱鬧情況已是今非昔比。這樣，新店開張舞獅慶賀多少也許有所影響。

六、廟宇管理的影響

廟，本義是供奉祭祀祖先的場所。隨時代的發展，廟的意義亦不斷改變，成為專指供奉神祇的地方。1928年，以制裁及防止侵吞廟宇管理權為由制定的《華人廟宇條例》，對廟宇的管理進入一個新的階段。[76]事實上，廟宇管理的模式也影響著民間信仰的發展。

1. 招標任命司祝

深水埗三太子廟初期為客籍人士所組織之神功值理主持，1931年歸華人廟宇委員會管理。[77]據1930年，香港華字日報的新聞報導，有關「開投深水埗三太子廟司祝記」，司祝一職是通過公開招標任命，當年結果為出價每年二千五百

74　麥勁生，〈1970年代香港政府管制武館的始末和影響〉，載「香港的歷史與社會研究」國際學術研討會籌委會編，（「香港的歷史與社會研究」國際學術研討會籌委會，2017年），頁204。

75　〈為舞龍舞獅表演除污名——警方應廢除許可證-查案底制度〉，《香港01》，2018年11月1日，網頁：https://www.hk01.com/01觀點/253898/。

76　危丁明，〈《華人廟宇條例》與香港廟宇管理〉，載游子安、卜永堅主編《問俗觀風 – 香港及華南歷史與文化》，（香港：華南研究會，2009年），頁157。

77　同注21。

元的最高者為文武廟司祝投得。[78]其後,在香港日佔時期,部分廟宇的投價升幅已十分顯著,其中三太子廟的投得價,在兩年間已高出接近九倍。[79]售出的司祝,負責日常營運廟宇,以出售香燭等拜神物品,從事簡單法事、解簽等圖利。[80]而善信的香油奉獻則全歸華人廟宇委員會。

華人廟宇委員會按條例規定運用所有收入,包括進行傳統儀式、廟宇維修開支、盈餘撥入華人慈善基金。同時,華人廟宇委員會又被賦予酌情決定權,以決定某華人廟宇的傳統儀式為何、為某項認可目的可動用的款額以及可撥入華人慈善基金的盈餘的數目。[81]

司祝,原義是指祭祀中致禱詞的人或廟宇中管香火者,在《華人廟宇條例》則變成了一個職位。顯然,通過招標任命司祝制度,原本應該成為成本支出的廟宇日常管理,變成了華人廟宇委員會的重要收入來源。[82]

2. 寂靜慶賀神誕

司祝(月姐)坦誠地表示,每年的三太子神誕沒有大肆舉行甚麼慶祝,跟平時的日子一樣,沒有特別的慶祝儀式。這間廟宇只是小本經營(出價投標),政府又沒有任何津貼,只有華人廟宇委員會才有能力去主辦,否則在沒有資金及缺乏人手的情況下,誕期舉辦活動,實在是勞民傷財、是

---

78 〈開投深水埗三太子廟司祝記〉,香港華字日報,1930年3月27日。(感謝沈思先生提供剪報資料)

79 陳智衡,《太陽旗下的十架:香港日治時期基督教會史(1941-1945)》,(香港:建道神學院,2009年),頁136-137。三太子廟投標於1943年的205元和1944年的1,800元(以軍票為金額為單位)。

80 危丁明,《香港地區傳統信仰與宗教的世俗化:從廟宇開始》,(《世界宗教研究》期刊,2013年第1期),頁57。

81 第153章《華人廟宇條例》,第8條。

82 同注76,頁167-168。另外,華廟會直轄廟宇截止2018年3月31日止年度收支表,參見網頁: http://www.ctc.org.hk/download/income_and_expenses_1819.pdf。

吃力的，況且還需要向華人廟宇委員會事先申請。2018年是三太子廟建廟120周年，當天三太子寶誕雖然沒獲得有任何資助，司祝（月姐）仍然自資費用舉辦簡單的神誕慶典，參與信眾有數十人，還特別邀請台灣多位信眾前來賀誕，更制作「風火輪」飾物送贈友好來賓。同樣，2019年三太子誕，參與的信眾依然有數十人，有些信眾是初次參與或適逢其會入廟拜神。慶賀程序，首先由喃嘸師傅頌經及帶領信眾參拜，沒有敲鑼打鼓的舞獅場面，非常隆重而簡單，這算是神誕慶賀的環節。[83]

　　對比昔日，三太子寶誕的熱鬧情況，以下報章[84]也有刊登：

2.1 「華僑日報」一則廣告（連續刊登6天），由一間深水埗街坊所經營的公司刊登廣告，有關戲棚出演中國戲曲「深水埗演戲……恭祝三太子宮寶誕……連演四日五夜通宵全棚生花悅目電火輝煌……」;[85]

2.2 「香港工商日報」的頭版新聞也報導，有關「……荔道旁地，蓋戲棚一座，……容人數千，藉以慶祝三太子誕云。……奔赴戲棚，絡繹不絕，……其後至者，興額滿見遺之歎。……一年一度之熱鬧，港地少有。……」[86]

2.3 「香港工商日報」一則報導，有關「深水埗三

---

83 「深水埗三太子宮」考察日期：2018年5月3日及2019年4月22日。(三太子誕為農曆三月十八日)

84 感謝沈思先生提供剪報資料。

85 〈深水埗演戲〉，《華僑日報》，1929年5月13日至1929年5月18日，共刊登6天。

86 〈深水埗一年一度之熱鬧〉，《香港工商日報》，1929年5月25日。

太子廟哪吒木偶亦出游泳……每屆端陽節，
附近居民於凌晨五時即蜂擁而至廟內……將
木偶抬入海中泅泳，歷時頗久，復登陸，
即遊行深水埗各街道，……或爭抬入屋內拜
神，……今年雖值不景，但觀昨晨情狀，其
熱鬧猶未殺也；[87]及

2.4 「香港華字日報」一則新聞報導，有關「深水
埗仍有「菩薩」出遊……各街坊爭相膜拜霍
亂症雖日減，……前夜長沙灣荔枝角深水埗
一帶，又有迎接當地廟宇之所謂「三太子」
神像……出遊。[88]

3. 廟宇的生命力

按《華人廟宇條例》，任何人均不得為該廟宇或與該廟
宇相關的目的而向或企圖向公眾募捐、呼籲或提出要求。[89]
在廟宇裡，神前香火的日常開支不少，條例禁止向公眾籌募
這些傳統上由信眾資助的費用，目的明顯限制這些廟宇的發
展規模。[90]因此規定，信眾就不能提出任何資助而舉辦哪吒
神誕的慶祝活動，無疑減弱廟宇的宗教傳播機會及信仰的傳
承。

危丁明博士更指出，華人廟宇委員會依投標所得交由
廟祝經營，廟祝卻無設法延續或擴大廟神信仰之責。實際
上，華人廟宇委員會的管理科層化，其中使經營走向標準化
的同時，卻削弱了信仰文化本身應有的多樣性和豐富的生命

---

87 〈深水埗三太子廟哪吒木偶亦出游泳〉，《香港工商日報》
，1936年6月24日。

88 〈深水埗仍有「菩薩」出遊〉，《香港華字日報》，1940年10月1
日。

89 第153章《華人廟宇條例》，第13（2）條。

90 同注76，頁164。

力。[91]

相反，在香港一水之隔的澳門，有報章報導：

> 兩座逾百年甚少往來的哪吒廟，在國家非
> 物質文遺政策呼籲下，共裹議題、聯合申報「哪
> 吒信俗」，體現出和諧與共融。申報成功，兩廟
> 值理會深受鼓舞，更進一步加強推廣與傳承澳門
> 本土歷史文化，共同做好保育工作，傳揚哪吒文
> 化。[92]

在2013年，澳門郵政特別於哪吒誕當天，以『哪吒信俗』為題發行新郵品，以彰顯澳門獨特义化及保護成果。[93]

每年，兩廟值理會還各自邀請海峽兩岸團體參與賀誕活動，促進哪吒文化交流，顯然地是延續了廟宇的生命力。

七、結 語

過往，村廟往往由鄉村中的頭面人物組織值理會，承擔起村廟的保護維修、重建擴建、管理四時香火、廟會醮會等等。[94]總而言之，各地的「哪吒信仰」發展各自有所不同，管理者也有各自不同的偏重，這樣也影響廟宇香火的興旺。正如，澳門兩（哪吒）廟皆由值理會負責廟宇管理。於2018年，柿山哪吒廟值理會應邀出席海峽兩岸哪吒文化交流活動、[95]大三巴哪咤廟值理會舉辦「哪吒信仰與社會文化」論

---

91 同注76，頁171。

92 〈333年哪吒信俗成非遺〉，《澳門時報》，2012年7月5日。網頁：http://macautimes.cc/news-cd.asp?id=5004。

93 〈『哪吒信俗』郵品之發行〉，澳門郵電。網頁：https://philately.ctt.gov.mo/XVersion/News.aspx?pm=452。

94 同注76，頁158。

95 〈柿山哪咤古廟賀誕今啟動〉，《澳門日報》，2018年6月30日。網頁：http://www.macaodaily.com/html/2018-06/30/content_1276806.htm。

壇，更籌設民間信仰研究學會，促進學術交流、研究、文化
傳承，研創各類旅遊產品及推出哪吒信俗文創產品。[96]台灣
新營太子宮的管理委員會，致力於學術活動方向，在十四年
間舉辦了兩屆哪吒信仰國際學術研討會，更在會後將會議上
發表的論文集結為論文集出版，對後來的相關研究提供入門
基礎。[97]事實上，值理會及管理委員會作為傳統管理的體制
裡，他們可以有效地延續廟宇和民間宗教的生命力。然而，
廣東惠陽三太子宮受宗教自由限制，並沒有甚麼推廣「哪吒
信仰」，但仍然有許多的香客來參拜，廟裡的一切開支皆由
台灣商人負責。

　　從前，地方宗教活動是環繞著地方廟宇內供奉的神祇
來進行，居民透過民間宗教活動把地方社會組織起來。[98]然
而，昔日興旺的深水埗三太子宮由傳統鄉村的地緣、血緣、
工緣、機緣等等因素構成。當遇上，香港社區的急速發展，
深水埗三太子宮的宗教活動與社會組織已沒有任何關聯。最
終，又因信眾他遷，「哪吒信仰」也漸漸地為人淡忘了。

　　綜觀，華人廟宇委員會在擔任廟宇管理的工作，從以
往村廟的傳統管理，演變到今天科層化的現代管理模式，無
疑有效延續香火蕭條的廟宇的生命。還使廟宇落在了同一的
競爭平面上，以廟神的靈驗為基礎，交通的便利，信仰活動
的效應，廟祝所提供的信仰服務等等商業條件均成為取決經
營成敗因素。[99]除此之外，廟宇緣起的傳說故事更具有趣味

96 〈戊戌年哪吒太子寶誕〉，《澳門焦點報》，2018年6月29日。網
　　頁：http://www.mcfocus.com.mo/main.jsp?jid=196&lid=994。

97 謝國興，〈序論〉，載《哪吒與太子爺信仰文化研究》，（臺南
　　市政府文化局、新營太子宮太子爺廟宇管理委員會，2017年），
　　頁4-6。

98 廖迪生，〈「護國庇民」的天后：香港民間宗教活動個案研
　　究〉，載《民間神祇巡禮》，（教育局，2008年），頁36。網
　　頁：https://www.edb.gov.hk/attachment/tc/curriculum-development/
　　kla/pshe/references-and-resources/ethics-and-religious-studies/pop_
　　religion_liu.pdf。

99 同注76，頁167。

性，雖然這些傳說難以考證，但信眾們仍然樂意傳頌，使關乎廟宇的歷史故事增添色彩。

若然，從實際管理工作及撇開商業考慮之下，華人廟宇委員會是否就可以將廟宇文化承傳及推廣；或者，是否就可以延續廟宇和民間宗教的生命力，是值得思考。

八、後 記

本文得以撰成，銘感深水埗三太子宮司祝月姐、澳門柿山哪咤古廟值理會執行主席鄭權光先生、澳門大三巴哪咤廟值理會會長葉達先生、常務副理事長林彩英小姐、台灣新營太子宮前主委王獻彰先生、柯鴻章博士及游子安教授協助，謹致謝忱。

廣東酥醪觀道侶與香港歷史之關連
——從蓬瀛仙館創館道董說起

樊智偉

珠海學院中國文學及歷史研究所博士班研究生

一、前　言

　　十九世紀末年，道教信仰開始從廣東傳入香港及建立道堂，其中可以考究的是1883年羅浮山道士羅元一到大嶼山鹿湖創建純陽仙苑。同樣是來自羅浮山的道脈，1891年創立的澳門呂祖仙院是來自羅浮山朝元洞；同時期傳入香港的先天道堂，則多來自廣東清遠。不過，要說到最早傳入香港的全真道堂不得不提蓬瀛仙館，現時學界多集中在廣州三元宮與蓬瀛仙館的關連。本文將從蓬瀛仙館的〈創建蓬瀛仙館道董芳名〉記錄及〈蓬瀛仙館創建道董題名記〉碑記為引子，勾勒出當年創建道董之中，亦有來自廣東羅浮山酥醪觀，而且是當時晚清的遺老，[1]並曾來過港澳及留下不少足跡。另外，二十世紀初亦有一些酥醪觀弟子來到香港發展事業，為傳統

1　遺老，是指中華民國建立後依然效忠清廷的「遺民」，胡平生指出：「所謂遜清遺老，絕大多數是漢人，僅有極少數的漢軍旗人。民國初年，他們都深抱亡國之痛，散居於全國各地……悲憤的程度不下於喪失『祖業』的滿洲人。眷懷繫念，無以復加。」(胡平生：《民國初期的復辟派》。臺北：學生書局出版，1985年，頁53—54)

國學盡一份力，本文亦會探究。至於為何酥醪觀有這麼多文人墨客？這又不得不提到陳銘珪，而本文將會串連各人的事跡和交往，並帶出他們與香港歷史之關連。

二、蓬瀛仙館創館道董考

從蓬瀛仙館的〈創建粉嶺蓬瀛仙館碑記〉(1937年立) 可知，蓬瀛仙館是由「三元宮住持麥星階」與「自修龍門正宗道人何近愚、陳鸞楷」同遊香港而選址創建的。麥星階住持，道號宗光，乃全真龍門派第二十三傳弟子，從〈創建粉嶺蓬瀛仙館碑記〉(1937年) 記及「三元宮住持麥星階」，及黃佩佳的《香港本地風光》引「(1931年1月15日)　麥君，番禺人，學道已三十餘年，前曾住持越秀山麓的三元宮，歷時很久。去年因友人之邀，始來港擇地。」[2]可知麥星階早於19世末向道，因友人邀請而來港覓地住持。

另外，現時也很難證實〈創建粉嶺蓬瀛仙館碑記〉所指的「自修龍門正宗道人」的何近愚、陳鸞楷就是指三元宮的道侶。按〈蓬瀛仙館創建道董題名記〉(1950年立)顯示的道董道號，有七十位道董亦屬「宗」字輩，但不代表所有人也像麥星階 (宗光) 一樣來自廣州三元宮，如道董阮禪興 (宗潛)便是於「民國庚午 (1930年) 入道於蓬瀛仙館」。[3]不過，這裡又衍生另一問題，如果麥星階是蓬瀛仙館第一任住持，而阮禪興是在蓬瀛仙館入道，那阮之道號不應該與麥星階住持一樣同屬二十三代「宗」字輩。又，八十位道董之中有六位是第二十四代「誠」字輩，他們又是否較阮禪興更遲入道？蓋1950年代豎立的〈蓬瀛仙館創建道董題名記〉才顯示各道

2　黃佩佳：《香港本地風光》。香港：商務印書館有限公司，2017年，頁257。

3　何近愚於1932年曾在阮禪興遺像兩邊寫上阮公的生平事跡，文字見於〈建堂紀念阮禪興〉，載於《粉嶺蓬瀛仙館金禧紀念擴建大殿落成特刊》。香港：蓬瀛仙館出版，1982年，頁123。

董道號，而早期的碑記均沒有刻上道號，故不排除有部分道董如阮禪興一樣是蓬瀛仙館創建後才於香港入道的。因此，八十位道董並非都是來自廣州道教弟子。[4]即如東亞銀行創辦人之一的陳澄石、曾任東華三院總理的黃椒蕃 (1916-17年) 及周頌朋 (1917-18年) 三位道董便是定居香港，[5]應該不是在廣州入道皈依的。

　　無論如何，麥星階應是來自三元宮的，現時蓬瀛仙館便保留三元宮帶來的法器、水陸畫和經書；[6]而日後蓬瀛仙館的道號排序也是由「宗」字展開，所以蓬瀛仙館的創建與廣州三元宮始終是有莫大關係的。此外，在創館道董之中有不少是著名的社會賢達。按學者游子安於〈粉嶺地區祠觀與香港早年道教源流〉引1977年4月《華僑日報》一段內容：

> (1928年)廣州江防令何近愚，江防艦長蘇壽祺，廣東廣西花尾大渡總辦蘇耀宸，公安局孤兒院、嶺南學校懲教場等大機構之伙食供應部主任王達堂，廣州一德路著名海味經理梁綺湄，一德路海味發行業同業公會理事長謝緝文等六位善信，經常聯翩來港，下榻於粉嶺安樂村李道明家中。七人志同道合，發覺仙館現址山明水秀……[7]

　　除以上七位，蓬瀛仙館的創館道董可考的還有廣東陸軍速成學校校長孔昭度、黃埔陸軍軍校教官阮禪興、廣東十一軍軍官教導隊張篤初、廣東諮議局議員劉冕卿、國民政府

4　「80位道董都是來自廣州道教弟子」之說法見蓬瀛仙館「香港全真道堂科儀音樂電子資料庫」網頁：http://www.daoistmusichk.org/zh-hant/taoist-ritual-music/temple-introduction

5　翻查香港東華三院的網頁資料，蓬瀛仙館道董之一的黃椒蕃是東華三院(1916-17年)總理，而周頌朋亦是東華三院(1917-18年)總理。

6　同注4。

7　載於陳國成主編：《粉嶺——香港地區史研究之三》。香港：三聯書店出版，2006年，頁148

省糧食管理局黃鐵真、福軍軍需處長楊達三、利豐公司創辦人之一的李道明、周藝興織造廠創辦人周頌廷、長沙益陽礦山經理梁端甫、晉昌號創辦人及東亞銀行創辦人之一的陳澄石、住在廣州毓桂二巷的西關紳士潘壽楎、九江水塾師黎麗生、人像畫家吳鏡明、嶺南派畫家周朗山等。[8]從上可見，當時有不少創館道董都是非常有名望的，而且軍、政、商、文化界也有，這在創建香港道觀的歷史來說是罕見的。能夠召集眾多名人捐獻，這與何近愚等人的落力募捐不無關係；而何是廣州江防令，認識江防艦長蘇壽祺等軍政界人士自然不為奇。不過，蓬瀛仙館的眾多創辦道董之中，並不是所有人也去過香港及見證蓬瀛仙館的創建，因為大部分都是麥星階、何近愚、陳鸞楷在「旋省後，即約同道伍叔葆、汪憬吾、王達堂、蘇壽祺、蘇耀宸……創議籌款」及「湊集巨資」，在廣東集資而已。[9]

　　另外，道董之一的周朗山 (宗朗) 是蓬瀛仙館第四任住持 (1940-1941年)，亦是民國「清遊會」創辦人之一。[10]按民國三十三年三元宮《廣東省廣州市粵秀山三元宮歷史大略記》記述：「民國三十二年　(1943)，住持周宗朗、何誠端發起，在宮募化護法，歐陽霖等極力贊助，謹於是年癸未三月二十一日辰時，卜吉重修，後山修復玉皇寶殿，東隅修復祖堂、祿

8　以上部分資料參考自《粉嶺蓬瀛仙館金禧紀念擴建大殿落成特刊》(香港：蓬瀛仙館出版，1982年)。

9　見蓬瀛仙館的〈創建粉嶺蓬瀛仙館碑記〉(1937年立)。

10　「清遊會」是革命派文人陳樹人、高劍父及高奇峰兄弟於1923-1924年間發起的文社，經常宴遊聚集、賦詩繪畫，同好結緣，並推動國學。陳伯陶、張學華、朱汝珍等晚清名宿亦常吟啩從遊。東莞市可園博物館於2017年8月11日至10月25日舉行「繼往開來──嶺南名家周朗山先生詩畫展」，內有提到周先生是嶺南畫派創始人高劍父、陳樹人等前輩為同窗摯友；更與高、陳諸前輩組織清游會，定期雅集，論詩作畫，活躍于廣州畫壇。趙少昂亦是清遊會成員，與香港道教關係密切，現時蓬瀛仙館便保留一幅1982年的趙少昂畫作──《翠竹鳴蟬》圖。

位堂。春秋兩祭……」[11]可見周朗山後來回到廣州擔任了三元宮的住持，這是繼麥星階之後第二位曾擔任兩地的住持。

　　此外，近年學術界研究香港道教史，會比較關心蓬瀛仙館與廣州三元宮的關係，罕聞與酥醪觀有何淵源。[12]從蓬瀛仙館於1950年建立的〈蓬瀛仙館創建道董題名記〉碑記看，八十位創館道董中有四位是「永」字輩，與其他七十六位的「宗」及「誠」字輩相差一大段距離。蓋蓬瀛仙館第一任住持是麥星階，道號宗光，當時同輩的多是來自廣州三元宮；而四位「永」字輩的創館道董伍銓萃 (永覭) 太史、張學華 (永閶) 太史、黃誥 (永通) 太史、汪憬吾 (永覺) 知縣都是來自廣東酥醪觀，四位都是晚清的遺老，而前三位更是進士出身，社會地位甚高。按〈蓬瀛仙館創建道董題名記〉(1950年)　排前四位是張學華、黃宣廷、伍銓萃、汪憬吾，而〈創建粉嶺蓬瀛仙館引〉(原刊於《蓬瀛仙館組織大綱及章程》)排第一位的是伍銓萃，住持麥星階反而是排行第二。又〈創建粉嶺蓬瀛仙館碑記〉(1937年)　引「旋省後，即約同道伍叔葆、汪憬吾、王達堂、蘇壽祺……」排第一、二位是伍銓萃及汪憬吾，這個排列方法應該不是偶然，有可能與他們的名望有關。

三、四位來自酥醪觀的蓬瀛仙館道董與香港之因緣

(1) 伍銓萃

　　伍銓萃(1863—1932)是廣東新會人，字榮建，號叔葆，

11　此碑存於廣州三元宮碑廊。

12　學者游子安早已提到：「創館捐助蓬瀛仙館道董之一張學華 (1863-1951)　則是前清翰林……陳伯陶、張學華兩人尤其潛心道教，他們的道脈傳承自羅浮山酥醪觀一系。」陳國成主編：《粉嶺──香港地區史研究之三》。香港：三聯書店出版，2006年，頁146-148。

道名永選。光緒十八年（1892年）進士，歷任翰林院庶起士、國史館協修官、雲南鄉試副考官、起居注協修官、國史館纂修、編輯光緒政要纂修官和英武殿協修官等職，與慶親王奕劻、大學士張之洞都有交往，是廣東名士之一。[13]1905年廣東著名寺院長壽寺發生了寺僧、士紳、學董的鬥爭，廣州辦學紳董強借該寺房屋創辦新式學堂，最後更拆寺及變賣充公。伍銓萃當時應長壽寺僧的要求與官紳幹旋，最後遭時任署兩廣總督岑春煊批評：「聲明實係案外牽涉，並無主使，請嚴究誣捏可耳，又何必鋪敍商業學堂如何僱用洋人，及以前如何演說滋事，直以此次毀學均由商業學堂激成？」[14]可見伍銓萃早年在廣州已積極關注宗教事務，而且敢於與官紳抗爭。

據黃佩佳於《香港本地風光》記述，1931年蓬瀛仙館藏有「摹臨得來的焦山四寶，它們是〈焦山周鼎銘〉、〈唐廣明元年道德經〉、〈焦山西漢定陶鼎〉、〈焦山梁天監瘞鶴銘〉。這四樣繪筆精微，每幅都有伍銓萃的題跋。好研究小學的，這也是有價值的參考品。」[15]除了〈焦山西漢定陶鼎〉，其餘三幅繪筆現在仍存於蓬瀛仙館中。其中〈唐廣明元年道德經〉上題有：「焦山四寶永鎮山門。庚午夏月孔公豁道友，自焦山歸攜四寶，鎮蓬瀛仙館道場，亦一韻事，屬其友伍銓萃為之記。」下款題：「庚午(1930年)七月初三日鞏道人伍銓萃宿蓬瀛仙館，因題。」孔公豁，就是蓬瀛仙館道董之一的孔昭度，這裡清楚指出了1930年夏月孔昭度從江蘇省鎮江的焦山，南下蓬瀛仙館，並攜帶了四幅圖來；而七月初三日伍銓萃暫宿於蓬瀛仙館，孔昭度囑咐了他的朋友伍銓萃為此四圖題字。

13　參考秦國經主編：《中國第一歷史檔案館藏·清代官員履歷檔案全編》(8)。上海：華東師範大學出版社，1997年，頁280-281。

14　《粵督批長壽寺毀學案》，《申報》。1905年5月21日，第9版。

15　黃佩佳：《香港本地風光》。香港：商務印書館有限公司，2017年，頁258。

　　伍銓萃於1930年農曆七月居於蓬瀛仙館，而蓬瀛仙館是「至庚午(1930年)仲夏，草創落成。」[16]仲夏即農曆五月，伍銓萃是在仙館剛落成而暫住的。按吳灞陵《香江勝境・萬松嶺下有蓬瀛》(1965年5月20日)　載：「大殿門聯寫著：『彭澤棄官，羲皇高臥；輞川捨宅，圖畫天開。』是伍銓萃的手筆。」[17]可惜今天對聯已沒有記下伍的名字，相信是他暫住時留下的作品之一。

　　除了蓬瀛仙館，伍銓萃於香港青山寺的「回頭是岸」牌坊亦留下對聯作品：

伍銓萃題〈唐廣明元年道德經〉(蓬瀛仙館藏)

岸泊屯門幸我輩附韓子題名卜異日山河並壽
亭觀海月歎此地無坡公遊跡問何年笠屐重來

　　有說法表示，伍銓萃曾跟隨廣東著名武師黃飛鴻學武，並送詩給黃飛鴻稱讚其武技：「寶劍騰霄漢，芝花遍上林」，日後黃飛鴻之醫館「寶芝林」便由此詩而來。[18]

(2) 張學華

　　張學華　(1963-1951)，是廣東番禺人，字翰三(又作漢三)，道名永闇，晚號闇道人。光緒十六年（1890）參加光緒庚寅科殿試，登進士三甲八名。同年五月，改翰林院庶起

16　見蓬瀛仙館的〈創建粉嶺蓬瀛仙館碑記〉(1937年立)。
17　轉載自《蓬瀛八十》。香港：蓬瀛仙館出版，2009年，頁35。
18　見劉智鵬編著：《屯門歷史與文化》。香港：屯門區議會，2007年，頁53。

士。光緒十八年 (1892) 五月授翰林院檢討。[19]「壬子 (1912年)，五十歲。公 (張學華) 注羅浮酥醪觀道籍，道侶陳永燾為介」，[20]即入道羅浮山酥醪觀。此外，張學華尊稱酥醪觀住持陳教友為「私淑」，即未親受業而宗仰其學，並以之為榜樣。在《長春道教源流·跋》云：

> 自滄桑後，游心方外。私淑友珊陳先生(陳教友)，竄名道籍。顧於玄門要素　，茫然無所知也。戊午(1918年)秋，燾公道長　(陳伯陶)　以先生所輯《長春道教源流》見示，受而讀之，乃知全真一教……餘以闇陋之姿，親拜列真之庭，而聞道恨晚，讀是書益自愧也。羅浮酥醪觀十八傳弟子張永闇謹跋。[21]

他謙稱前半生不清楚道教義理，直到閱畢《長春道教源流》方知全真之宗旨。不過，他中年時亦曾拜訪過全真道的發源地崑嵛山：「丙午、丁未間 (1906-7) 余守登州，嘗三至寧海州，入崑嵛山。重巖複嶺，綿互數十裡。石門以內，人跡罕至，未能窮其勝也。」[22]

張學華與酥醪觀住持陳伯陶亦過從甚密，在辛亥革命後隨陳伯陶來到香港。他在〈江寧提學使陳文良公傳〉提到：「公曩與餘同避地香港，晨夕過從，每有撰著必以見示。間述生平行事，感慨係之，故知公較詳。洎餘歸裡，甲子、戊辰兩遭奇變，公忠義憤發，往復商榷。一日數函，至今盈篋。偶一檢視，愴恨無已。公嘗戲語：餘他日為我作墓銘。

19　參考《翰墨流芳》。香港：學海書樓出版，2003年，頁162。

20　張澍棠：《張提法公(學華)年譜》，載《近代中國史料叢刊》第63輯。臺北：文海出版社，1966年，頁15。

21　陳銘珪著：《長春道教源流》卷七。臺北市：廣文書局有限公司出版，1975年，「跋」頁1。

22　陳銘珪著：《長春道教源流》卷七。臺北市：廣文書局有限公司出版，1975年，「跋」頁1。

餘悚謝不敢。」[23]事實上,陳亡後亦是張學華為其撰墓銘。及後,張學華亦曾與蓬瀛仙館另一道董汪兆鏞一同居於澳門,嘗為澳門娛園石景題詩:「拓地十畝勞經營,審曲面勢不肯平。迴欄幾折愈幽邃,奇石萬態何崢嶸。」[24]汪兆鏞亦有詩題:「甲子 (1924年) 秋日,偕吳玉臣、張漢三、梁小山過普濟禪院。」一生著述包括《闇齋詞稿》、《采微百詠》等,亦保存整理吳道鎔所纂《廣東文徵》遺稿。

(3) 黃誥

　　黃誥,字宣廷,道名永通,漢軍正黃旗人。光緒二十四年 (1898) 登進士,同年五月,改翰林院庶起士。光緒三十一年(1905),授大清國駐義大利大使。從義大利回國後,黃誥擔任陝西陝安道道台。當時的陝安道,管轄著今天的漢中和安康地區。1911年底,陝西民軍攻下漢中,黃誥遷往漢中,曾到香港和澳門等地。30年代,他應朋友陳含典之邀,為香港學海書樓捐資及捐書,襄助書樓發展。當時捐助學海書流的還有十六位:計有張學華、吳道鎔、桂坫、鄧本遵、鄧善麟、潘定宇、陳宗孟、任子貞、廖伯魯、馬壽彭、史久鑑、盧景棻、莊光第、潘光耀、李孔曼、何家本,對書樓的發展,亦有襄助之功。黃誥還對黃恩榮所著的《洄溪醫案唐人法》一書作過宣傳和推銷工作(張學華也有為該書題簽書名)。[25]

　　此外,黃誥與陳伯陶、汪兆鏞、吳道鎔、樑慶桂、張學華、桂坫、伍銓萃、金湛霖等於廣州曾組成「九老會」,以詩會友,關係融洽。1928年便曾相聚於羊城,廣州成為眾

23　陳紹南編:《代代相傳——陳伯陶紀念集》。香港:自資出版,1997年,頁33-34。

24　參考張卓夫:《澳門半島石景》。香港:三聯書店有限公司,2009年,頁104。

25　沙建國、員輝撰:〈清末「陝南王」珍貴照片驚現〉。參考漢中市檔案局資料:http://daj.hanzhong.gov.cn/nry.jsp?wbnewsid=9891

詩人的集會基地。[26]五十年代擔任商務印書館香港辦事處顧問，及在香港大學住持商科教務的黃蔭普，自小便得到堂叔黃詰的關心，黃詰每有宴集，都帶著黃蔭普出席；特別是民國初年，黃詰與汪兆鏞、張學華、吳道鎔等一班清朝遺老在一起，黃蔭普便與他們朝夕相處，[27]可見這些晚清遺老經常聚在一起，尤其香港學海書樓的創建，都與這些遺老及酥醪觀有淵源。

(4) 汪兆鏞

　　汪兆鏞（1861年-1939年），字伯序，號憬吾，又號微尚居士、清溪漁隱，道名永覺。廣東番禺人，祖籍浙江省紹興府山陰縣。[28]光緒十一年（1885年）貢生，在縣府裡工作。光緒十五年（1889年）年中舉。惟「兩應禮部試不售，遂南歸。」[29]岑春煊出任兩廣總督時，聘請他入幕。武昌起義後，僑居澳門，反對共和，以清朝遺民自居，廣結四海名流。

　　相比舊日遺民的逃禪，汪兆鏞更走近道教。他常以道經來排解內心的惆悵和孤獨：「平生棲泊慣菰蒲，飽閱煙波萬變圖。擾擾市朝夢中換，堂堂歲月鬢邊徂。未妨浮譽居牛後，豈易論交到狗屠。回首十年長太息，誤人輕與讀《陰符》。」[30]他曾兩次到訪廣東羅浮山酥醪觀及暫住，易服黃

26　見趙雨樂、鐘寶賢編：《九龍城——香港史地區研究之一》。香港：三聯書店，2001，頁20。

27　林子雄：《廣東文獻的無私保護者——黃蔭普》，載於廣州《羊城晚報》，見以下網址：http://news.ifeng.com/history/gundong/detail_2014_02/15/33843472_0.shtml

28　參考張學華撰：〈詰授朝議大夫湖南優貢知縣汪君行狀〉，載於汪兆鏞輯：《碑傳集三編》。臺北：文海出版社，1980年，頁2525。

29　見張爾田撰：〈清故朝議大夫湖南優貢知縣汪君墓誌銘〉，載於汪兆鏞輯：《碑傳集三編》。臺北：文海出版社，1980年，頁2533。

30　汪兆鏞：《太息》，見《汪兆鏞詩詞集》。廣州：廣州人民出版社，2012年，頁74。

冠為道，[31]自號「覺道士」：「辛亥 (1911年)後，君兩至羅浮，注籍酥醪觀，自號覺道人。」又因「十一歲喪母……素食終身。」[32]有學者謂：「汪兆鏞一生並沒有入道，而僅涉道。」[33]但汪曾言：「過香港，訪東莞陳子礪伯陶……並招余入羅浮酥醪觀注籍為道士，授道牒名永覺。」[34]1931年他又撰成《老子道德經撮要》，稱揚：「吾獨善夫錢氏大昕之說，謂《老子》五千言，救世之書也。」[35]汪氏曾參與修纂《番禺縣續志》，著有《稿本晉會要》、《元廣東遺民錄》、《三續碑傳集》、《微尚齋詩文集》、《嶺南畫征略》等。

　　1932年羅浮酥醪洞道士以山中蝶蘭一枚贈予汪兆鏞，蝶七日後而出，「張闓公、伍叔葆、朱介如、廖伯魯、鍾玉文、陳守初同觀。翌晨翩然還山矣。」(可見張學華及汪兆鏞雖然身在港澳，也會間中回酥醪觀相聚。)汪兆鏞為此作長詩：「抱朴有丹灶，靈異時吐芒。林際蝶作繭，羅浮書能詳……朝野各殊跡，心曲同芬芳。瑤台意無盡，高寒彌趿望。安得適吾志，複夢追蒙莊。」[36]這是一種矛盾而掙扎的心情，身為遺民肩負責任，但若遺世於外，雖是一種解脫，亦是一種逃避。

　　汪兆鏞與酥醪觀之陳伯陶及張學華之關係尤佳，而且一生效忠清室。汪兆鏞曾記載了1924年正月十三日，在香港九龍城外樊園，與陳伯陶、張學華、吳道鎔等十二人為遜帝溥

31　「易服黃冠」見王麗英：《嶺南道教論稿》。北京：社會科學文獻出版社，2017年，頁162。

32　參考張學華撰：〈誥授朝議大夫湖南優貢知縣汪君行狀〉，載於汪兆鏞輯：《碑傳集三編》。臺北：文海出版社，1980年，頁2528及2525。

33　李杰：〈汪兆鏞的遺民身份及其自我建構 〉，載《華南師範大學學報》社會科學版，2016年第2期，頁166。

34　汪兆鏞：《微尚老人自訂年譜》，載《近代中國史料叢刊》第96輯。臺北：文海出版社，1966年，頁37。

35　汪兆鏞：《老子道德經撮要·序》。廣東：羅浮山酥醪觀道同圖春館藏版，1936年刻本。

36　見《汪兆鏞詩詞集》。廣州：廣州人民出版社，2012年，頁85-86。

儀祝壽，以詩記之：「白髮餘生待罪身，草間偷息荷皇仁。薄輸芹獻恩猶重，遠祝華封意莫申。復旦重光應有日，層霄撥霧豈無神。殷憂啟聖區區願，會看天門浩蕩春。」[37]又於1926年祝嘏(賀天子壽)，包括汪兆鏞在內共有八人參加。直到1939年正月十三日，汪兆鏞仍拖著病軀和張學華到澳門蓮峰廟禮佛，為溥儀祈福：「草間愧偷活，悃愊無自申。嘉旦趨琳宮，惟祈萬年春……臣甫再拜詩，此中意辛苦。」[38]1939年7月28日，汪兆鏞將《碑傳集三遍》等稿託張學華為核定，「而神明湛然，拱手作別，延至午時遂長逝矣」。[39]張學華嘗言：「(汪兆鏞)彌留時，促余往訣，以所輯碑傳集，屬為參訂。又言一生志行，余知之深。自維譾陋，蓋有愧於其言，而累行述德，後死之責，亦不敢之辭也。」[40]可見張與汪之交情不淺。張學華亦於汪亡後撰有〈誥授朝議大夫湖南優貢知縣汪君行狀〉。

四、其他酥醪觀弟子與香港之因緣

(1)陳伯陶

陳伯陶　(1855-1930)，字象華，號子礪，道名永燾，廣東東莞人。他與父親陳銘珪曾先後擔任酥醪觀的住持，而他的擔任時間頗長：「余(張永豫)與子礪(陳伯陶)師兄住持斯觀

37　見《正月十三日，九龍城外樊園祝嘏，同集者十二人，禮成恭紀》，載於《汪兆鏞詩詞集》。廣州：廣州人民出版社，2012年，頁34。

38　見《己卯正月十三日，偕張暗公蓮峰廟禮佛作》載於《汪兆鏞詩詞集》。廣州：廣州人民出版社，2012年，頁44。

39　張學華：《誥授朝議大夫湖南優貢知縣汪君行狀》，見《微尚老人自定年譜》，頁61，汪敬堂1947年版。

40　參考張學華撰：〈誥授朝議大夫湖南優貢知縣汪君行狀〉，載於汪兆鏞輯：《碑傳集三編》。臺北：文海出版社，1980年，頁2531。

也，四十餘年矣。」[41]不過，陳伯陶的上一任住持黃明襄於1898年仍在位，陳是否擔任了這麼多年是存疑的，而且他於1911年南下來香港，應無暇住持觀務。

陳伯陶自小拜廣東大儒陳澧 (1810-1882) 為師，於光緒十八年(1892)以探花高中進士，從此入翰林院編修，歷任國史館協修、文淵閣校理、武英殿協修及纂修等官職，並曾入直南書房。1906年，學部奏派赴日本考察；回國後，先後出任江寧提學使及廣東教育總會會長。辛亥革命後奉母命移居香港，先到紅磡暫住，再遷往九龍城，並築一小樓曰「瓜廬」，號九龍真逸。晚年遺命以藏書捐置酥醪觀，蓋早歲隨父親讀書於此，其後酥醪觀便有「道同圖書館」之設。[42]

另一方面，四位來自酥醪觀的蓬瀛仙館道董與陳伯陶之關係甚緊密，1916年秋，陳伯陶藉向宋代東莞遺民趙秋曉(1256年進士)祝壽，邀約賴際熙、吳道熔、張學華、丁仁長、汪兆鏞、伍叔葆等史官、遺老聚會於九龍城宋臺，相互酬唱，借今懷古，抒發遺民鬱結。事後結集為《宋臺秋唱》，刊錄諸君作品百餘首，詩詞駢散，成為本地文壇佳話。此外，從陳伯陶之孫陳紹南編撰《代代相傳——陳伯陶紀念集》的一張老照片看，[43]四位來自酥醪觀的蓬瀛仙館道董於1920年代曾與陳伯陶又相聚於香港，相片可見還有吳道鎔太史、金芝軒秀才、桂玷太史。當中不少人於後來捐資或捐書與香港學海書樓。

如上文提到，陳伯陶與張學華的關係至為要好，而伍銓萃與陳伯陶為清光緒壬辰(1892年)同科進士，亦曾任翰林院編修，關係亦緊密。不過，酥醪觀諸道侶之中，與他同期

41　譚棣華、曹騰騑、冼劍民編：《廣東碑刻集》。廣州：廣東高等教育出版社，2001年，頁809。

42　參考陳紹南編：《代代相傳——陳伯陶紀念集》。香港：自資出版，頁11。

43　陳紹南編：《代代相傳——陳伯陶紀念集》。香港：自資出版，1997年，頁53。

任住持的張其淦(1859-1946，道名永豫)則是陳伯陶一生中
最重要的摯友。張曾任山西黎城知縣，辛亥革命後退居於上
海，陳伯陶嘗言：「張君名其淦，與余交莫逆，每以節義相
期許。辛亥後，余居九龍，張君居滬，俱不能返里，然音訊
不絕。」[44]二人同掌酥醪觀，長期保持聯繫。1914年，張其
淦自上海返粵，二人在香港便曾見面：「寓公回粵，至山居
再暫閱月。赴滬邀錢不至，走送之香江。」[45]1927年，二人
更聯兒女之姻，關係更為親密。另一晚清遺老劉聲木稱許他
們：「學使(張其淦)以『松柏』名齋，又撰《明代千遺民詩
錄》三編以見志，深得方伯(陳伯陶)同保歲寒之旨。天地間
正氣，逕鍾於東莞一隅矣，異哉！」[46]

另外，陳伯
陶在香港時與賴
際熙尤多往來，
曾任教學海書樓
的李景康便曾
到，賴際熙有空
便「輒渡海過訪
於瓜廬」，又「
相與躑躅於宋臺
遺址……徘徊瞻
顧之餘，輒興異
代相感之思。」[47]
及後賴際熙更將

1920年代晚清遺老合照於香港。前排左起是張
學華、不詳、吳道鎔、陳伯陶、汪景悟。後排
左起是金芝軒、黃誥、伍叔葆、桂玷。

44　陳伯陶：〈誥封夫人張母鍾夫人墓誌銘〉，載《瓜廬文賸》卷
　　四，出版地不詳，1932年，頁77。
45　陳伯陶：〈送寓公之滬上〉，載《瓜廬詩賸》卷下，出版地不
　　詳，1932年，頁38。
46　劉聲木：《萇楚齋隨筆三筆》。北京：中華書局，1998，頁883。
47　李景康：〈紀賴際熙等保全宋皇臺遺址〉，載簡又新編：《宋皇
　　臺紀念冊》。香港：香港鄧氏宗親會，1960年，頁264。

女兒冬華許配給陳伯陶四子良耜，結為姻親。[48]

　　陳伯陶來港後，專心撰著：「國變後，託於黃冠，潛心著述。成《孝經說》三卷、《勝朝粵東遺民錄》四卷、《宋東莞遺民錄》二卷、《明東莞五忠傳》二卷。又輯《袁督師遺稿》三卷，附《東江考》四卷、《西部考》二卷，又增補陳琴軒《羅浮志》五卷，重纂《東莞縣志》九十八卷。所作詩文有《瓜廬文賸》四卷、《外編》一卷、《瓜廬詩賸》四卷、《宋臺秋唱》一卷，皆行於世。」[49]所著多為考述遺民史事及編撰地方史志，一方面是自投其況，一方面用心國故，行文皆以文言及不著標點，並以線裝編印，這都是抗衡新文化之表現。陳伯陶曾表示希望撰述老子論說及進呈溥儀，惟身體多病，終未能成事：「擬撰《老子格言論釋》及《老子注疏》進呈，去夏大病幾死，書遂不成。近雖視息人間，仍事撰述。若書成上獻，目當瞑矣。」[50]

(2) 賴際熙

　　賴際熙(1865-1937)，字煥文，號荔垞，道名圓智 (全真龍門派第十九傳弟子)，廣東增城人。自幼受教於陳伯陶之父陳銘珪 (曾為《長春道教源流》撰〈羅浮酥醪洞主陳先生像贊〉，並自稱「門下私淑弟子賴際熙恭題」)，因而早與陳伯陶相識。及長，在廣州入讀廣雅書院，光緒二十九年(1903)高中進士，後授翰林院編修，參與編纂《清德宗實錄》，並任國史館總纂。民國建立後，他遷居香港，任教香港大學文科，1927年籌組香港大學中文學院，獲委任為系主任，及後

48　陳紹南編：《代代相傳——陳伯陶紀念集》。香港：自資出版，1997年，頁105。

49　陳紹南編：《代代相傳——陳伯陶紀念集》。香港：自資出版，1997年，頁33。

50　陳伯陶：〈七十述哀一百三十韻〉，載《瓜廬詩賸》卷下，出版地不詳，1932年，頁56。

任教多年。[51]他與時任港督金文泰又關係密切，金文泰曾聘任他教授中國經史，及經常聚餐，他曾與商人陳步犀談到：「頃承寵召，明日中午賞飯，但弟明日自五下鐘至六點半鐘，須在山頂教監督經書，每星期只詞教一日，不便告假。西人時刻，復有一定，不能先後。」[52]

　　1923年在香港創立學海書樓，聚書講學。依《學海書樓主講翰林文鈔》所記，早期主講的共七位太史：陳伯陶、區大典、溫肅、朱汝珍、岑光樾、區大原和賴際熙，各人都是前清翰林。[53]從學海書樓出版的《翰墨流芳》及《翰墨流芳續編》，和香港中文大學出版的《翰苑流芳：賴際熙太史藏近代名人手札展覽》所見，賴際熙在香港期間與酥醪觀同道陳伯陶、伍銓萃、張學華、汪景悟等仍聯繫無間；與故舊朱汝珍、吳道鎔、岑光樾等亦常以書信問好，暢談近況，評論政局。當中不少前朝同事及友好，希望得到在港生活安穩的賴際熙接濟。[54]

　　1933年，賴際熙便聯同朱汝珍、吳道鎔、岑光樾（道名圓靜）[55]三位太史為香港黃大仙祠新建的盂香亭撰寫牌匾及對聯。考查1933年嗇色園其中一位值理是馮其焯(活覺)，他於1921年創立中華聖教總會，及於1922年創立三教總學會，是香港孔教的主要人物之一。另一香港孔教代表便是朱汝珍太

51　參考《翰墨流芳》。香港：學海書樓，2003年，頁164。

52　見〈與子子丹書〉，載賴際熙著，羅香林編：《荔垞文存》，出版地不詳，1974年，頁74。

53　鄧又同：〈香港學海書樓之沿革〉，載於《香港學海書樓講學錄選集》。香港：學海書樓，1990年，頁2。

54　參考趙雨樂：《近代南來文人的香港印象與國送意識》。香港：三聯書店有限公司，2016年，頁110-112。

55　劉智鵬：「民國建元之後，岑光樾南下廣東番禺，途經羅浮山問道於前輩遺老陳伯陶。此時岑光樾一心歸隱，於是自號圓靜道人，又號鶴禪，以示甘為閒雲野鶴之意。」「圓」字是全真龍門派第十九傳弟子，非自號之名，疑岑氏已入道於酥醪觀。參考劉智鵬：〈岑光樾—香港官立漢文中學的翰林教師　(1)〉。載於香港：《AM730》報章，2011年12月30日，頁44。

史，他於1933年接替陳煥章，任香港孔教學院院長，這一年正是黃大仙祠盂香亭之建成；而朱汝珍在殿宇的正中央題上「盂香亭」，他應該是題字一事的關鍵人物。殿後題字的是賴

香港黃大仙祠盂香亭內掛有賴際熙手書的「佛慈廣大」牌匾。

際熙寫的「萬世共仰」，而殿內的「佛慈廣大」亦是他的手書，可見他的地位也受到重視。牌匾上清楚列明是「癸酉年(1933)十月廿四日奉赤松黃大仙降乩題句」。[56]

賴際熙於1922年還擔任了「旅港崇正工商總會」的首屆會長，並一直連任五屆；期間主編了《崇正同人系譜》。於1922-1928年間他又先後在西灣河、九龍城及深水埗設立崇正義學；又資助了同是客屬學校的大埔崇德學校及荃灣公學等。其後，賴更是該會的永遠榮譽會長。著作方面，賴際熙於民國四年（1915）曾修《廣東通志》，後與陳念典、湛桂芬總纂《增城縣誌》。此外，還編有《清史大臣傳》、《崇正同人系譜》、《赤溪縣志》、《香港大學經學講義》等。羅香林集其著作，編有《荔垞文存》。

56　考查1933年嗇色園的總理是何華生，何是香港華人藥業的先驅，創立瑞昌號中西藥業，並將業務擴展到省港澳東南亞二十多個城市。1920年代兩次大罷工之間，何華生身為東華總理，曾用力於調解勞資之間糾紛。是以金文泰於1927年及1928年兩度登山覽勝，何華生亦隨駕而行，躋身香港華人士紳之列。當年在登山的隨行者中有一位是梁士詒太史，他與陳伯陶、伍銓萃都有為青山牌坊留下對聯。加上金文泰總統與賴際熙關係非一般，隨其學習中國經史，何華生能接觸眾太史及邀請他們題字亦合理。(參考劉智鵬：〈何華生──香港華人藥業的先驅者〉。載於香港：《AM730》報章，2011年9月29日，頁55。)

五、酥醪觀文人風氣之根由──談陳教友之影響

　　以上引述諸位來自酥醪觀的蓬瀛仙館道董及名士，有兩個特點需要注意：

　　(1) 屬於全真道的酥醪觀住持如陳伯陶、伍銓萃等 (包括上文提到的張其淦) 都並非出家人。

　　(2) 　不少弟子都是晚清遺老，而且同一時段內有不少是進士出身，學問淵博，這是中國道教史上未曾有。

　　酥醪觀如何由全真清修道觀轉為文人雅士之道壇，這不得不提到其中一位住持陳銘珪(道名教友)，他是陳伯陶的父親，也是張其淦、賴際熙、張學華等的老師，對他們走向黃冠及在香港弘揚國學都有影響。有關陳銘珪的生平，現主要見於其私淑弟子賴際熙撰的〈羅浮酥醪洞主陳先生像贊〉，及其子陳伯陶等編的《東莞縣志》卷七十二。

　　陳銘珪　(1824-1881)，字京瑜，一字友珊，道名教友，廣東東莞人。家世務農，年十六始就學，畢業於粵秀書院。咸豐壬子(1852)他參與鄉試，僅得副貢生，無緣官場。自此，他以經學詞章教弟子，常有百餘人。「甲寅(1854年)，紅巾賊何六陷縣城，先生練民團扞鄉里，殺賊無算。」[57]陳銘珪曾謂：「蓋有儒術所不能逮，而道家足挽之者。史遷謂在所欲用，何事不成……余大年感異兆，學道於羅浮酥醪觀中。」同治四年(1865)，他與方瑚洲共同擔任酥醪觀住持，並重修殿宇。不久，方氏羽化，陳銘珪便邀請方氏弟子熊養真 (道名教如) 同任住持。

　　另外，陳銘珪亦曾遊香港，寫下《香港行》：其中有云：

　　　　胡兒馬走鐵連錢，倡婦屏開金屈膝。

57　參考陳銘珪著：《長春道教源流・羅浮酥醪洞主陳先生像贊》。臺北市：廣文書局有限公司出版，1975年，頁1；葉覺邁、陳伯陶纂：《東莞縣志》卷七十二。臺北：成文出版社，1967年，頁2770-2772。

腰肢群拖碧眼姝，翠微(勹*盍)葉拳毛滑。

笙歌醉倒人成行，犯夜還防綠衣詰。

令嚴宵寂晝則譁，團欒中外為一家。

教崇耶穌重禮拜，七日安燕閒看花。

繁華境換風波池，萬國冠裳逐遊戲。[58]

　　看到的盡是洋人打扮及五光十色的繁華生活。香港的繁榮安定，對其妻兒日後來港或種下因緣。

　　據陳銘珪云：「余重建酥醪觀，於光緒戊寅(1878)十一月落成，觀中道侶因作黃籙醮。醮日，五色雲現，紛紛鬱鬱，遍覆高岫，朝日麗之，綵絢萬狀。時人咸以為瑞。」[59]雖然醮儀出現瑞象，但陳銘珪於《長春道教源流》云：「長春之學，深有得於道德要言，而無煉養、服食、符籙、禳禬末流之弊。」[60]又云：「服食與符籙，邪僻者習之，其為禍害，誠如禕 (明代王禕之《青岩叢錄》) 言，學道之人所宜深戒。」[61]陳銘珪明顯是站在儒家的立場來看全真道，而沒有從宗教角度理解，這從日後他弟子身上亦可看出一點。陳伯陶、張其淦、伍銓萃等雖然日後是酥醪觀住持，但他們的成就都不是道教方面，而是在國學之弘揚上，陳伯陶和賴際熙更是香港學海書樓之講師，這與陳銘珪的教學不在道而在儒有關。[62]

58　陳銘珪著：《荔莊詩存‧序》。廣州：余富文齋版，年份不詳，頁9。

59　陳銘珪著：《浮山志》。《藏外道書》，第32冊。成都：巴蜀書社出版，1994年，頁582。

60　陳銘珪著：《長春道教源流‧序》。臺北市：廣文書局有限公司出版，1975年，頁1。

61　陳銘珪著：《長春道教源流》卷八。臺北市：廣文書局有限公司出版，1975年，頁575。

62　在陳銘珪之前的酥醪觀住持亦多習儒博學，如《長春道教源流》卷七提到柯陽桂「家世仕宦師，幼習舉子業」，江本源「有戒行，通儒釋之學，能詩，文士大夫喜從之遊」；而道侶賴本華「初習舉業為諸生，以詩名」，佘明志「少隨父任，讀儒書，通玄理」。

　　其中一位酥醪觀住持張其淦嘗言：「猶憶壬申(1872)之年，余以幼童赴考羊石，趨侍鯉庭。夫子(陳銘珪)過從畊樂書室，謂先君曰：孺子可教，當使讀孟堅之書、少陵之詩。逾年遂附門墻。」[63]可知陳銘珪在教學上之影響。誠然，陳銘珪是真心信奉道教，而且志慕神仙：「性廉靜寡欲，好山酒，嘗合同人築梅花仙院於羅浮，祀趙師難。又修復酥醪觀，與門弟子讀書談道其中。」[64]其子陳伯陶自小便遍遊羅浮，如父親一起讀書於山中：「余少從先君子入羅浮，覽諸名勝……其後先君子重修酥醪觀，挈余讀書其中。」[65]童年時便有詩《題陶淵明採菊圖》、《白燕》、《老馬》、《書燈》等透露與世無爭的想法，這與陳伯陶長大後選擇隱居避世不無關係。

六、總　結

　　廣東酥醪觀歷史悠久，大概於北宋時期創立，到清初康熙年間轉為全真龍門派。當中住持柯陽順「家世仕宦師，幼習舉子業」，[66]之後歷任住持多是習儒通道；到陳銘珪一代更是副貢生及地方塾師，亦有弟子隨其入道。陳銘珪是全真道的「教」字輩，到緊接的「永」字輩已人才輩出，多有進士出身，為道教史上罕見的現象。其中有四位弟子便是創立蓬瀛仙館的道董，所以蓬瀛仙館的創建因緣與酥醪觀亦不無關係；而伍銓萃於蓬瀛仙館建成後便暫住一段時間及留下墨

63　陳銘珪著：《荔莊詩存・序》。廣州：余富文齋版，年份不詳，卷首頁1。

64　葉覺邁、陳伯陶纂：《東莞縣志》卷七十二。臺北：成文出版社，1967年，頁2770。

65　陳璉撰，陳伯陶補：《羅浮山志補》，附《羅浮指南》，載於廣陵書社編：《中國道觀志叢刊》第36冊。江蘇古籍出版社，2000年，頁603。

66　見注78。

寶及對聯，相信是館內現存歷史最久的書法作品之一。

關於蓬瀛仙館的道董，有四點是值得注意的：

(1) 蓬瀛仙館的八十位創館道董不是全部居於廣州。

(2)　創館道董不是全部人於蓬瀛仙館創立時已入道，這說明為何到1950年立碑時才顯示眾人的道名。

(3)　創館道董的身分涵蓋軍、政、商、文化界，這是香港道教史上尤為突出。

(4)　伍銓萃、張學華、黃誥、汪景悟於民國後都沒有出仕，何近愚等邀請他們籌建蓬瀛仙館時，他們在錢財捐獻應該並非主力，名氣上可能更為重要，這在各碑記中以他們排首位可見。

此外，來自酥醪觀的四位蓬瀛仙館道董都曾來過香港居住，當中又常與另外兩名酥醪觀弟子陳伯陶及賴際熙多有交往，而後二人對香港學海書樓之創建更有不可磨滅的貢獻。至於酥醪觀的文人風尚，這又必須連繫到陳銘珪，他「學弗五儒，志雄田疇」，[67] 令不少人慕名跟隨入道，其子陳伯陶受其先父影響尤深。可以說，陳銘珪除了修復酥醪觀外，最大貢獻是培育了一眾人才，為日後道觀的承傳及國學的弘揚留下重要的腳印。

67　參考陳銘珪著：《長春道教源流·羅浮酥醪洞主陳先生像贊》。
　　臺北市：廣文書局有限公司出版，1975年，頁2。

從「誰是客家？」到族群定型
——廣東客家女性的形象建構[1]

邱嘉露

愛爾蘭都柏林大學三一學院博士研究生

一、前　言

　　在高度城市化的香港社會，客家文化的符號越趨零散，或將銷聲匿跡。偶爾，到廣式茶餐廳用膳，梅菜扣肉或會加上「客家」的描述；夏天，在街上閒逛，不時看到勞動階層的職業女性帶著「客家涼帽」在清潔街道或修剪園藝；走進新界各區的客家村落，聽到都是主流的廣東話。一些普遍被認為是「客家」的文化產物，其實並不那麼「客家」。

　　如果我們想要了解客家文化，翻看古今書籍，參觀博物館，不難發現客家女性常出現於文字的敍述或圖像的展述裡。她們常被描述為「體格強健」、「刻苦耐勞」、「持家有道」的女性。這般客家女性的歷史論述，可追溯至十九世

──────────
1　本文主要由筆者的碩士論文第二章節翻譯而成，有關更多香港客家女性的形象之建構過程，可詳見於本人的碩士論文全文——From Invisible to Visible: Representations and Self-representations of Hakka Women in Hong Kong, 1900s-Present：https://commons.ln.edu.hk/cgi/viewcontent.cgi?article=1008&context=his_etd。在碩士論文的寫作過程中，潘淑華博士和周愛靈博士曾對筆者悉心指導，提出許多啟發性的問題及意見，在此再次謹致謝忱。

紀初期，客家士子——徐旭曾的《豐湖雜記》。而客家女性的形象於過去二百多年不斷被強化定型，形成我們今天對客家女性的觀感。

自十九世紀以來，客家女性的形象於客族士子和歐洲傳教士的論述裡甚為積極正面，是客家族群自豪的一部分，更經常與近年兩性平等的修辭掛勾，說明客家女性於十九世紀已經擁有平等自主的權力。她們勤勞外出工作，不是因為她們貧困、懦弱、或受到剝削，而是因為她們有權利和自由選擇成為勤儉的女性。[2]十九世紀的漢族婦女典範與客家女性的形象格格不入。漢族主流社會認為女性應當害羞、謙遜和嬌柔。[3]即便如此，客家女性的形象越趨鮮明，其性格特徵更於現代化的過程中，被視為婦女的學習對象。

在傳統的父權社會裡，客家女性的形象能脫穎而出，而且被廣泛應用及討論，實在具有特殊意義。既然客家女性的形象於十九世紀並不是處於主流漢族婦女典範的框架下，客家女性的形象如何成為二十世紀現代新女性的模範？本文以客家女性的歷史論述作為切入點，探討在漫長的歷史過程中，客家女性的形象如何被塑造，以回應不同的政治環境。

二、誰是「客家」？

位於新界東北的坪輋，是一條客家雜姓村。年邁八十多歲的張太太由本地村落嫁入坪輋客家村，居於村內數十年。交談間，她操流利的客家話，亦熟悉各項客家文化習俗。然而，她的兒子——張先生說：「我媽媽可以說非常流利的客家話，但她不是客家人。她的客家話是她嫁過來才學的，

2　郭思嘉著，周雲水譯，〈貧困，孝順和往事——客家基督徒的族群認同符號〉，客家研究輯刊，總第43期，2013年第二期，頁170。

3　Norma Diamond, "The Miao and Poison: Interactions on China's Southwest Frontier", *Ethnology*, Vol. 27, No.1 (Jan., 1988), p. 1-25.

你最多可以當她「半個客家人」。她現在已經不懂說她的母語——廣東話了。」[4]這是一個非常有趣的個案，即使具有客家身份的自我認同、諳熟客家方言及客家文化習俗，最多只能當「半個客家人」。當一個族群身份並不光是以文化習性及族群意識去界定，而且還可以是「半個」或不完整的，又或者是具有多重性的時候，我們應該如何回應「誰是客家？」的問題？

有關如何定義客家人的學術研究，到現時仍沒有一個被廣泛接受的說法。自1930年代起，著名史學家羅香林（1905-1978）為客家研究奠基，透過追溯客家宗族的族譜，論證客家民系的源流，說明客家氏族是由北方向南遷，經歷五次大遷徙的族群。[5]後來，多位學者在羅氏的客家研究基礎上另闢新徑。在宗族源流以外，研究客家的源流和意涵，學者們的著眼點由戶籍制度轉移至方言主義，[6]再指出以方言定義的客家族群與現代的族群概念不可同日而語。[7]香港殖民政府於十九世紀末開展新界的地區調查，殖民地官員駱克（Stewart Lockhart, 1858-1937）以方言把新界的居民分為本地、客家和福佬。[8]歷史人類學家科大衛指出，香港的族群以方言類

4　筆者於2014年12月21日在打鼓嶺坪輋與張氏一家會談。

5　羅香林，《客家研究導論》（上海：上海文藝出版社，1933）。

6　施添福，〈從「客家」到客家(一)：中國歷史上本貫主義戶籍制度下的「客家」〉，全球客家研究，第一期，2013年11月，頁1-56。

7　陳永海，〈作為中國國族事業的客家言說：從香港看近代客家文化認同性質的變遷〉，收錄於劉義章編，《香港客家》，（桂林：廣西師範大學出版社，2005），頁22；Myron Cohen, "Configuring Hakka Identity and Ethnicity as seen in Meinong, Taiwan, 1963-2008", in Jian-mei-ling and Chuang Ying-chang ed. *The Hakka: Formation and Transformation II* (Taipei: National Chiao Tung University, 2010), pp. 1003-1026.

8　A report by Mr. Stewart Lockhart on the extension of the Colony of Hongkong, *The Hong Kong government Gazzette*, 8th April, 1899.

分。[9]第二次世界大戰前,方言確是分辨客家族群最為常見的方法,但對於戰後族群流動性甚高的香港社會,甚或廣東地區,似乎未必適用。

如果追溯有關客家的歷史論述,在十九世紀的文本記錄,「客家」並非常見的稱號。一眾客族士子均以「客人」自稱,並以客族的遷移歷史、方言、文化習俗、以及婦女特性作為自我敍述的內容。「客」是相對於「土」的觀念,而這種分辨「我」和「他」的意識萌芽於土客衝突。「土」和「客」均表現了一種對「他者」的表述,而這種表述亦體現兩者之間的權力關係。[10]

十九世紀的廣東地區由廣府人壟斷地方政治、經濟和社會,掌握區域內的主要資源和話語權。「客人」於廣府人的地方志或縣志的描述中,並非屬於漢族,而且經常被歸類為「外族」或「蠻族」。在對客族的稱呼上亦不時加上「犭」、「虫」等帶有貶意的字眼。[11]客家族人在這種「土客」矛盾中衍生「客」的認同意識,因而進行自我敍述以捍衞客族尊嚴,回應廣府人的歧視。[12]

同時,歐洲傳教士在太平天國運動中發現客族的重要性,繼而對客家地區的人群展開研究。瑞士巴色會的傳教士

9　科大衞,〈傳統社會組織〉,收錄於廖迪生、張兆和、蔡志祥合編,《香港歷史、文化與社會》(第一冊)(香港:香港科技大學華南研究中心,2001),頁74-75。

10　「他者」是相對於自身的階級觀念。在「他者」的論述中,自身是在上位的、是優越的,而他者是為次要的、低下的。

11　陳志喆編,〈輿地志─猺蜑─客民〉,《四會縣志》[光緒],第一卷,頁99;管一清編,乾隆《增城縣志》,收錄於《故宮珍本叢刊》(海南:海南出版社,2001),頁360-365;林正慧,《臺灣客家的形塑歷程:清代至戰後的追索》(臺北:國立臺灣大學出版中心,2015),頁40。

12　陳永海,〈作為中國國族事業的客家言說:從香港看近代客家文化認同性質的變遷〉,頁22;徐旭曾,〈豐湖雜記〉,收錄於羅香林編,《客家史料滙編》,(廣東:嶺南出版公司,1965),頁297-299。

韓山明（Theodore Hamberg, 1819-1854）透過洪秀全的族兄
——洪仁玕提供的資料，率先以英文Hakka（Kheh-kia）稱
呼客族，說明「客家」一詞雖然鮮見於文本紀錄，但於日常
的口傳溝通普及。[13]其後，德國傳教士兼香港殖民地官員歐
德禮（E. J. Eitel, 1838-1908）正式把英文的Hakka與中文「客
家」並列對譯，把中西方相異的族群觀念混為一談。西方對
於族群的觀念是一套系統性的種族標記和文化符號。然而，
在中文意函裡，「客家」與皇朝的戶籍制度、客族的遷移歷
史、獨特方言、婦女的特性，以及廣府人的歧視緊緊相連。
這種中英不對稱的「客家」翻譯在二十世紀得到發展。隨著
西方民族學的傳入，中文的「客家」脈絡迅速與西方意境的
「客家」結合，而這種結合可見於1930年代羅香林的客家研
究。[14]

　　第二次世界大戰後，族群的流動性和互動性隨之大增，
早期以方言或一系列文化特徵以定義客家族群的學說失去
其解釋能力。挪威人類學家Fredrik Barth強調族群之間的互
動，指出族群的界線是流動的，可變的，互動的，說明族群
是一個「虛」的概念。[15]為了解釋族群的流動多變，郭思嘉
（Nicole Constable)反思工具主義者（Instrumentalist）的眼
光未必能充分解釋粉嶺崇謙堂的客家身份，而本質主義（Es-
sentialism）或primordialism亦未能解釋客家文化在地區上的
相異性。在不排除這兩種視角的情況下，她認為客家族群
的身份認同之演變是歷史建構的結果，主要的歷史因素是十
九世紀的帝國主義、基督教傳福音的熱潮、以及各種政經因
素。在這個過程中，客家學者、客家基督徒和歐洲傳教士鑄

13　Theodore Hamberg, *The Visions of Hung-siu-tshuen, and origin of the Kwan-si insurrection by the Rev. Theodore Hamberg* (Hong Kong: The China Mail Office, 1854), pp.48-49.

14　羅香林，《客家研究導論》，上海：上海文藝出版社，1933。

15　Fredrik Barth, "Introduction", in *Ethnic Groups and Boundaries: The Social Organization of Culture Difference*, Fredrik Barth ed. (Boston: Little and Brown, 1969), p.10.

造了客家身份的模型。[16]郭氏的「歷史建構論」對於客家族群的解釋能力甚高，惜以中文為文本的客家論述未有得到充分應用。本文將補足郭氏的分析，以中、英文文本解構客家女性形象的建構過程。[17]

三、看見客家女性

　　儘管今天廣東各族群之間鮮有衝突，但關於族群衝突的記憶，以及族群之間的觀點差異是客家論述裡一個重要的歷史脈絡。客家女性的形象生於族群衝突，在土客矛盾和中國現代化的過程中得到轉化並趨於標準化，這個過程延伸至二十一世紀的博物館展覽和歷史文化的保育活動。自十九世紀以來，客家女性的歷史論述如何配合其歷史脈絡的發展，成為女性解放的模範，以及客家族群的驕傲？

　　客家女性的形象塑造始於十九世紀初的土客衝突。描述客家女性特徵的文章，最早見於十九世紀初的《豐湖雜記》。在土客戰爭期間，惠州豐湖書院的學生問道：「何謂土與客？」。客家士人徐旭曾闡明「客人」是相對於「土人」而言的概念，並反問「吾祖宗以來，世居數百年，何以仍稱為客？」。「客」具有新來者或新移民的涵義，徐氏指出「客人」是一個由他稱到自稱的結果。他以「客人」的遷徙歷史、文化和方言風俗以分辨「土客之別」，而且他更強調客

16　Nicole Constable, *Christian Souls and Chinese Spirits: A Hakka Community in Hong Kong* (London: University of Californis Press, 1994), p.106; Nicole Constable ed., *Guest People: Hakka Identity in China and Abroad* (Seattle: University of Washington Press, 1996), p.19.

17　十九世紀的華人社會以華文讀物為主，亦是傳播知識的主要媒介。中文出版的客家論述在塑造客家族群的身份認同的過程中，扮演著首要的角色。追溯歷史上的客家論述，客家女性的身影越見鮮明。

家婦女「不纏足」、「能耕善織」、「勤儉自立」。[18]客家
婦女的體健多勞和勤儉美德代表著客家族群的優越性,以識
別「土客」之分。

在社會提倡兩性平權等環境下,大眾對客家婦女的形象
解讀成為「前衛」、「文明」、以及「女性權益」的修辭。
客家婦女之所以擁有天足、勤儉多勞,是因為她們有權利去
選擇工作,並非因為她們貧窮、處於弱勢、或受到剝削。
事實上,由宋朝至清末,纏足是漢人社會普偏的習俗,而天
足被視為「落後」的象徵。[19]郭思嘉在粉嶺崇謙堂的研究亦
指出,客家婦女的勞動並不是一種權利或在選擇範圍內的事
情。[20]相對於其他漢人,客家人低等的地位亦反映於廣府人
的描述之中,呈現一種「他者」的表述。徐氏嘗試以「土」
相對於「客」的方式,帶出「客人」的優勝獨特之處。然
而,徐氏論述的影響力有限,只收錄於徐氏族譜,而客家女
性的形象亦未被普見。直到二十世紀初,客家研究的興起,
徐氏對客家女性的描述才受到重視。

十九世紀中期,太平天國運動引起歐洲傳教士對客家族
群的興趣,繼而出版了多篇描述客家地區的文章。客家婦女
在太平天國運動中,勇躍從軍,甚至擔任領導者和軍事訓練
員的工作,發揮了難以忽視的重要作用。[21]當中有名的蘇三
娘,更得清末狀元龍啟瑞(1814-1858)作詩詠讚:「東家西
家走且僵,路人爭看蘇三娘。靈山女兒好身手,十載賊中稱

---

18 徐旭曾,〈豐湖雜記〉,收錄於羅香林,《客家史料匯編》(廣
　　東:嶺南出版公司,1965),頁 297-299。

19 Ebrey Patricia, "Gender and Sinology: Shifting Western interpretations
　　of footbinding, 1300-1890", in *Women and the family in Chinese history*
　　(New York: Routledge, 2002), pp. 202-207.

20 郭思嘉著,周雲水譯,〈貧困,孝順和往事──客家基督徒的族群
　　認同符號〉,客家研究輯刊,總第43期,2013年第二期,頁170。

21 王重民、王會庵、田餘合編,中國史學會主編,《中國近代史資
　　料叢刊:太平天國,第四冊》(上海:上海人民出版社,2000),頁
　　755-756;謝重光,《客家文化與婦女生活:12-20 世紀客家婦女研
　　究》(上海:上海古籍出版社,2005),頁215-217。

健婦。兩臂曾經百餘戰，一槍不落千人後。」[22]在族兄洪仁
玕及外國傳教士韓山明眼中，她更是一位極為英勇的女性革
命首領（Female rebel chief of great valor）。[23]蘇三娘並非於
太平天國運動中唯一出色的女性領袖，其他女性如洪宣嬌、
卞三娘和胡九妹同樣於革命事業中擔當重要的角色。[24]她們
於一手資料中並非以客家女性的身份出現，而是被定位為太
平軍的大將。她們客家族群的身份是在近代的客家研究浪潮
中被建構起來的。在這種建構中，客家女性從家庭和田野走
上戰場，成為英勇善戰的女戰士。

　　客家婦女在太平天國中的表現出色，體現了其「身手
不凡」和「英勇善戰」特質。而歐洲傳教士則對香港的客
家女性持有極高的評價。巴色差會傳教士畢安（Charles　Pi-
ton，1835-1905）於1864年抵達香港，看見勞動中的客家女
性，寫道：「在香港，常看到很多壯健的客家婦女輕鬆愉快
地擔著沉甸甸的乾草或泥沙。本地婦女一般都幹不來。」[25]
在畢安之前，歐德禮亦研究了廣東境內的三個族群，他把客
家與本地及福佬比較，並總結道：

　　　　比較這三個種族中婦女的地位，客家人是最
　　值得贊賞的，因為客家婦女較少受到像一夫多妻
　　和女奴這些的恐怖惡習的牽絆，過得比較自然、

22　呂斌編，《龍啟瑞詩文集校箋》（湖南：嶽麓書社，2008），頁
　　24, 64, 141。

23　Hamberg, *The visions of Hung-Siu-tshuen, and origin of the Kwang-si
　　insurrection by the Rev.Theodore Hamberg*, p. 54.

24　謝重光，《客家文化與婦女生活：12-20世紀客家婦女研究》，頁217。

25　Charles Piton, "On the Origin and History of the Hakkas", *The China
　　Review, or notes & queries on the Far East,* Vol. 2 No. 4 (1874), p.224.
　　另一位傳教士黎力基（Rudolph　Lechler,　1824-1908)及其他同期於
　　客家地區工作的神職人員均留下相類似的評價。見Rudolf　Lechler,
　　"The Hakka Chinese", *Chinese Recorder and Missionary Journal,*
　　Sep-Oct, 1878, pp.352-359.

健康，更能實現幸福的家庭生活。[26]

　　歐德禮認為客家婦女「較少受到像一夫多妻和女奴這些的恐怖惡習的牽絆」，從而過得比較「幸福」。這反映他受到自身宗教信仰的限制，主張一夫一妻制，因而忽略了客家婦女的社經地位。一夫多妻制在傳統的中國社會是一種財富及地位的象徵。客家婦女比較少受一夫多妻的羈絆不是因為她們認為一夫一妻制比較「幸福」，而是因為她們受到社經條件的局限，而難以進入一夫多妻制的婚姻。[27]而且，十九世紀的社會性別規限嚴謹，歐洲傳教士對客家女性的觀感一般源自於村裡的男性，或是田野山間的觀察。[28]在主流的華文世界，客家婦女於太平天國中以「英勇善戰」出現。在相近的時期，客家女性於歐洲傳教士眼中則是「壯健能幹」，擁有更「幸福」的婚姻。十九世紀中西方的客家論述處於平行時空，兩者沒有交匯。歐洲傳教士對客家婦女的評價在二十世紀中國現代化及中西文化衝撞的過程中，才得到廣泛的注意。

26　E. J. Eitel, "Ethnographical Skeches of the Hakka Chinese, Article VI: Character, Customs, and Manners of the Hakkas, compared with those of the other races inhabiting the Canton Province ",*The China Review, or Notes & Queries on the Far East*, Vol. 1 No. 8 (1867), p. 98.

27　Leong Sow-theng, *Migration and ethnicity in Chinese History: Hakkas, Pengmin, and Their Neighbors,* edited by Tim Wright, with an introduction and maps by G. William Skinner (Stanford, Calif.: Stanford University Press, 1997), pp.1-19; Dorothy Heid Bracey, "Economy, Household Structure, and the Hakka Women", *Journal of Asian Affairs,* vol.4, 4(2), 1979, pp.52-58; Fang Xue-jia, "Thoughts on Women's Status in a Traditional Society- As Exemplified by the Hakka Women in Meixian County", *Collection of Women's Studies*, No. 4 Ser No. 60, July 2002, pp.46-53; Wu Fu-wen, "Roles and Positions of Hakka Women", *Journal of Longyan University*, Vol. 29, No.3, June 2011, pp.16-21.

28　Ebrey Patricia, "Gender and Sinology: Shifting Western interpretations of footbinding, 1300-1890", in *Women and the family in Chinese history* (New York: Routledge, 2002), p.216.

四、客家女性遇上國家現代化

　　二十世紀初的中國內憂外患，改革派和革命派均尋求強國之良方。他們認為國家衰弱的其中一個主要原因是兩性不平等的社會制度。在國家追求現代化和解放婦女的脈絡中，十九世紀所建立的客家婦女形象與二十世紀的新女性模範結合，用作政治宣傳以圖救國求存。即使清廷於義和團起義後加強改革的決心，如頒令廢除纏足，以及於每個省份設立女子教育，但成效微小。[29]提倡女子教育和廢除纏足的聲音延續至共和時期的中國。孫中山（1866-1925）提倡性別平等，並鼓勵女性接受教育、成為獨立的個體和參與公共事務。[30]在國族主義抬頭的氛圍中，客家女性的形象被選作為二十世紀新女性的政治宣傳。同時，在與廣府人的鬥爭中，客家士族得到官方論述的支持，論證客家族群的優越性。

　　二十世紀的土客關係持續惡化。1905年，一名廣府學者在廣東省的教科書中，把客家定義為「非漢族」。[31]兩年後，廣東鄉土地理教科書的編緝──黃節在「人種篇」的章節把客家排除於漢族之外，歸為夷族，與福佬和蜑家並列。[32]這種分類不只出現於中文出版物，一本由Roger D. Wolcott編寫的教科書亦描述客家為「荒原部落和落後的人群」

29　Howard S. Levy, *Chinese Footbinding: the History of a Curious Erotic Custom* (London: Neville Spearman, 1966), pp.70-71.

30　靜雲，〈孫中山的婦女解放思想及其實踐〉，近代史研究，1987年第2期，頁123-126。

31　S.T. Leong, "The Hakka Chinese of Lingnan: Ethnicity and Social Change in Modern Times", in *Ideal and Reality: Social and Political Change in Modern China, 1860-1949*, edited by David Pong and Edmund S. K. Fung (Lanham: University Press of America, Inc., 1985), p. 308; Grace E. Wright, *Identification of Hakka Cultural Markers* (S.l. : Lulu.com, 2006), p.13.

32　黃晦聞，〈人種篇〉，《廣東鄉土地理教科書》（上海：國學保存會，1907）。

。[33]這些容易引起客家士族激憤的論述迅速引來客家族群的強烈抗議。客家士子如賴際熙（1865-1937）、廖新基和李瑞琴等在廣州組織超過千人的會面，商討向教科書出版商施壓。[34]

客家士族於氣憤之時，需要為其族群的優越性提出理據。當中，鍾獨佛因教科書的爭議而感到激憤，他受林達泉《客說》的啟發，提出客家與廣府人的起源學說。他以客家婦女的特性以證客家族群的文明，寫道：

> 而客族婦女之終歲勞動，又到處無改其俗，且安於天足，不染澆風，農工業躬自任之，士商業乃屬男子，為問此等文明之跡，何自移植而來。[35]

此文於廣東省各大城市，以及北京的報章刊出，回應教科書對客家族人的歧視。結果，上海商務出版社登報道歉並回收有關教科書作修改。作者Wolcott亦公開澄清並沒有冒犯之意，他只是參考《中國坤輿詳志》（Comprehensive Geography of the Chinese Empire and Dependencies）的內容而撰寫教科書。[36]出版商和作者的道歉證明客家士族於教科書爭議中贏得勝仗。在這場爭議中，客家婦女的形象與十九世紀土客衝突中的論述大同小異，強調客家婦女的勞動性和體健能幹。她們的特徵被用於論證客家族群的優越性。

二十世紀初，客家士子的政經地位得到提升，且國家對於現代新女性的追求使客家女性經常出現於不同的論述。梁肇庭認為：「客家人將自己置於民族主義運動中，是為了在中國社會中自己能被完全接受並融入主流社會……1905-1906年東京同盟會112名會廣東籍的會員中，有不少於50名

33　羅香林，《客家研究導論》，頁29。

34　香港華字日報, 1921-03-29.

35　鍾獨佛，《粵省民族考原》（出版不詳，1921），頁19。

36　羅香林，《客家研究導論》，頁29。

是來自梅江流域的客家人。」[37]這是十九世紀土客鬥爭的延續，廣東客家人的族群意識在與廣府人的競爭中滋長起來。而且，大部分的客家學者及領袖都是國民黨的支持者，典型的例子有羅香林和胡文虎（1882-1954）。[38]當一眾客家士子和客家組織均向國民黨的傾斜，他們挑選已有的客家婦女論述，迎合國民黨推行「新女性」的政治議程。

　　客家女性在中國現代化的過程中被推崇為女性的典範。客家學者Hsieh　Yu-ting（謝宇庭，生卒年不詳）在他的文學士論文中研究客家歷史，他指出客家女性是非常強壯而有活力的群體，而且並沒有任何中國女性像客家女性那般勤勞。[39]羅香林更讚頌客家婦女是「最堅苦耐勞，最自重自立，於社會，於國家，都最有貢獻，而是最令人敬佩的婦女了。」[40]這種對客家女性的描述摻雜著熱切的國族情緒，而客家女性的形象亦隨著解放女性的政治議程而得到普及。

　　1930年代，具有國民黨背景的婦女雜誌把客家女性打造成婦女解放的模範，以圖國家現代化。1933年，《婦女共鳴》刊出一篇名為〈值得注意的廣東客家「女子」〉，文章強調客家婦女的勞動生產力、節儉樸實的生活習慣、以及參與公共事務的能力。同時，作者譴責典型摩登女性的奢華生活，把客家女性的特性納入國家現代化的工程，更斷言：「

37　Sow-theng Leong, *Migration and the Ethnicity in Chinese History: Hakkas, Pengmin and their neighbors* (Stanford, Calif. : Stanford University Press, 1997), pp.15, 85.

38　羅氏1930年代的客家研究亦由國民黨政府出資支持；胡文虎是著名的商業家，以生產虎標萬金油起家，其後於香港創立《星島日報》。他具有強烈客家人的身份意識，創建香港客屬總會（後來更名香港崇正總會），並成為該會的永久榮譽主席。他是國民黨的支持者，多次捐款予國民政府作各種建設。見羅香林編，〈香港崇正總會發展史〉，收錄於《崇正總會三十週年紀念特刊》（香港：崇正總會，1950），頁16-18。

39　Yu-ting Hsieh, "Origin and Migrations of the Hakkas", *Chinese Social and Political Science Review*, Vol. XIII, No.2, (April, 1929), p.206.

40　羅香林，《客家研究導論》，頁240。

若此等婦女在蘇俄，必為完成五年計劃之健將！此言誠為不誑。」[41]

1936年，一位名為清水的專欄作家於《女子月刊》發文，呼籲全國婦女以「客家」婦女為榜樣，以達「救國」和「自我解放」的目的。此文以〈自食其力的客家婦女〉為題發表：

> 現在已是國難臨頭，到了最後的階段，欲求生存只有肉博一途可走了。我們婦女界的準備是什麼？效力是什麼？我以為是應該效法「客家」婦女的「勤於生產」「儉於用財」的可師可風的生活和精神……家中何必僱姨娘，老媽子？束胸、曲髮、穿洋服、高跟鞋幹嗎？香水，胭脂等化裝品，帶什麼用處？……能把這些足以敗德喪行，永自埋在深坑裡爬不出的且可影響國民經濟的惡德、壞習，一掃而空，則可望真正的解放帶抬頭的一天。[42]

1930年代中期，國民黨的財政常見赤字，客家婦女勤儉自立的形象大派用場。國難當前，經濟是國家關鍵的命脈。中國婦女在宋美齡的指導下，成立「新生活運動婦女指導委員會」，宋指出：「無疑有許多工作，等待著女性的效力，保持家庭清潔，贊助社會改革等等，都是婦女責無旁貸的任務。所以也可以說，復興民族的工作，女性是基本方面的切實服務者。」[43]一旦陷入戰爭之時，婦女可以經濟自立，維持高水平的生產力，男性全力上戰場打仗，國家方可自立，民族才能自強。客家婦女的形象於國家危難，民族主義高漲

41　心根，〈值得注意的廣東客家女子〉，《婦女共鳴月刊》，1933年第3卷，第二期，頁23。

42　清水，〈自食其力的客家婦女〉，《女子月刊》，1936年，第四卷，第七期，頁22。

43　蔣宋美齡，〈新生活運動〉，收錄於蕭繼宗編，《新生活運動史料》（臺北：中國國民黨中央委員會黨史委員會，1975），頁108-109。

的背景下，被塑造為中國婦女的模範，展示客家女性的優越之處，亦是民族自豪的一部分。

五、小　結

　　客家女性的形象生於十九世紀的土客衝突，面對廣府人的資源壟斷及歧視，客家族人的族群意識油然而生，以客家婦女的勤儉美德作為客家族群的驕傲。「誰是客家？」是一個相對於「土人」而言的概念，土客衝突除了是戰場上的鬥爭，也是「土」「客」之間的輿論戰。當中的論述均展現一種「他者」的觀念，同時亦反映兩者的權力關係。縱使客族士子爭取盡可能的話語權，客家婦女的特徵並不符合當時漢族社會的女性典範，其形象地位仍然低下，其中天足就被視為落後的象徵。這種情況於歐洲傳教士的社群出現截然不同的解讀。

　　十九世紀西方的客家論述與二十世紀傳入的現代民族學結合，成為客家女性形象的定型劑。客家族人於太平天國的關鍵角色引起歐洲傳教士的注意，客家婦女在歐洲傳教士的論述中受到極高的讚揚，而且該等論述於二十世紀初，被客家學者廣泛應用，以西方的族群觀念配合國家現代化的進程，證明客家群族的優越性。「身壯力健」、「勤儉刻苦」和「自立自重」成為客家女性的標記。在強國求存的政治氛圍，這一系列的族群符號正切合現代新女性的政治需求，而客家女性被挑選為政治宣傳的模特兒。

　　客家女性的形象於土客衝突和國家現代化的歷史脈絡下，由十九世紀被歧視的對象蛻變為二十世紀初的婦女模範，亦成為客家族群優越性的符號。客家女性的形象在這個時期開始呈現標準化的趨勢，形成我們今天在博物館和歷史文化保育活動看見的客家女性，構成大眾對客家女性的觀感。

附圖：

圖1：於香港歷史博物館的恒常展覽中展示客家女性的圖像。相片描述為：「客家婦女收割後小憩，攝於1946年。」

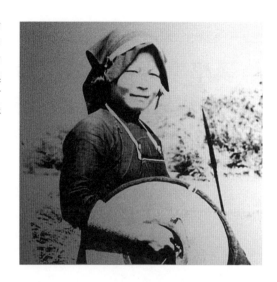

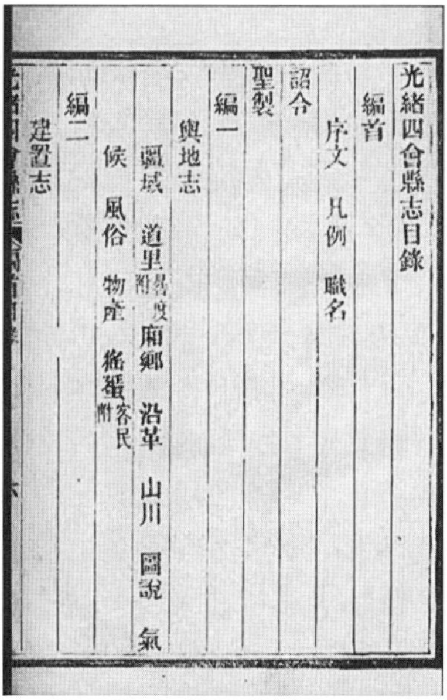

光緒四會縣志目錄

編首

序文　凡例　職名

詔令

聖製

編一

輿地志

疆域　道里（附晷度）　廂鄉　沿革　山川　圖說　氣候　風俗　物產　猺蛋（附客民）

編二

建置志

圖2：《四會縣志》[光緒] 第一卷的目錄，顯示客民被歸類於猺蜑。

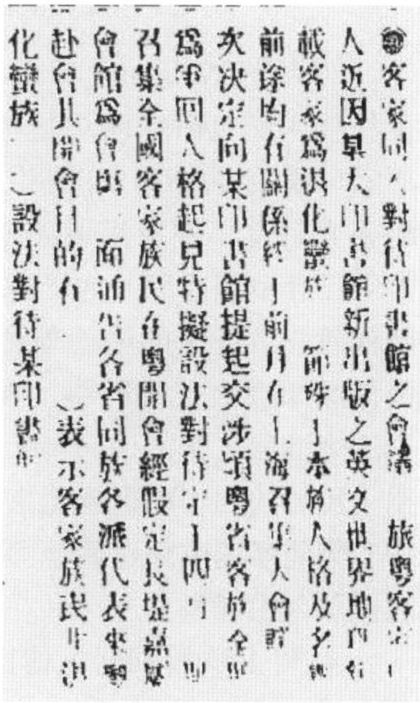

客家同人對待印書館之會議　旅粵客家人近因某大印書館新出版之英文世界地理有載客家為退化蠻族　節碍于本族人格及名譽前途均有關係經于前月在上海召集人會議次決定向某印書館提起交涉須粵省客系全體為爭回人格起見特擬設法對待等于四月召集全國客家族民在粵開會經假定長堤嘉屬會館為會場　而通告各省同族各派代表來粵赴會其開會目的在（一）表示客家族民非退化蠻族（二）設法對待某印書館

圖3：有關教科書爭議，香港華字日報的報道，1921年3月29日。

漢學家傅吾康教授對馬、印、泰三國華文銘刻文獻資料採集之貢獻

蘇慶華 遺著

馬來亞大學中文系

（原文刊於蘇慶華主編《慶賀傅吾康教授八秩晉六榮慶學術論文集》，吉隆坡：馬來西亞大學中文系畢業生協會，2000年出版）

前　言

　　傅吾康(Wolfgang Franke)博士，乃德國漢堡大學漢學系退休教授。氏為研究明史之權威學者，同時亦為國際著名的漢學家。傅教授於1912年誕生於德國漢堡，氏先後就讀於柏林大學東方語言學院及漢堡大學漢學系。於1935年考取博士學位後，氏赴中國進修。他於1937年經上海、蘇州、南京，赴北平就任設立於北平的中德學會學術秘書職。氏於1938年-40年間擔任該學會之代理幹事，獨自支撐該會會務及中德雙方學術交流之推展工作。1946年秋，氏離開北平，任教於國立四川大學，氏於1948年底重返北京，任教於北京大學西語系，一直到1950年他離開中國返回德國就任漢堡大學中國語言與文化系正教授兼系主任為止，一共在中國呆留了十三年之久。

　　在川大執教期間，傅氏嘗在當地作金石學的田野考察，並由其研究助手拓下了五十多種漢墓內之石刻拓片，進行了有關漢墓和漢代史之研究。這一考察，竟與他於1960年代末及其後所進行的大規模東南亞華人金石銘刻文獻採集工程遙

1980年6月，蘇慶華與傅吾康教授（居中兩立）合照。

遙的銜接上了。

　　傅氏於1960年代起，開始有志於尋訪自明末以來越來越多在東南亞各地生根落戶的晚清時期東南亞華人史料，再加上因緣際會，使他與馬、星兩國結下了不解之緣分。氏嘗於1963至1966年間出任馬來亞大學中文系客座教授，並主持新成立的該系系務，氏又於1969至1970年間被新加坡南洋大學歷史系與中文系聯合聘請為客座教授。由於這段不淺的因緣和學術志向所在，使氏於1977年自漢堡大學退休後，全力投入東南亞華文碑銘的搜集工作。氏於1978至1983年間，重做馮婦，出任馬來亞大學中文系的客座教授，並繼續其銘刻文獻之搜集和編撰工作。

　　傅師母胡雋吟女士（1910-1988)，籍隸皖北壽縣，早年畢業於天津南開大學教育心理學暨哲學系。師母對中國戲劇之研究亦有湛深之造詣。傅老師於1991年紀念師母逝世二周年時曾撰有《胡雋吟女士事略》一文，贊譽其「才智德行」，並指出在他初抵中國時「得其引導協助，瞭解環境，克服困難」，其後數十年⋯⋯更無時不賴其助。讀古籍每有

疑義輒以請教，獲益良多。）在傅老刊行之八鉅冊《東南亞華文碑銘彙編》扉頁上均注明由胡雋吟與張麗卿等助理，足見傅老三十年如一日的採集和編著華文碑銘志業上，師母應記上一大功！

　　氏與陳鐵凡教授（1912-1992)合作進行之馬來西亞各州的華文銘刻資料之尋訪和搜集工作始於70年代初。在德國學術基金會於1971至1974年贊助之特種學術研究計劃下所進行的以「東南亞華人金石木陶銘文集」為命題的研究工作，也涉及了印度尼西亞及泰國兩國的相關資料之搜集。傅、陳二氏為搜集那些平日不受人注意，而已褪了色的碑文投入了全部的精力。他們不憚跋涉，深入東西馬、汶萊、印尼、泰國各地的城鄉僻壤，足迹更遍及了各地的華人寺廟、祠堂、會館和義山墳地。

　　二氏在多年合作採集和編寫華文碑銘工作上最得意之收穫，乃於1972年間於汶萊一處回教墳場裏發現一志年景定甲子年（公元1264年）「有宋泉州判院蒲公之墓」之碑石。此一南宋時代墓碑乃迄今所知東南亞一帶被發現最古老之華文銘刻。當消息被傳開時，曾引起學界的廣泛重視。[1]

　　陳鐵凡教授於1976年自馬大中文系退休及稍後移民加拿大溫哥華市後，負責補充編輯和出版這些文獻資料的重擔便落在傅教授身上。近三十年來，傅教授與他先後的合作人，為了編輯及出版這批珍貴的第一手田野採集的華文文獻資料付出了心力。尤其是高齡八十多歲的傅教授，始終為這項大型搜集和出版工程作出了巨大的貢獻。目前，馬來西亞和印度尼西亞兩國的華文銘刻萃編和彙編已經全套付梓面市。泰國方面者，亦已由台灣新文豐出版社於1997年付梓。

1　傅老與陳鐵凡教授在較後時曾聯名以英文發表了 "A Chinese Tomb Inscription of A.D.1264, Discovered Recently in Brunei: A Prelimary Report"專文。該文刊於*Brunei Museum Journal* 3:1,1973, pp91-99.又，參閱陳鐵凡、傅吾康撰《略論汶萊宋碑新證》，刊馬來亞大學中文系《學術論文集》第五輯， 1992, pp7-15.

　　鑒於傅教授在這方面所作出的巨大貢獻，本文擬於下文時對馬、印、泰三國共八鉅冊之套書作詳盡的介紹，指出該書之出版對三國華族史的增訂和添補方面所起的積極作用，並藉此向傅老致以最崇高的敬意！

一、《馬來西亞華文銘刻萃編》之出版

　　誠如陳育搭先生於《新加坡華文碑銘集錄》一書的〈緒言〉中指出「有關華族在東南亞各地的歷史資料，保存下來的雖然不少，但散佚的情況也很嚴重……散佚的必須搜輯，被破壞的必須搶救」。[2]

　　傅老及其合作人所進行的搜集工作，便是為了搜集和搶救這批在城市改建、破舊立新工程進行中，不經意被銷毀和破壞的珍貴歷史文獻！在二老的通力合作下，《馬來西亞華文銘刻萃編》第一卷於1982年由馬來亞大學出版社正式出版。該冊共輯入吉隆坡、柔佛、吉打、吉蘭丹及馬六甲五州的華文銘刻文字、文物照片及中、英文說明文字。書前更有長篇的中、英語〈前言〉。

　　該書第二卷，輯入森美蘭、彭亨及檳城三州之華文銘刻文獻，且一如第一卷於各有關文獻插入文物照片和說明文字。第二卷仍交由馬來亞大學出版社出版，惟出版時間則於三年後的1985年。

　　第三卷輯入霹靂、玻璃市、雪蘭莪、丁加奴、沙巴及砂勞越六州的華文銘刻資料。書後附有人名、商號及機構索引。此卷由馬來亞大學出版社於1987年出版。全書共三卷，厚1,510頁。

　　雖然在該書出版之前，已見饒宗頤教授於1969年發表於《新加坡大學中文學會學報》第10期的《星馬華文碑刻繫年

2　見陳荊和、陳育榕編著《新加坡華文碑銘集錄》，香港：香港中文大學出版社出版，1972年。

(紀略》長文，及前面介紹由陳荊和陳育崧二氏編著，並於
1972年出版之《新加坡華文碑銘集錄》一書，但二者的涉及
面和量方面均不及《馬來西亞銘刻萃編》的廣和多。

　　此書之出版，曾引起了有關馬六甲華人甲必丹系譜增補
方面的深入討論。[3]而陳鐵凡氏於該書〈前言〉中，更根據書
中所搜集的資料作有關幫（方言群）權、華人廟宇及其所供奉
神靈之由來、碑文中所見各種紀年法、英語、馬來語音譯詞、
禮制，馬六甲甲必丹系譜等方面作出了初探。很明顯的，此
書的出版，經引起當地史學者的注意，紛紛據此為補訂和增添
華族史的工作，進行了有意義的學術研討。易言之，此書之出
版，不僅為保存史料方面作出了積極的貢獻，間接的也帶動了
研究和撰寫更充實、可靠的當地華族史的新潮流。

二、《印度尼西亞華文銘刻彙編》之出版

　　該書共分4冊，即第一卷輯入蘇門答臘島(Sumatra)上的
亞齊(Acheh)、北蘇門答臘、寥內(Riau)、西蘇門答臘、占卑
(Jambi)、南蘇門答臘、明古連(Bengkulu)及楠榜(Lampung)各
地的華文銘刻資料。該卷厚575頁，於1988年由新加坡南洋
學會出版。

　　第二卷，分上、下二冊，輯入爪哇島(Jawa)上的雅加達
(Jakarta)、西爪哇、中爪哇及東爪哇各地的華文銘刻資料。
二冊厚870頁，由新加坡南洋學會，巴黎法國遠東學院暨巴
黎群島學會於1997年聯合出版。

　　按：此卷為蘇爾夢 (Claudine　Salmon)　及夫婿Denys
Lombard二氏於1977年出版之Les Chinoisdi Jakarta, Temples et
vie collective（《雅加達華人廟宇》）一書後，最完整的爪哇

3　例如鄭良樹於《亞洲文化》第三期發表了《馬六甲華人甲必丹補
　　義》，駱靜山於同刊第四期發表了《馬六甲華人甲必丹繫年商
　　榷》，莊欽永於同刊第十六期發表了"Two Notes on Chinese Kapi-
　　tans in Malacca"等是。

島華文銘刻彙編。

　　第三卷乃輯峇厘、加里曼丹、蘇拉威西(Sulawesi)及馬魯姑群島創(Moluccas)各地的華文銘刻資料，書後附有各廟宇所供奉神明之說明文字及參考書目。該卷厚424頁，亦於1997年由南洋學會出版。

　　有關印度尼西亞的華人歷史文獻資料，尤其是以華文撰寫者殊為少見，一如傅老於《東南亞華文銘刻資料的搜集與出版》一文中指出：「（在印尼），有些石質堅硬的碑石，為鄰近居民所取，用以作為石階，洗衣之砧石，石臼，甚至用作架小河溝的石橋。」[4]在這種情況下，傅老為學界費心所保存的原始文獻資料尤為珍貴。由於該書全套剛出齊不久，未見從事印尼華族史研究的學者摘錄。但可以肯定的是，該書的出版已為撰寫一部新編的該國華族史提供了扎實，可靠的新資料。

三、《泰國華文銘刻彙編》

　　《泰國華文銘刻彙編》一書，厚786頁，乃傅老與泰國華裔學者劉麗芳合作編撰，除了中、英文，該書也輯入了文獻中所見之泰文部分。該書由饒宗頤教授寫序，臺灣新文豐出版公司出版。經筆者協助傅老將中文部分校讀一通，又由台灣學者王見川先生協助進行最後一校，已於1998年正式出版面市。

　　該書前面有傅老與劉麗芳女士各以英、泰文撰寫的〈前言〉，內收大曼地區、大城(Ayutthaya)、佛統(Nakhon Pathom)、北欖坡(Nakhon Sawan)、武里南(Buriram)、烏汶(Ubon Ratchathani)、昌萊(Chiengrai)、普吉(Phuket)、素叻(Suratthani)、拉廊(Ranong)、陶公(Narathiwat)、北大年(Patani)、宋卡(Songkla)、耶拉(Yala)等大小城鎮華文銘刻文獻，並圖文並

4　見傅吾康撰，蘇慶華譯〈東南亞華文銘刻資料的搜集與出版〉，刊林徐典編《漢學研究之回顧與前瞻》（歷史哲學卷），北京：中華書局，1995年，p.212。

茂。書後還附錄了上述碑銘資料中有關各神明的簡介和參考
書目。在目前中文文獻資料極為少見的泰國，本書之出版，
肯定為今後撰寫一部全新的泰國華族史提供了一定的條件。[5]

四、小　結

　　傅老在近三十時年來為這批田野考察所得的第一手原
始資料付出了心力。他老人家所寄望的是這項工程能為年輕
的學人所承繼。誠然，這項漫長而又艱難的田野考察和碑銘
搜集工作，非有像傅老的堅毅精神和聲望，將難以成就其
事。但，至少足以令傅老告慰的是，該書之出版已為學界所
重視，並以之作為深入探討的依據。相信不久的將來，將見
累累的新學術成果，為馬、印、泰三國的華族史掀開新的一
頁。[6]在馬、印、泰三國華文銘刻彙編即告出齊之際，傅老
自本邦報章中得悉吉蘭丹一座光緒十三年的華人甲必丹墓碑
近日被發現的新聞，而雀躍不已。在其學生謝愛萍博士載送
下，傅老親自到現址瞭解狀況，並作了記錄。這種鎮而不舍
的求知精神，正是我輩學習的最佳榜樣！謹志於此以自勉，
並與學界的朋友們共勉之。

5　本書合編者之一的劉麗芳已於1994年12月與麥留芳博士合撰了《
　　曼谷與新加坡華人廟宇及宗教習俗的調查》一書。該本調查報
　　告，厚187頁，經由台北南港的中央研究院民族學研究所編入《民
　　族學研究所資料彙編》第九期，正式出版。隨着本書的出版，相
　　信會有更多有關泰國華人史的新著陸續付梓問世。

6　受到傅、陳二老之影響，而於近十餘年來，致力於華文銘刻資料
　　之採集之新加坡學人莊欽永先生剛於不久之前（1998年10月）出
　　版了《馬六甲、新加坡華文碑文輯錄》，編入《民族學研究所資
　　料彙編》第十二期。該書厚232頁，輯入了馬六甲、新加坡兩地之
　　墓碑、神主，長生祿位與墓誌銘和其他銘刻資料。友人張少寬君
　　也於1997年年底，將其近二十餘年來辛勞採集之檳城碑銘史料交
　　由新加坡亞洲研究學會出版，書名曰《檳榔嶼福建公冢暨家冢碑
　　銘集》。該書輯入有關十九世紀檳榔嶼福建公冢和家冢之研究論
　　文二篇，福建公冢暨家冢碑銘錄，福建公冢歷屆職董與墓誌銘。
　　全書厚235頁。

我的學術研究歷程*

蘇慶華 遺著

前 言

　　時光忽忽而過，不覺已達花甲之齡；自大學教學崗位「退役」，成為所謂的「自由人」也快四年了。回首前塵，仿佛昨日。承蒙克威博士數度來電，催促為《學文》寫篇個人學術研究歷程的文章，覺得個人三十餘年於學海生涯探索的點滴歷程，興許可與年輕學子分享一二，庶幾在前人的問學基礎上省卻不必要的周折和寶貴時間，較順暢的繼續探索之前路。故不揣淺陋，於文中分作若干章節，略述個人學術研究之經歷。

對大馬華人民俗之研究與通俗撰述

　　早於進入馬大中文系當講師（1989年）前，我因在檳城老街區住家所處四周均為華人廟宇和宗祠所「圍繞」，各廟宇神誕醮儀、酬神戲和宗祠慶典活動之舉行，幾遍布一年裏的每個月份，故此對華人節慶民俗頗感興趣，居常亦喜與父老閑聊當地掌故，漸次據節慶中聽聞目見下筆為文。自1982

*　〈我的學術研究歷程〉一文，原刊於正編輯出版《蘇慶華論文選集》第六卷附錄，現徵得蘇慶華家人同意，收錄於《爐峰古今2018》一書。

蘇慶華教授出席「華南地區歷史民俗與非遺」國際學術研討會

年開始，將文章投給《文道》月刊，《資料與研究》月刊諸刊物。蒙主編鼓勵而持續筆耕，已發表的篇什積累起來也有一定數量。1990年代初，復受邀於《星洲日報·星期筆匯》之欄目定期撰寫本地民俗觀察一類的文章。1994年獲馬大頒予出國深造獎學金，承蒙時任華社研究中心（華研）義務主任游若金博士的鼓勵，遂決定於赴加拿大攻讀博士學位前夕將上述刊物發表過的文章加以選輯、出版成冊做個紀念，書名為《節令、民俗與宗教》。[1]

在這之前，我已於1985年在駱靜山主編的《宗教與禮俗論集》[2]發表了題為〈華人傳統節令與馬華文化〉的單篇論文。算起來，我所開展的我國華人民俗研究通俗性寫作，還早於我所撰寫的宗教研究論文。當中所涉及的內容，還包括華人傳統美食、堂號、春聯等。

在前輩張少寬和曾松華（梅井）先生的舉薦下，我也曾於1983年在劉問渠主編的《檳州華人大會堂慶祝成立一百周年暨新廈落成開幕紀念特刊》上發表了一篇屬於當地華

1　該書由華研於1994年7月出版。
2　該書由馬來西亞雪蘭莪中華大會堂於1985年出版，屬馬來西亞華社資料研究中心書系之一。

人史、題為〈百年來的檳城頂日落洞網寮〉（兼談網寮媽祖廟——山海宮）的小文章。這些皆屬個人在馬六甲中學教學之餘，受邀請而先後撰寫篇幅較短的文章，也可說是我正式投入學術性撰述前經歷的「萌芽」期。

憑藉目錄學作為探索學術門徑之鑰匙

追憶1970年代末於馬大中文系念本科時，受到蘇瑩輝（景坡）師（1915-2011）講授之目錄學所影響，個人於開始進行某一課題研究前，均慣於先檢索相關課題「編目」「引得」一類的工具書，以便從中找出前人已發表/出版的論文篇名和專著書名，出版出處和年代等重要資訊，然後據之想方設法把所需要的論文/專著找出來參考/研讀，經消化後，將相關資訊徵引於一己之論述當中。如此，既可避免重複前人於該課題上已完成的研究工作，亦可借前人之研究基礎更上層樓、進而拓展新面向探索，間接地節省了不少時間。

個人認為：此一做學問之「笨功夫」絕不可省！反觀今日學子大多不肯吃苦，往往在電腦鍵盤上打出關鍵詞，未經消化或考核查證，即以「剪貼」（cut and paste）的方式將網站上資料直接引述/摘用於自己的論文裏頭，結果完成的「論文/研究成果」很多時候恐難以符合學術規格之嚴謹要求！須知，除了少數嚴肅的電子版學報，一般於互聯網上發布的文章/論述多未經專家審閱、讓作者修訂後正式發表者，故此充其量不過為借網絡平臺發表之個人觀點。同樣的，網上發布的一般論著，較之於由出版社交專家審核後建議正式出版的學術專著當然不可同日而語！

中國已故文史巨匠郭沫若先生（1892-1978）在其名著《十批判書》中曾說過：「無論做任何研究，材料的鑒別是最必要的基礎階段。材料不夠，固然大成問題；而材料的真偽或時代性如未規定清楚，那比缺乏材料還要危險。因為材

料缺乏，頂多得不出結論而已，而材料不正確，便會得出錯誤的結論。這樣的結論，比沒有更要有害」。[3]郭公是說誠為的論，從事學術研究工作者務必嚴肅看待之！

　　由於對課題研究書目/目錄運用的重視，個人也熱衷於從事學術參考編目的工作。利用歷年積累和跟進更新的研究書目資料，我曾先後撰寫了〈1986-1991年間中國大陸出版有關媽祖研究專籍及論文叙錄〉〈馬來西亞華族民間學術、文化團體所出版的學術性刊物初探〉〈馬來西亞中文文獻的收藏和出版現況〉〈有關鄭和研究的參考資料（附：近年來發表的有關鄭和研究論文目錄選輯）〉〈東南亞華人民間宗教研究述評〉及〈他山之石：西方漢學與中國民間宗教研究經眼錄〉[4]等專注於撰述宏觀綜述的情報性學術論文，介紹某課題的研究源流、發展趨向、最新探索動態、相關著作出版出處等方方面面的信息。一方面為自己的研究資訊存檔備查，另一方面也惠及對相關課題感興趣的同道，為他們提供參考上的便利。

　　語云：工欲善其事，必先利其器。類此為學術研究編目的笨功夫，不免被某些人譏為白費氣力，「為人作嫁」。老實說，個人在學術探索道路上，不時嘗到了「前人種樹，後人納涼」的參考書目勞績甜果，始終視之為自利利他、功德無量的好事一樁！故於從事學術研究之餘，本身亦權當「義工」樂此不疲地投入學術編目一類的工作！

傳承傅老重視碑刻銘文資料的搜集和研究傳統

　　業師傅吾康（Wolfgang Franke, 1912-2007）教授自1977

3　轉引自周安達源撰（許更生著）《海絲雕龍·序》，北京市：中國文史出版社，2016年，頁3-4。

4　參閱《馬新華人研究：蘇慶華論文選集》第1卷，吉隆坡：馬來西亞創價學會出版，2004年，頁261-283，285-307，331-353及《馬新華人研究：蘇慶華論文選集》第5卷，雪蘭莪：馬來亞文化事業有限公司，2016年，頁208-319。

與慶華教授泉州清源山參訪

年提早從德國漢堡大學退休後，即潛心於東南亞華文碑銘史料之搜集、整理、編輯和出版工作。在傅老和陳鐵凡教授（1912-1992）並肩合作之下，由馬來亞大學出版社出版、厚1510頁的的三卷本《馬來西亞華文銘刻萃編》相繼於1982，1985及1987年面世。其後，傅老復與法國蘇爾夢（Claudine Salmon）及香港蕭國健教授合編，交由新加坡南洋學會出版了《印度尼西亞華文銘刻萃編》第一卷（1988）、第二卷（上下冊，1988）及第三卷（1997）共4冊的印尼華文銘刻萃編；最後他又與泰國華裔學者劉麗芳合編了一巨冊、厚786頁的《泰國華文銘刻彙編》，由臺灣新文豐於1996年出版。

　　在近三十年的歲月裏，由於長期獲德國福斯威根基金會、李氏基金等財團在考察和出版經費上予以支援，傅老遂得專注地為自田野搜集到的第一手銘刻資料出版工作付出了巨大的心力！他曾撰寫〈東南亞華文銘刻資料的搜集與出

版〉一文，[5]發表於新加坡國大中文系主辦的國際學術研討會上，對其本身所進行的是項重大碑銘搜集工程作出了總結性的回顧和評述。

附帶在此與大家分享一則傅老當年與筆者晤談時透露他老田野訪碑、做記錄時之寶貴經驗：他認為「光是拍攝有關的碑刻還不足够，必須輔之以現場碑刻文字抄錄的步驟，或以玉扣紙將有關碑刻原件拓下來存檔，方可確保日後被選刊的碑石照片和所刊錄之碑記文字完全相符」。傅老這番言談和他做學問的認真態度，值得今後進行金石碑刻銘文採集工作者學習，並加以重視和實踐的。

筆者曾上過傅老在馬大中文系本科開設的明史、清末民初史課程，並曾數度陪同老師訪碑及搜集華文銘刻資料的田野考察工作。以是，筆者對本地碑刻銘文的研究產生興趣，曾先後撰寫了〈吉蘭丹「聖春宮」廟前匾額文字校補記〉[6]〈有關'敬惜字紙'的習俗和碑刻文〉[7]〈雪蘭莪吧生五條路觀音亭的歷史：以現存銘刻資料與歷史文獻為探討中心〉[8]諸論文，內容均與碑刻銘文和歷史文獻研究相關。近期，為了更正報章上所見的謬誤撰文，筆記又提筆撰寫了〈「僊艈」即是「王船」乎？——從馬六甲幹冬「清華宮」現存咸豐元年

---

5 參閱傅吾康撰、蘇慶華中譯〈東南亞華文銘刻資料的搜集與出版〉，刊林徐典編《漢學研究之回顧與前瞻·歷史、哲學卷》（下冊），北京：中華書局，1995年，頁211-219。

6 該文原刊《文道月刊》第19期（1982年）。其後，複輯入蘇慶華主編《慶賀傅吾康教授八秩晋六榮慶學術論文集》，吉隆坡：馬大中文系，2000年，頁142-148。

7 該文原刊《文海》創刊號（1988年5月），詩巫：砂拉越華族文化協會，頁14-17。其後，復輯入蘇慶華主編《慶賀傅吾康教授八秩晋六榮慶學術論文集》，吉隆坡：馬大中文系，2000年，頁150-157。

8 該文原刊《南洋學報》第65卷（2011年8月），頁123-136。其後，復輯入蘇慶華著《東南亞華人宗教與歷史論叢》，新加坡：青年書局，2013年，頁154-169。

《造仙鷴捐題碑》銘刻文談起〉一文[9]，以糾正之。像這類論文之撰寫，不能不說與傅老的熏陶和鼓勵有一定的關係。

以文化人類學方法研究和撰寫媽祖研究論文

我從大學本科專注於中國古典文學（畢業論文撰寫〈東漢末古詩十九首研究〉），攻讀碩士學位時，因了業師陳志明教授之牽引和指導，而轉入文化人類學的研究領域，撰寫題為〈大馬半島的媽祖信仰研究〉之碩士論文。拜師陳教授門下學習期間，我曾向陳師自我推薦，將其以英文撰寫之名著《馬、新德教會之發展及其分布研究》（The Development of Dejiao Associations in Malaysia and Singapore: A Study on a Chinese Religious Organization）[10]翻譯成中文，於1991年由代理員文摘出版社出版。[11]

我自1980年代初開始研究大馬媽祖（天后）信仰以來，便一直對此課題不離不弃，迄今仍不曾間斷過。除了碩士論文，我先後撰寫了十多篇有關大馬和新加坡媽祖研究的論文，發表於國內外國際學術研討會上。我也曾和劉崇漢兄指導馬大中文系學生（包括臺灣畢業的林嘉運）進行媽祖廟田野考察，並與劉兄合編、出版了《馬來西亞天后宮大觀》第1～2輯（2007，2008），一共輯入了東、西馬40餘間信息頗為詳盡之我國媽祖廟宇考察成果。此專輯之出版，深受國內外學界的重視和贊揚。

9　該文刊華僑大學華僑華人文獻中心暨（美）俄亥俄大學邵友梅博士海外華人文獻研究中心聯合主辦，張禹東、莊國土主編《華僑華人文獻學刊》第5輯（2017年9月），頁74-80。

10　該書英文原版乃由新加坡東南亞研究院於1985年出版。

11　令人感興趣的是：此中譯本德教研究，竟然引發了中國和臺灣學者對此課題的熱情追踪研究，自2000年代以來的東南亞德教研究論文撰述，幾乎清一色為中、港、台學者所包攬。【參閱《馬新華人研究：蘇慶華論文選集》第5卷，雪蘭莪：馬來亞文化事業有限公司，2016年，頁259-261。】

　　除此之外，自上世紀80年代以來我即不曾間斷地搜集媽祖研究論文集、專著、學位論文、特刊、經文（包括錄像光盤）等，迄今個人所珍藏的各國和地區的媽祖研究資料與圖書已達百餘冊（種）之數！

　　另一方面，經近年來中國大陸官方暨學界，以及臺灣學界多年的推波助瀾下，媽祖研究已蔚然成風，成為當今的一門「顯學」。在海峽兩岸，迄今仍不時有舉辦媽祖研究的國際學術研討會；已出版面世的研討會論文集、媽祖研究專著，在數量和內容類別上之多，有如汗牛充被；於書刊包裝和設計的講究上，更是七彩繽紛令人目不暇給！當中，有些實可歸為濫竽充數、充斥市場之粗製濫造「商業化」出版品。故此購買前得謹慎篩選，仔細翻看該書的目錄並約略理解內容後才決定是否將之購卜，以免花費了金錢而又心疼，追悔莫及！

　　追溯我於1980年代初進行的媽祖研究，可說是一切從無到有，歷盡艱辛！剛開始時，因我國大多數的海南會館內後座大廳都附設有祭祀媽祖的天后宮，以致我誤以為媽祖原本就是海南人[12]專祀的鄉土神。後來搞清楚後，才知道原來媽祖的故鄉是莆田賢良港、升仙地是莆田湄洲島。再經細查之後，理解我國福建會館內亦常設有天后宮，還有源自媽祖「娘家」——莆田的興化人所建設的「興安會館」，林氏族人的宗祠，[13]以及以捕魚為業的漁村聚落等處，一般都設有媽

12　史書記載，今日之海南人早期乃自莆田移入瓊州（今海南島），有些或因從商（海上貿易）故、有些則因遭貶謫而流寓於斯。所以海南人與福建人，早期在某種程度上算是有一定的血緣「淵源」。瓊州（海南）人，崇祀媽祖也或因如此而有著一定的「道理」。

13　以媽祖姓林名默故，林氏族人尊她為「祖姑」，每年於農曆三月廿三日媽祖寶誕舉行隆重的祭祀典禮，并設宴慶聚集團結族人、頒發子女獎助學金以勉勵宗族子弟。

祖的祭祀場所——天后宮。[14]

　　從事媽祖研究田野調查工作，亦真可謂苦不堪言。因為看守媽祖廟/天后宮者，多對媽祖的「歷史」不甚了了，很多時候是一問三不知，或乾脆讓你自己進廟內看看。有些則把配祀於天后宮的道地海南人鄉土女神——「水尾聖娘」與媽祖混為一談，有些竟說兩者為結拜姐妹，也有稱媽祖為「林孝女」[15]的。林林總總、莫衷一是的稱謂，令人陷入五里霧中——越聽越糊塗！

　　後來，我好不容易才托人買到臺灣林明峪著的《媽祖傳說》[16]，李獻璋著的《媽祖信仰之研究》（日文版）[17]，也先後找到了韓槐准早前刊登於《南洋學報》的〈天后聖母與華僑南進〉（刊於1941年）及朱杰勤的〈福建水神天妃考〉（刊於1950年）諸論文等參考資料，細讀之後總算把媽祖的「身份」給搞清楚。再加上田野考察時進行的早期移民南來的經歷及其個人對媽祖的信仰、他們曾聽聞的媽祖傳說掌故等口述歷史記錄，搜查少數廟內尚珍存、有助鑒定歷史年份的文物（如碑銘、牌匾、鐘鼓、銅香爐）等。這些通過多元途

14　由是觀之，媽祖乃跨越地緣（會館）、血緣（宗祠）、業緣（捕魚、海運業）組織的全國性民間信仰；漸次也有演變成為守護華人聚居村落平安的地方守護神者，其廟宇往往成為具代表性的村廟暨村民日常聚集的活動中心；每隔數年舉行一次的媽祖繞境出巡，深獲全村居民投入熱烈歡慶之宗教性活動。有道是：「有海水的地方就有華人，有華人的地方就有媽祖廟」，誠然！

15　馬六甲青雲亭配祀媽祖的側殿門前有對聯云：「救父拯兄成孝悌，庇民利國范忠貞」，即是針對媽祖此孝行典故而稱她為「孝女」者。民國初年，在「破除迷信」號召下國民黨政府曾經一度將中國國內的媽祖廟改名為「林孝女祠」，但民間對此政令所作指稱更改似乎不太理會，日常仍多以媽祖廟/天后宮稱之。

16　林明峪著《媽祖傳說》，臺北市：聯亞出版社，1980年。是書為其中一本最早出版有關媽祖的學術性著作，購買到此書當時令筆者如獲至寶！大陸的媽祖研究著作，則要遲至「文化大革命」結束、迎來改革開放新局面後的1980年代末/90年代初才逐漸有類似書籍出版面世。

17　該日文版專著比上揭林著《媽祖傳說》還要早一年（1979年8月）面市，由東京：泰山文物社出版。

徑搜索、積累所得的所謂「學術資糧」，結合上述文獻、碑
銘等方方面面的資料加以清理和經研判後，總算釐清了媽祖
信仰在馬來半島各地演進和歷史發展，更弄清其於不同地域
和社群中的信仰現況。

　　總的來說，我當時所採用的研究「策略」是：綜合人類
學田調與文獻搜查、以及早期移民口述歷史採集等「學術資
糧」，依據時代和內容加以歸類並作出分析，使整體論文之
思維進路首尾連貫、一氣相通，從而展現出專題研究成果一
定程度的「新面貌」。

　　數年的努力不懈，備嘗艱難苦澀，終於讓我於1987年完成
了碩士論文之撰寫任務！雖經歷搜查資料和田調的種種苦辛磨
練，但個人始終認為：這一切的努力絕非白費！憑藉研究過程
所積累的經驗和認識，以及彙集方方面面的豐富史料，於其後
撰寫有關媽祖方方面面研究的論文時，使我仿佛如面臨一股「
活水源頭」，下筆撰文時令我「左右逢源」，甚或於思緒上可
感受到「如有神助」之飛躍和飽足！這種自我「超越」的經驗
體會「幸福」感，庶幾可與古人所謂的「先苦後甜」相呼應。
俗云：「種瓜得瓜、種豆得豆」，個中道理，誠不我欺也！

　　以媽祖課題研究作為終身探索的志業之一的我，秉持
不怕吃苦的實幹精神隨時隨地挖掘相關資料，勤於做筆記、
敏於思考，抱持開放和謙卑的態度不恥下問。與此同時，廣
交同道益友，大家在資料上互通有無、互相勉勵和交換出版
物。長此以來，個人搜集到有關媽祖研究方方面面的資料和
借互相交流積累的學識，思路自然要較「閉門造車」或單槍
匹馬、孤軍作戰的「獨行客」來得寬廣些，因而所撰寫的各
篇相關媽祖研究論文也就不至於嚴重重複、了無新意。

我對馬來西亞王爺信仰的研究

　　回顧我多年來所從事的王爺信仰研究，可謂無心插柳、

柳成蔭。猶記得1980年代初在馬六甲普羅仕邦中學教書，同時以在職兼修方式攻讀馬大碩士課程，由於研究課題乃有關華人宗教，所以亦曾到訪歷史悠久的馬六甲萬怡力勇全殿舉行考察，就這樣與該廟的負責人蘇汶才和方有財先生結識。其後，我復曾於1990年代初數度到訪該廟，並於1990年代末受委托為勇全殿撰寫一部學術性廟史和王爺信仰研究專著。經多方努力和歷盡苦辛，書名為《代天巡狩：馬六甲勇全殿池王爺與王船》（簡稱《代天》）的著作終告完成，並於2005年正式出版。

　　該書的特點是：圖文並茂，全書以全彩精印。內容分為〈歷史沿革篇〉和〈文物選輯篇〉兩大部分。前者輯入了勇全殿創建沿革、王爺信仰和王船祭的考究文字，字裏行間穿插了多幀精選的照片；後者則收集了不少勇全殿內現存珍貴文物照片和歷年舉行王舡游行盛會的歷史性圖片。該書出版後，獲得臺灣知名王船和王爺信仰研究專家李豐楙教授及洪瑩發博士，本國及大陸、日本等國家學者和學界的重視，頓時洛陽紙貴、爭先搶購。十餘年後的今天，該書已經是一書難求！

　　我對王爺信仰的研究，迄今仍孜孜不倦。自2005年《代天》出版後，曾先後於國內外學術會議上陸續發表了題為《祭祀圈與民間社會：以馬六甲勇全殿池王爺與五府王爺為例》[18]《朱、邢、李王爺的事迹與傳說》[19]，及《馬六甲王船巡游的譜系——兼談『送船歌』與『桃東』許榮科其人》[20]等數篇相關學術論文。這些論文均深受學界的重視，並於彼等論文中加以徵引。

18　該文刊林緯毅主編《民間文化與華人社會》，新加坡：新加坡亞洲研究學會，2006年，頁129-136。

19　該文刊林緯毅主編《淡賓尼聯合宮崇奉諸神：國際學術研討會論文集》，新加坡：淡賓尼聯合宮，2014年，頁17-30。

20　該文見《「2017臺灣王爺信仰文化國際學術研討會」大會手冊》，台南：2017年，頁134-151。

從事教派宗教（sectarianism）歷史和經典的研究

　　赴加拿大英屬哥倫比亞大學（University of British Columbia）攻讀博士學位、投師教派宗教史專家歐大年（Daniel L. Overmyer）教授門下之前，個人對羅（祖）教、先天道等教派宗教及其內部流傳的善書和典籍——《寶卷》，所知甚少。對晚明以來流傳民間的（「青陽、紅陽和白陽」）三期末劫、末後一著、龍華三會、九六殘靈（之救贖）、真空家鄉、歸根覆命、歸家認母、彌勒當極未來等教派宗教教義和無生老母信仰等內容，更是不明所以，仿佛墜入五里霧中！

　　其後，經歷了歐教授親自主持的研究生討論班的經典導讀「洗禮」，和為了應付班上之討論而不得不對教派宗教經典（如羅教《五部六冊》等）加以細讀、從字句中摸索體會，這才逐漸對教派宗教經卷中常見，諸如：救劫、收圓普渡、有緣人、暗鈞賢良、入「雲城」躲災避難、（免受）三災八難、早（登）上法舡（又叫寶筏）、齊超苦海、（坐金蓮）永證金身等這類有異於傳統佛教和道教的教派內部通用字彙，有了進一步的理解。這些認識，無疑對我研究屬於明清以來（清蓮教）教派宗教支脉的一貫道教義有很大的幫助。

　　為了更深入的理解教派宗教，我曾花了不少錢，先後購買了稀珍手抄、石印套書如：張希舜等編《寶卷初集》和王見川等編《明清民間宗教經卷文獻》[21]以及車錫倫編著的《中國寶卷總目》[22]。可以說，我對教派宗教及其經卷研究的態度是認真的，且經常為了研究興趣而不惜下足本錢採購相關參考書加以翻閱。

　　我曾發表過一篇題為〈華人民間信仰與寶卷中的彌勒形

21　《寶卷初集》全套40冊，山西人民出版社，1994年出版；《明清民間宗教經卷文獻》初編和續編，各12冊，臺灣新文豐出版，2006年出版，這些屬限量版套書價值不菲！

22　《中國寶卷總目》，北京：燕山出版社，2000年出版。

象：以教派宗教《寶卷》與一貫道經典為例〉的論文，[23]其
中所據之《寶卷》文本考據，多引述自業師歐大年教授於上
世紀末出版，題為《寶卷：十六至十七世紀中國宗教經卷導
論》（Precious Volumes: An Introduction toChinese Sectarian
Scriptures from the 16th and 17th Centuries）[24]之力著。而我於
這方面付出的努力，則是結合了教派宗教經典、文獻考據和
田野考察實況，探索其對當今華人民間信仰所產生的方方面
面之影響。

　　於1997年在加拿大英屬哥倫比亞大學亞洲研究系完成
了以〈大馬半島一貫道研究〉為題的博士論文後，我曾各
以中‧英文於國際學報上發表了一篇題為〈弘道海外：一貫
道發一崇德在新加坡、馬來西亞和泰國的傳揚與發展〉的論
文，[25]由於所考察的「發一崇德」個案不論在文獻、或數據
上均頗為俱全，故而頗受學界重視和好評。之後，我又陸續
發表了幾篇有關一貫道的論文，內容包括：一貫道與儒學的
互動與對話，「以教解經」的「一貫道儒家思想」，[26]一貫
道積極推動的「兒童讀經運動」和「全民讀經運動」，以及

23　該論文經輯入《馬新華人研究：蘇慶華論文選集》第5卷，雪蘭
　　莪：馬來亞文化事業有限公司，2016年，頁95-118。

24　該專著英文版乃由美國哈佛大學亞洲中心於1999年出版。馬睿翻
　　譯的中文版，則於2012年由北京：中央編譯出版社出版。

25　該文中文版，刊新加坡《南洋學報》第64卷（2010年8月），
　　頁25-43。英文版Soo Khin Wah "The Recent Development of the
　　Yiguan Dao FayiChongde Sub-Branch in Singapore, Malaysia and
　　Thailand"，刊Philip Clart and Paul Crowe eds., *The People and the
　　Dao: New Studies in Chinese Religions in Honour of Daniel L. Overmyer*,
　　InstitutMonumentaSerica‧Sankt Augustin, 2009年，頁109-126。

26　見〈儒學與宗教：互動和對話——以一貫道為例〉一文，輯入蘇
　　慶華著《馬新華人研究：蘇慶華論文選集》第5卷，雪蘭莪：馬來
　　亞文化事業有限公司，2016年，頁119-141。又，見〈「一貫道儒
　　家思想」初探——以道場對儒家經典的詮釋與其主辦之相關活動
　　為探討中心〉，輯入蘇慶華著《東南亞華人宗教與歷史論叢》，
　　新加坡青年書局，2013年，頁170-186。

「小狀元、大狀元經典會考」等活動之論述。[27]

　　此外，我也先後撰寫了兩篇馬、新先天道教派宗教的論文，即〈檳城的先天道支派：皈根道初探〉和〈麥長天、麥泰開伯侄與新、馬「飛霞」道脉初探〉。[28]這類文章，可視為我研究一貫道和涉獵教派宗教文獻之餘，偶或借助同道研究成果、戮力將零散相關資料組構補綴成篇之「副産品」。但類此成果之「收成」，卻往往歷盡艱辛，得來毫不輕鬆。

　　如前所述，個人認為：學術上的「活水源頭」，是「取之不盡、用之不竭」的！問題在於，如何將一些表面上看似平淡無奇的零散資源挖掘出來，並據之為我所用？這就往往牽涉到做學問時是否經冷靜思考和推敲，細心披覽手頭搜集到的資料。即令疑其與研究課題相關的文獻或田野現況牽連之任何蛛絲馬迹，均不肯輕易放過，如此方可能在學術探索中有所突破，甚或達「化腐朽為神奇」之境地！

回顧與前瞻

　　除了在學府教學生涯中盡力為莘莘學子授業解惑、指導彼等撰寫高等學位論文外，我幾乎將畢生精力全投入了學術研究和撰著工作，不知不覺也渡過了三十餘年的漫長歲月。

　　從童年身邊環境熟悉的節令民俗切入，陸續於半學術刊物和報章欄目上發表一些有關民俗起源考究及其流傳到本地現況和衍變的觀察性敘述文字，最終在1994年出國深造前

27　見〈儒學與東南亞現代社會：以馬、新華社熱衷推行的「兒童讀經運動」為探討中心〉一文，輯入蘇慶華著《馬新華人研究：蘇慶華論文選集》第5卷，雪蘭莪：馬來亞文化事業有限公司，2016年，頁362-384

28　〈皈根道初探〉一文，輯入蘇慶華著《馬新華人研究：蘇慶華論文選集》第3卷，雪蘭莪：聯營出版（馬）有限公司，2010年，頁1-29。〈「飛霞」道脉初探〉一文，輯入嚴家建主編《多元一體的華人宗教與文化：蘇慶華博士花甲紀念論文集》，雪蘭莪：馬來亞文化事業有限公司，2017年，頁78-99。

夕以出版《節令、民俗與宗教》一書，把此方面課題研討作為「階段性」的「了結」，但個人對華人民俗的興趣持續迄今，日後偶或發表涉及如〈吉祥圖與華人擇吉文化〉一類的學術文章，即說明此點。至於我於攻讀高等學位時先後專門探討媽祖信仰（碩士）和一貫道研究（博士）的課題，則於完成學位論文撰寫後，依舊是我孜孜不倦持續探索的課題，迄今不時仍見跟進、發表與此二課題相關的研究論文，歷盡三十餘載，可謂始終如一。

追溯1989年進入馬大執教，特別是1997年考取博士學位後重返大學重執教鞭，一方面為了個人呈報年度業績報告之需要，方面也因受邀參加國際學術研討會而陸續發表了相關學術論文，會議結束後又經歷「敲敲打打」的修訂和內容補充，把它們寄投學報上發表，經長久積累，文章達一定數量、足以編輯成冊時，又巧遇機緣為善心人所贊助，2004年個人第1卷論文選集於焉付梓面世。[29]接著，第2卷、第3卷論文選集又相繼於2009，2010年出版。論文分「宗教、文化篇」及「歷史、社會篇」二輯，內容均與個人民間宗教研究專業及感興趣的民俗、歷史和文化課題有關。出版面世以來，均頗受讀者歡迎。

2014年的論文選集第4卷，卻別開生面，合輯五篇研究「五大方言群過番歌」論文作單冊出版處理。話說從頭，個人向來對華族先輩無畏艱巨、涉江渡海下南洋謀生的可歌可泣過番史實甚為感動，曾經花了約莫七、八年光景，翻箱倒篋地將地方志和各方言會館特刊中刊載的過番歌、相關山歌謠諺等文本摘錄下來輸入電腦存檔。趁著2013年退休後的半年多閒暇時間，我陸續將客、閩、潮、粵及瓊籍各僑鄉和在南洋流傳下來的過番歌整理、撰寫成論文，先後發表於大陸、臺灣、新加坡和我國的學報上，獲得學界不錯的好評。

29　《馬新華人研究：蘇慶華論文選集》第1卷，於2004年由吉隆坡：馬來西亞創價學會出版。《蘇慶華論文選集》第2卷、第3卷，則由雪蘭莪：聯營出版（馬）有限公司出版。

於是一鼓作氣，徵求善長仁翁慷慨輸將，終告玉成其事付梓面市，此即過番歌專輯（論文選集第4卷）出版之來由也。[30]

　　論文選集第5卷，[31]又回到了以往三卷的「傳統」，將輯入選集的論文分「宗教、文化篇」及「歷史、社會篇」二輯。本來打算配合個人花甲登陸之際，接著出版論文選集第6卷；但在一眾師友的關懷和擁戴下，慶華斗膽作出改為出版一本由嚴家建博士主編、以個人暨師友論文合集、題為《多元一體的華人宗教與文化：蘇慶華博士花甲紀念論文集》的嘗試。[32]復蒙，我國出版界先進劉總慶輝先生鼎力支持本書的出版計劃和經費。在短短的半年時間內，這本別具特色和紀念意義的論文集遂得以如期付梓面世。

　　《東南亞華人宗教與歷史論叢》一書，在鍾靈學長陳榮照教授的關照下，輯入其所主編的「國際漢學研究論叢」第6種，由新加坡青年書局於2013年出版。

　　個人十分感恩在學術探索和出版的道路上很幸運地躬逢長輩、知己、貴人之提攜與扶持，遂得以如嘗所願地完成既定規劃的人生目標。今後慶華將一仍初衷，鞭策自己繼續在學術探索路上馳騁，於有生之年貢獻一己綿薄之學識與研究成果，庶幾為後進提供借鑒和參照的方便。果真能達成此一個人之小小願景，則善莫大焉！

30　《蘇慶華論文選集》第4卷（過番歌研究專輯），於2014年由吉隆坡：商務印書館（馬）有限公司出版。

31　《蘇慶華論文選集》第5卷，於2016年由雪蘭莪：大馬文化事業有限公司出版。

32　貢獻本論文集的師友來自德國、大陸、臺灣、香港、新加坡及我國一共六個國家和地區。收入論文集的文章，除了「第一輯」收個人論文5篇外，「第二輯」收師友所貢獻者12篇，合共17篇，全書厚達446頁，由雪蘭莪：大馬文化事業有限公司出版。

從黃泥涌到跑馬地

蕭國健教授

珠海學院香港歷史文化研究中心主任

一、前言

　　黃泥涌村位於今跑馬地毓秀街、榮光街、昌明街，及棉發街一帶。早於前清乾隆年間，該處已有人居住。該地建有黃泥涌村，開埠期間(1841)，人口300人。該村依山建築，村前為田疇，地屬錦田鄧氏所有。錦田鄧氏稅畝總呈載：該族於1720-1762年間，曾向新安縣登記擁有黃泥涌約189畝地。當地居民當向其繳稅。村後山上有小涌流下，水中帶有黃泥甚多，故名黃泥涌。該涌流經村前農田後，經一狹長水道，直流出海。因該出海水道狹長，形如鵝頸，故被稱作鵝頸。

二、開埠初期

　　1842年後，香港英屬，英軍進駐摩理臣山。因不適應環境，且多不服水土，故多死亡。死亡之英軍多被葬於農田旁之山邊，日久成一墳場。1845年政府將灣仔大佛口附近之基督教墳場，遷往黃泥涌谷山邊（今香港墳場之地）。該地被稱快活谷，蓋含「極樂世界」之義，英稱Happy Valley。

　　1845年，谷地之農田地帶為政府定作官地，闢作跑馬場

所，即跑馬地。1848年馬場建成，政府且禁止於該處種植稻米，疏導黃泥涌流入海港，以改善該處之衛生。地主鄧氏曾向港府爭取，但告無效。蓋因開埠初年時，政府曾頒佈「土地登記條例」，錦田因離港島頗遠，未有將黃泥涌地登地。故該處農地被利用作馬場。

其初，馬場跑道沿今黃泥涌道繞圈築成，其中心仍為農地，且每年只舉行跑馬一次，故黃泥涌村居民仍可前往耕種。1891年後，賽馬次數增加，故需開築道路，方便交通。1904年電車公司成立，黃泥涌出海處建橋橫過，稱寶靈橋，俗稱鵝頸橋，供電車橫過。其旁土地發展。1909年堅尼地城至跑馬地電車路軌建成，電車可達黃泥涌村前。其時，黃泥涌村仍位市區之外。

三、二十世紀之發展

1910-1920年間，商人投資開發園林娛樂場：樟園（位今養和醫院之東）、及愉園（位樟園附近）。1918年馬場大火，逾六百人死亡，使跑馬地成為遊人裹足之地。後因西環太白台上設有太白樓、及先施公司與大新公司天台上分別建有娛樂場，跑馬地因離市區頗遠，故該地之遊樂場生意日淡。1922年，愉園遊樂場停業，遺址發展今養和醫院。

1920年代，黃泥涌村村民為吳、葉二姓，人口約二千人。村內有街巷三條，小屋二百餘間，皆木石結構，村內有市集，攤檔以竹木葵葉蓋搭。1923年政府發展跑馬地為高尚住宅區，黃泥涌村遂被拆遷。黃泥涌被封閉，改作地底渠道，村中低地被填平，村後山崗亦被開拓。村中房屋被拆卸。黃泥涌地底渠道建成後，兩旁分別建成道路，名堅拿道東及堅拿道西。

政府於山邊闢建桂芳街、晉源街及聯興街三街平房，供村民居住。黃泥涌村之地發展為毓秀街、景光街、昌明街

及棉發街四高尚住宅街道。時中區半山堅道一帶之富人，因
該等地區交通不及跑馬地區方便，故多遷往該處，至該地發
展。馬場跑道中心之稻田及低地被填平，闢作球場，俗稱波
地，雖於賽馬日，仍開放供人遊樂。

　　1941至1945日治期間，該地曾被改稱青葉峽。戰後復稱
跑馬地。如今，跑馬地地區仍為港島之高尚住宅區。

四、寶寧城之發展

　　馬場跑及山谷地低，背後鵝頭山上之水，經一窄長水道
流入大海，地稱鵝澗，澗旁榕樹排列，時稱「鵝澗榕蔭」。
低地形成泥濘，易生蚊虫。總督寶寧改善該地，擴闊鵝澗成
運河，名寶寧運河(BOWRINGTON　CANAL)，運河兩旁新
填之地，發展成寶寧城(BOWRINGTON)，沿河兩岸闢為車
路，今稱堅拿道東(CANAL　ROAD　EAST)及堅拿道西 (CA-
NAL ROAD WEST)。運河出口上建木橋，供車橫越，時稱鵝
頸橋。1910年，鵝頸橋改三合土橋，電車通行繞跑馬地。

　　1920年代，利希慎於利園山開設利園遊樂場及利舞
台，1950年代利銘澤鏟平利園山，發展商住。利舞台亦於
1990年代拆卸，改建商廈。1951年建電車廠，1953年建
成，1990年的代遷西環，遺址建時代廣場。

五、附錄：墳場

黃泥涌道回教墳場(地段228號)

　　1870年代建，入口有伊斯蘭式門額，墳內墓地多向麥
加，另一回教墳場，原位何文田，建於1930年，1963年遷哥
連臣角，內有清真寺。

香港黃泥涌地區歷史文化古蹟考察

黃泥涌道聖彌額爾天主教墳場

1848年建，門上有聖彌額爾聖像，門聯：「今夕吾軀歸塵土，他朝君體也相同。」1916年建小堂，1977年擴路，門遷現址。香港天主教墳場共五座：位黃泥涌、哥連臣角、西貢、長沙灣、及長洲。

黃泥涌道香港墳場

亦稱基督教墳場，殖民地墳場，墳場及小教堂同1845年建，小教堂內有RACHAEL MARY HELE LAMPSON 及CHARLES HENRY EASTWICK LODWICK 兩碑，墳場有何東、何啟、楊衢雲、洪全福等名人之墓。

黃泥涌道(1號B)印度廟及墳場

1953年印度教協會建，戰前印人多任軍警，1950-1960間，印巴分治，印人多遷香港，廟建成前，印人多往錫克教廟參神。

錫克教廟原建於1933年，二戰時為日軍炸毀，1949年重

建今貌。

黃泥涌道波(巴)斯墳場

宗教稱瑣羅斯德教，拜火教，祆教，1841年香港賣地時，所賣出之47地段中，7段為巴斯人購獲，墳場建於1852年，首葬者於1858年下葬，有園丁室、台廊、禮儀大廳、及洗屍井，墳場有律敦治及摩地等名人之墓。

山光道(13號)猶太墳場

1890-1900年初建(二戰時失資料)，有小教堂作殯儀儀式、墳場內有沙遜及嘉道理等名人之墓。

上環廣福義祠
「重脩廣福慈航碑誌」補述

譚嘉明

珠海學院中國文學及歷史研究所博士班研究生

> 碑者，悲也。古者懸而空，用木。後書之以
> 表其功德，因留之不忍去，碑之名由是而得。自
> 秦漢以降，生而有功德政事者，亦碑之，而又易
> 之以石，失其稱矣。(唐‧陸龜蒙〈野廟碑〉)[1]

唐代陸龜蒙的〈野廟碑〉認為將木碑改石碑，已失去其碑的意義。但對人的未來境況，要追求真相，可以歸於神鬼；對災難的成因探求，也可以託之神鬼。事實上，慎終追遠是華人傳統的美德，善終處理向來都是華人社會的人生大事，上環廣福義祠當年成立也正是這種傳統的美德傳承和體現吧。

廣福義祠俗稱百姓廟(又稱百姓祠)，目前廟內供奉地藏王、太歲、濟公活佛等諸神的廟宇。[2]根據記錄，廣福祠初建

1　全唐文(卷八百一)，中國哲學書電子化計劃：https://ctext.org/wiki.pl?if=gb&chapter=184573

2　廣福義祠供奉的主神地藏菩薩(梵語：Ksitigarbha)，民間一般尊稱為「大願地藏王菩薩」，因其「安忍不動，猶如大地，靜慮深密，猶如秘藏」，所以得名。根據佛典所載，地藏菩薩在過去世中，曾經幾度救出自己在地獄受苦的母親；並不斷發願要救度一切罪苦眾生，猶其是地獄眾生。所以這位菩薩同時以「大孝」和「大願」的德業被佛教廣為弘傳。

於1851年，為東華三院的發源地，現已列為香港二級歷史建築。[3]廣福祠的成立發展，見證了百年華人福利史的發展。廣福義祠經歷了一百六十多年風霜，主體建築已變得殘舊，部分建築物已開始破損。2017年4月東華三院關閉廟宇重修，更換屋頂木樑、清潔神像、翻新神樓及修補廟頂脊飾。[4]維修工人在修繕過程中，在中進間左方檐廊牆身內，發現一塊同治八年(1869年)的〈重脩廣福慈航碑誌〉，碑誌文的內容記載了當年重修廣福義祠的事項，更清楚說明廣福祠的發展和緣起。

　　廣福義祠最初是置放客死香江的異鄉人的神主牌位，並等候其親屬接返故鄉，後來成為流落無依人士及垂危病人的棲息地，所以義祠亦稱「棲流所」。[5]東華醫院創成立後，負責收容救濟滯港難民，但難民與病人同處院內，造成不便之餘，更容易傳染疾病。劉鑄伯決定在醫院右方醫院道興建棲流所，專門安置難民。[6]1910年，獲得政府批准興建，數

3　詳見東華三院網頁： http://www.tungwah.org.hk/press-release/%E5%BB%A3%E7%A6%8F%E7%A5%A0%E6%8F%9B%E6%A8%91%E9%87%8D%E4%BF%AE%E9%96%8B%E5%B9%95%E5%85%B8%E7%A6%AEn%E5%A4%96%E7%89%86%E5%8A%A0%E6%B7%BB%E8%97%9D%E8%A1%93%E5%85%83%E7%B4%A0%E6%8E%A8%E5%8B%95/ (檢視日期:2019年5月)；按： 廣福祠的創建年份根據官方資料是(1851-1856)之間。另有說創建年份為1856年，原因是根據廟中的「樂善不倦」牌匾下款(咸豐六年丙辰)(1856年)所推算。

4　陳天權：〈廣福義祠重修〉，大公報，2017年4月3日。網址：http://www.takungpao.com.hk/culture/text/2017/0403/71618.html 檢視日期：2019年5月25日。

5　《清史稿‧食貨志一》：「外來流丐，保正督率丐頭稽查，少壯者遞回原籍安插，其餘歸入棲流等所管束。」；「棲流所設於上環東華醫院旁邊，正門的麻石門框刻有「是所乃於庚戌年二月由本院總理提倡捐款而設」。庚戌年為一九一〇年(劉鑄伯任東華主席)。當時的建築物兩層高，可容納一百人。」詳見陳天權：〈棲流所〉大公報，2017年4月14日。網址：http://www.takungpao.com.hk/culture/text/2017/0403/71618.html 檢視日期：2019年5月25日。

6　蔡惠堯：〈深港聞人劉鑄伯：生平、志業與意義〉載《臺灣師大歷史學報》 第50期2013年12月，頁199-246。

月而後建成，自此難民和病人分離，並由專人去管理，彼此安然。棲流所服務難民、災民及老弱殘廢者凡五十年，直至1960年撤銷。

> 此廣福義祠之設，意在斯歟溯，義祠創自咸豐八年(1858年)，[7]藉葉麟公等為之倡，原以專便港中貧病身故者，就此殯殮停厝，死無所歸者，立主奉祀；而醫藥無與焉。

建祠的目的從碑誌內容所示，由葉麟公等人倡議籌建，「以專便港中貧病身故者」的殯殮處理後事，並且為貧苦大眾提供醫藥救治。當時華人大多聚居在上環一帶工作和生活，該處的一幅山坡，漸漸成為政府與華人雙方默認的葬地，其旁邊的街道被稱為墳墓街（1869年改名普仁街）。由於港島各處的華人山墳日漸增加，妨礙經濟發展外，同時也因殯葬先人遺體，為居住環境帶來重大的衛生。1856年《德臣西報》(The China Mail)記載，由於當時疫症流行，每天有三十多名華人死亡，他們的遺體只是隨意在市鎮後方的山坡上草草下葬，深埋不及二呎，而且大都是貧苦人家，沒棺木埋葬。每逢大雨過後，山坡泥土被沖刷掉，腐爛的屍體有時更被沖至馬路旁。這樣除使附近居民路不安，更會污染水源和影響常生活環境衛生。[8]所以，廣福義祠當年在上環的社區功能，除了供神讓坊眾參拜，更重要解決貧苦華人的殮之急。

　　隨着社區發展當年的義祠也因年久失修，並引起港府關注：「迄今十二載，地固荒穢，法亦廢壞，以致 英憲封禁。乃梁鶴巢翁等特倡善舉，○○請復開以繼前志，爰集董事，隨

7　按語：重修碑誌所示創祠的年份是咸豐八年(1858年)；而廟中的「樂善不倦」牌匾上款(咸豐七年丁己)(1857年)。

8　參見高添強：〈高山景行--香港仔華人永遠墳場的建立與相關人物〉，第2章：港府早期對華人喪葬的政策與態度，頁15。華人永遠墳場管理委員會網址：https://www.bmcpc.org.hk/tc/resource_center/publication/hill_scenery/index.html

緣捐資，大為脩飾，改建病房、義庄，分設醫局、殮所，延良醫、贈藥食，施棺木、立墳塋，設善章，嚴防範，靡不協力贊勸，務期生順死安，以求無愧於心焉。」從碑誌所示，當年廣福義祠已建成十二年，由於「地固荒穢，法亦廢壞」，義祠日久失修，長期欠缺管理，垂危病人棲身於此，衞生環境日益惡劣，華人過世後隨意在上環墳墓街（1869年改名普仁街）一帶下葬，結果引起政府和社會關注。[9]社會賢達梁鶴巢人等人發起籌募資金，將病房改建為義莊，並且分設有醫局診所和殮房，向貧苦大眾贈醫施藥、施棺殮葬。希望往生者可以順安，但求無愧於心云云。「然此不過就地取材，先行試辦，若東華醫院告峻，而同善之功愈推而愈廣矣。」同時碑文也提及義祠的修葺乃權宜之計，先行試辦，待東華醫院竣工後，便可提供更全面的服務。東華醫院1869年，由港督麥當奴撥出上環普仁街一個地段，資助十一萬五千元建院費用，並於1870年頒佈《倡建東華醫院總例》，創辦香港第一間華人醫院。至1872年，東華醫院才正式落成啟用，為貧苦市民提供免費中醫藥服務，奠定了東華三院善業的基石。[10]從上述碑誌可見東華醫院與廣福義祠的密切關係，其善業的因緣就是從義祠開始，其次就是因應社會需要而逐步發展起來。

9　香港開埠初年，英殖民地政府對華人喪葬地作出管理，由於華人大都於上環一帶工作生活，該處的一幅山坡，漸漸成為政府與華人雙方默認的葬地，其旁的街道甚至稱為墳墓街（1869年改名普仁街）。1856年，一位讀者投函《德臣西報》(The China Mail)，指出當時流行的疫症使華人每天超過三十人死亡，他們的遺體只是隨意在市鎮後方的山坡上草草下葬，深不及二呎，而且大都沒有蓋上棺木。大雨過後，腐爛的屍體更被沖至馬路旁，這除使路人不安外，更污染了水源。參見高添強：〈高山景行--香港仔華人永遠墳場的建立與相關人物〉，第2章〈港府早期對華人喪葬的政策與態度〉，頁15。華人永遠墳場管理委員會網址：https://www.bmcpc.org.hk/tc/resource_center/publication/hill_scenery/index.html

10　詳見東華醫院網頁：https://www.tungwah.org.hk/about/our-origin/ 檢視日期:2019年5月25日。

從 碑
誌的募捐芳
名單中，可
見當時華人
紳商的慷慨
解囊捐助，
為義祠的重
修提供了重
要的支援。
東 華 醫 院
最 早 期 的
核 心 總 理

圖1：廣福義祠碑誌局部，2019年4月拍攝

成員，主要由5位華人買辦，2位南北行商人，以及米行、布
匹、鴉片煙和金山行各1位成員組成。[11]而這次廣福義祠重修
總理梁鶴巢(梁安就)是英國仁記洋行(Gibb,Livingston ＆ Co)
的資深買辦。主要從事出入口貿易生意；[12]又如和興號的李
陞，他是東華創院總理，乃當時的香港華人首富，和興號
金山莊的創辦人。他創辦北美轉口貿易龍頭大行和興號金山
莊，又兼營錢莊、賭場、地產等生意。他於1877年創辦的安
泰保險公司，四年後更成為香港總商會第一間華資企業，打
破當時由洋商壟斷的商業和金融領域；[13]又如陳瑞南，乃瑞
記洋行買辦，屬德國商行，在廣州開設業務，第二次鴉片戰

---

11 冼玉儀，劉潤和主編《益善行道----東華三院135周年紀念專題文
　　集》，香港：三聯書店(香港)有限公司，2006年，頁29。

12 丁新豹著《善與人同----與香港同步成長的東華三院(1870-1997)》
　　，香港：三聯書店(香港)有限公司，2010年，頁38。

13 引自自劉智鵬博士於2013年2月2日在東華醫院禮堂舉行的「香港
　　早期華人菁英」講座，網址：https://www.tungwah.org.hk/newsletter
　　/%E5%8D%81%E4%B9%9D%E4%B8%96%E7%B4%80%E7%9A%
　　84%E9%A6%99%E6%B8%AF%E8%8F%AF%E4%BA%BA%E8%8
　　F%81%E8%8B%B1%E8%88%87%E6%9D%B1%E8%8F%AF%E9%
　　86%AB%E9%99%A2%E7%9A%84%E5%89%B5%E9%99%A2%E7
　　%B8%BD%E7%90%86/ 檢視日期：2019年5月25日。

爭後在香港開業，從事航運生意。[14]綜觀上述重修義祠的紳商，都是當時香港最上層的商行和華商行大員，他們為早期港英殖民政府管治華人提供了很大的助力：「英國人在1841年1月26日登陸香港島，剛開始在香港的殖民管治，旋即在這個小島上開展活動，和面對社會生活所帶來的問題—簡單如生、老、病、死，足以令這個『日不落帝國』頭痛不已。」幸好當時的華人精英積極參與華人社會事務，「義祠」成為華人社會的公共團體，它跨越不同鄉會組織的隔閡，把基層鄉治的功能，直接或間接地集於一身，形成就了獨特的社會功能。[15]

小 結

　　廣福義祠的重修碑誌重現，可謂引證了本港傳廟宇施善的歷史，也反映了本港開埠初期的紳商和港英殖民管治的互動關係，正如學者梁其姿說：

　　……善堂最獨特之處，在於民間非宗教力量成為主要的、持久的、有組織的推動力，地方上的紳衿、商　人、富戶……，成為善堂主要資助者及管理者……」而政府關與民間這種關係，則呈現出一種「公共範圍」的意識形態，其特色有以下幾點：　（1）主動的、持久的力量來自地方鄉紳，而且主要是一般的紳衿及商人；（2）但官方的背書及監督不可或缺；（3）兩者關係基本上和諧而互賴。這種官方與民間的關係說明了兩點：其一，這個領域的存在並不說明中央政府與社會勢力孰強孰弱，兩者的關係亦非零和關係；其二，在意識形態

14　同12註，頁39。

15　呂大樂：《凝聚力量——香港非政府機構發展軌跡》，香港：三聯書店(香港)有限公司，2010年。頁25。

> 方面，這個範圍或領域是保守的。保守的意思在於
> 維護既有體制、社會秩序，及支持這個體制的一切
> 價值。[16]

透過地方廟祠與政府合作共襄善業，當年港英殖民地政府總督麥當奴可以借助華紳商的力量間接管治，化解社會矛盾。[17]當然，華人透過參與華人社會的善業籌辦，他們可以達到爭取的話語權和身份認同，提升華人對殖民地政治的影響力等。

> 香港自開埠始，從來沒有出現過政教合一的
> 局面，殖民地官員從自由主義、理性主義、實用
> 主義出發，對中國傳統具有一定的尊重，即使心
> 裡可能是如何的輕蔑。而居港華人，由於生活在
> 一個淪喪之土，一種民族壓迫的社會環境，傳統
> 文化因此成為他們身份自覺的證明，否定傳統在
> 香港也從未成為潮流。基於在港華洋對傳統宗教
> 尊重的現實和英國對宗教自由的提倡，香港關於
> 管理傳統宗教立法的基本方向是非意識型態的，
> 沒有區分正統宗教與民間信仰……[18]

這一切都突顯了華商精英角色的靈活應世，從種種糾結難分的複雜因素中，呈現出非比尋常的特殊意義。[19]

---

16 梁其姿著《施善與教化》，台北：聯經出版社，2005，頁250。

17 港督麥當奴向殖民地部大臣格蘭維爾勳爵(Lord Graville)報告，無論香港的國家醫院如何完善，都很難贏得本地華人信任，因為華人對西醫的偏見根深蒂固。詳見冼玉儀，劉潤和主編《益善行道1東華三院——135周年紀念專題文集》，香港：三聯書店(香港)有限公司，2006年，頁25。

18 危丁明：〈香港的傳統宗教管理初探——從《文武廟條例》到《華人廟宇條例》〉載香港科技大學華南研究中心《田野與文獻》第四十九期，2007年10月15日，頁43。

19 丁新豹著《善與人同——與香港同步成長的東華三院(1870-1997)》，香港：三聯書店(香港)有限公司，頁33。

附錄：〈重脩廣福慈航碑誌〉[20]

圖2：　重脩廣福慈航碑誌，2019年4月拍攝

嘗讀〈鄉黨篇〉有云：朋友死無所歸，曰：「於我殯」；《春秋傳》曰：「鬼有所歸，乃不為厲。吾為之歸也。」自古聖賢用心，無非欲終者得其所而已。此廣福義祠之設，意在斯歟，溯義祠創自咸豐八年（1858年），藉葉麟公等為之倡，原以專便港中貧病身故者，就此殯殮、停厝死無所歸者，立主奉祀，而醫藥無與焉。迄今十二載，地固荒穢，法亦廢壞，以致□英憲封禁。乃梁鶴巢翁等特倡善舉，□□請復開以繼前志，爰集董事，隨緣捐資，大為脩飾，改建病房、義庄；分設醫局、殮所，延良醫贈藥食，施棺木，立墳塋，設善章，嚴防範，靡不協力贊勷，務期生順死安，以求無愧於心焉。然此不過就地取材，先行試辦，若俟東華醫院告竣，而同善之

20　廣福祠碑誌拍攝、抄錄及提供本剪報資料，得到東華三院助理策劃主任梁中杰先生協助，謹此謝忱。

功愈推而愈廣矣。所謂莫為之前，雖美弗彰，莫為
之後，雖盛弗傳殆。於諸君子見之，余忝屬同人，
備悉巔末，謹述其事援筆為記。

　　　　　　　　　南海羅熙耀錦□敬撰

謹將倡建醫院值事捐款開列：

和記號捐銀伍拾大元　　　　黃應廣捐銀四拾大元
彭芳圓捐銀四拾大元　　　　黃樹棠捐銀四拾大元
梁鶴巢捐銀四拾大元　　　　陳瑞南捐銀四拾大元
蔡默齋捐銀四拾大元　　　　陳美揚捐銀四拾大元
蔡永接捐銀四拾大元　　　　蘇萬生捐銀四拾大元
郭青山捐銀四拾大元　　　　連昌號捐銀四拾大元
章應華捐銀四拾大元

人和公司捐銀三拾大元　　　宋晴川捐銀三拾大元
廣利源捐銀三拾大元　　　　陳定之捐銀三拾大元
福隆號捐銀三拾大元　　　　陳水捐銀三拾大元
怡順行捐銀三拾大元　　　　建興祥捐銀三拾大元
維盛號捐銀三拾大元　　　　蔡信珩捐銀三拾大元
永祥順捐銀貳拾五元　　　　楊蘭皋捐銀貳拾五元
羅堯基捐銀貳拾五元

祥發源捐銀貳拾五元　　　　合興行捐銀貳拾五元
蔡星南捐銀貳拾五元　　　　彭□華捐銀貳拾五元
黃鶴樓捐銀貳拾五元　　　　盧贊卿捐銀貳拾五元
乾豐行捐銀貳拾五元　　　　皋生號捐銀貳拾五元
黃樹德/樹堂捐銀貳拾五元　　黃德標捐銀貳拾大元
張同合捐銀貳拾大元　　　　美隆號捐銀貳拾大元

楊超捐銀貳拾大元

吳倬之捐銀貳拾大元　　　　建南號捐銀貳拾大元
吳振揚捐銀貳拾大元　　　　黃紀庭捐銀貳拾大元
恒豐行捐銀貳拾大元　　　　元發行捐銀貳拾大元
建昌行捐銀貳拾大元　　　　榮記號捐銀貳拾大元
郭興記捐銀拾五大元　　　　朝□記捐銀拾五大元
麗源號捐銀拾五大元　　　　兆隆號捐銀拾五大元
曹永榕捐銀拾五大元

葉晴川捐銀拾五大元　　　　卓兩芬捐銀拾五大元
祥順利捐銀拾五大元　　　　廣行號捐銀拾五大元
鉅源號捐銀拾五大元　　　　和利裕捐銀拾五大元
鄧鍊捐銀拾五大元　　　　　時和號捐銀拾五大元
全盛號捐銀拾五大元　　　　葉春田捐銀拾五大元
生源號捐銀拾五大元　　　　永安號捐銀拾五大元
容達舫捐銀拾五大元

廣茂泰捐銀拾五大(員)　　　福茂隆捐銀拾五大元
吳灼庭捐銀拾五大元　　　　林景雲捐銀拾五大元
儀安號捐銀拾五大元　　　　胡如村捐銀拾五大元
莫仕揚捐銀拾五大元　　　　吳香浦捐銀拾五大元
李澤亭捐銀拾五大元　　　　伍秋庸捐銀拾五大元
范雙南捐銀拾五大元　　　　林蘊石捐銀拾五大元
粵興號捐銀拾五大元

盧芝田捐銀拾大元　　　　　茂和祥捐銀拾大元
黃屏西捐銀拾大元　　　　　廣福和捐銀拾大元
志興隆捐銀拾大元　　　　　凌雲號捐銀拾大元
譚廣源捐銀拾大元　　　　　全貞號捐銀拾大元

鄭星揚捐銀拾大元　　　彰隆盛捐銀拾大元
興泰棧捐銀拾大元　　　炳記號捐銀拾大元
廣昌隆捐銀拾大元

賡源行捐銀拾大元　　　馨號捐銀拾大元
新盛號捐銀拾大元　　　謝達盛捐銀拾大元
郭郁/堂捐銀拾大元　　　榮發號捐銀五大元
新振成捐銀五大元　　　萬成隆捐銀五大元
同盛號捐銀五大元　　　同勝棧捐銀五大元
時豐號捐銀五大元　　　陳瑞生捐銀五大元
馮明珊捐銀五大元

唐茂枝捐銀五大元　　　衛記號捐銀三大元
羅錦川捐銀貳大元　　　黎□□捐銀貳大元
□□□捐銀貳大元　　　□□記捐銀貳大元
嚴侶蘭捐銀壹大元　　　陳輝亭捐銀壹大元
陳大光捐銀壹大元

已上共收捐題銀式仟零叁拾九元正，兌重壹仟四
百六拾八兩零八分。
本年四月起至十式月止試辦等項支數開列：
一支修飭房舍幷較水喉等共銀壹佰四錢九分；
一支置買枱椅木器/竹器/磁器等共銀壹佰四拾壹兩
壹錢九分；
一支進院病人藥料/藥丸/藥茶等共銀貳佰式拾四兩
壹錢九分壹厘；
一支施棺木幷石碑抬工等共銀五拾五兩式錢正；
一支醫生脩金幷各工人俸辛共銀四佰五拾四兩壹
錢六分八厘；
一支院內福食幷病人福食共銀式佰柒拾兩零四錢

式分三厘；

一支紙筆格部綿雜用碎費共銀九拾九兩五錢式分
八厘；

　通共支出銀壹仟四佰五拾式兩八錢五分壹
厘，比對外內存銀壹拾五兩貳錢式分九厘。

　省城太平街萬合店造

同治八年歲在己巳拾式月吉日　總理梁鶴巢等敬泐

附件2：

蕭國健：〈香港上環太平山街之廣福義祠〉，華僑日報，1978年9月4日。

附件3：

百姓廟新聞，工商晚報，1934年3月23日。

香港歷史文化研究中心
2018年9月-2019年8月活動報告

甲、2018- 19年講座系列

（一）與香港歷史博物館合辦香港歷史文化講座系列

主題：〈香港史探研〉

　　　1. 22/9/2018　張瑞威　〈十九世紀九龍寨城建置過
　　　　　　　　　　　　　　　程中的收地拆屋賠償問題〉
　　　2. 29/9/2018　鄺智文　〈盟軍在日據香港的情報戰
　　　　　　　　　　　　　　　和地下抵抗〉
　　　3. 6/10/2018　危丁明　〈媽姐‧齋姑‧先天道——
　　　　　　　　　　　　　　　從華南到南洋〉
　　　4. 27/10/2018　丁新豹　〈戰前中上環發展歷史探索〉
　　　5. 3/11/2018　馬冠堯　〈戰前收音機與大眾：發
　　　　　　　　　　　　　　　燒友與政府、新媒體領域等〉

（二）與保良局歷史博物館、長春社文化古蹟資源中心合辦香港歷史文化講座及考察系列

主題：〈保良局與地區歷史〉

　　　1. 5/1/2019　蕭國健　講座：〈黃泥涌歷史與發展〉
　　　　　　　　　　溫佐治　考察：未留青塚向黃昏—漫步
　　　　　　　　　　　　　　　跑馬地香港墳場
　　　2. 12/1/2019　危丁明　講座：〈二次大戰前香港孔教

講座·考察

2019年1月　每週六
上午(1100-1300)　下午(1430-1600)

AM 黃泥涌歷史與發展
珠海學院中國文學系教授
香港歷史文化研究中心主任蕭國健教授

PM 未留青塚向黃昏—
漫步跑馬地香港墳場
「掌故香港」通讯人潘佐治先生　5/1

AM 香港保良局與四環更練
長春社文化古蹟資源中心羅行政總監
善慶總監博士

PM 利園山史蹟
長春社文化古蹟資源中心執行總監
鄭祖佳先生　12/1

AM 弘道行善：二十世紀上葉
保良局總理之道門中人
珠海學院中國文學系副教授游子安教授
香港歷史文化研究中心副主任游子安教授

PM 從上環到銅鑼灣：
保良局總部的遷與建
保良局歷史博物館館長老誌娜女士　19/1

AM 二次大戰前香港孔教發展
珠海學院中國文學系新任助理教授
香港歷史文化研究中心副主任邱丁明博士

PM 孔聖堂的歷史及對香港的貢獻
孔聖堂中學校長楊永漢博士　26/1

主辦

珠海學院 CHU HAI COLLEGE OF HIGHER EDUCATION

CACHe

舉行地點
香港銅鑼灣禮頓道66號
保良局總局中座大樓

加連結
goo.gl/gqrGHe
11月29日起開放網上
每節名額50人

查詢：2277 8468

保良局
與地區歷史講座系列

與保良局歷史博物館、長春社文
化古蹟資源中心合辦香港歷史文
化講座及考察系列宣傳海報

蕭國健教授講座「黃泥涌
歷史與發展」圓滿，保良
局頒贈錦旗留念

東莞白沙水圍及鄧氏皇
姑墓歷史文化古蹟考察
參與人員合照

東莞白沙水圍村四面環水，
又名「逆水流龜」村堡

發展〉

楊永漢　考察：孔聖堂

3. 19/1/2019　黃競聰　講座：〈香港保良局與四環更
練〉

劉國偉　考察：利園山史蹟

4. 26/1/2019　游子安　講座：〈弘道行善：20世紀上
葉保良局總理之道門中人〉

梁惠娟　考察：從文物說故事

乙、文化考察活動

1. 3/11/2018　蕭國健、與華南歷史學會合辦〈東莞白沙
水圍及鄧氏皇姑墓歷史文化〉古蹟考察

2. 10/11/2018　蕭國健、與香港歷史博物館合辦〈香港黃
泥涌地區歷史文化〉古蹟考察

3. 10/5/2019　游子安協助珠海學院長者學苑歷史文化講
堂暨考察〈屯門地區宗教名勝——青松觀文物藝術導賞〉

丙、與「新界長者學苑聯網」合辦講座及考察

2018年11月06日　〈香港歷史文化〉專題講座

2018年11月26日　〈香港上環地區歷史文化〉古蹟考察

2019年5月7日　　〈屯門今昔〉專題講座

2019年5月28日　〈開埠初期之香港維多利亞城〉專題講座

2019年5月29日　〈香港維多利亞城歷史文化〉古蹟考察

丁、「香港潮籍盂蘭勝會與潮劇在文學上的價值」分享會

2019年8月19日，田仲一成教授來港出席盂蘭文化節活

動，並舉辦學術演講暨交流會，與香港歷史文化研究中心主任蕭國健教授對談，分享田野考察經驗。交流會由香港潮屬社團總會主辦、與珠海學院香港歷史文化研究中心長春社文化古蹟資源中心合辦。

分享會上

戊、出版刊物

蕭國健、游子安主編《爐峰古今——香港歷史文化論集2018》，2019年11月。

蕭國健、游子安主編《華南地區歷史民俗與非遺》(與嗇色園聯合出版)，2019年9月。

孟蘭文化節2019「盆會勝影」圖片展上，與田仲一成教授（右三）合照

2013-2018年《鑪峰古今》出版總目

──《鑪峰古今-2014》

──《鑪峰古今-2015》

──《鑪峰古今-2017》

編後語

　　本書是《鑪峰古今——香港歷史文化論集》系列的第七部。收進講座論文、專題論文、學人傳略、地區考察及田野記錄共13篇文章。論集涵蓋的題材既廣且深，內容充實：有以媽姐‧齋姑‧先天道為題，從職業、修行和宗教這個三而一又一而三的角度，談談昔日女性的實際狀況；有探討在漫長的歷史過程中，客家女性的形象如何被塑造，以回應不同的政治環境。此外，有論述析戰前香港華人與英國法制、賞析名勝古跡之對聯；以及多篇有關道堂廟宇與香港地區歷史關連之文稿。

　　今期《鑪峰古今》收錄一篇特稿：田仲一成<中國戲曲文學的美感——從元雜劇到潮劇>。田仲一成教授來港出席盂蘭文化節活動，並主講「香港潮籍盂蘭勝會與潮劇在文學上的價值」學術講座暨交流會，田仲教授自1978年來港就中國戲劇展開田野研究，與蕭國健教授相識近四十載。田仲教授在港期間，我們飲茶、敍舊和交流，並致贈《鑪峰古今》乙套及邀約來稿。教授返抵日本，即惠寄大文，讓今期《鑪峰古今》增色不少。

　　此外，「學人傳略」收錄漢學家傅吾康教授及大馬學者蘇慶華教授學術研究述略。緣於2018年三月舉辦「首屆華南地區歷史民俗與非遺」國際學術研討會，我們向慶華教授約稿記述傅吾康教授之學術貢獻，慶華亦慨允，不料慶華兄今年年初仙逝。〈我的學術研究歷程〉一文，原刊於正編輯出版《蘇慶華論文選集》第六卷，現徵得慶華家人同意，收錄於《鑪峰古今2018》一書，讓人緬懷慶華教授，延續他的探索和研究，並表達我們對老朋友最崇高的致意。

　　《鑪峰古今——香港歷史文化論集》每年結集一部，園地開放，歡迎投稿，以推動更多朋友探索本地史與華南社會文化的興趣。

游子安
珠海學院香港歷史文化研究中心副主任
2019年10月17日